翟　建／著

刑辩往事

翟建律师办案实录

THE PAST
OF
CRIMINAL DEFENSE

LAWYER ZHAI JIAN'S CASE MEMOIRS

法律出版社 LAW PRESS · CHINA
北京

图书在版编目(CIP)数据

刑辩往事：翟建律师办案实录 / 翟建著. -- 北京：法律出版社, 2024

ISBN 978-7-5197-6400-5

Ⅰ. ①刑… Ⅱ. ①翟… Ⅲ. ①刑事诉讼—辩护—案例—中国 Ⅳ. ①D925.210.5

中国版本图书馆CIP数据核字(2022)第012480号

刑辩往事：翟建律师办案实录
XINGBIAN WANGSHI：ZHAIJIAN LÜSHI BAN'AN SHILU

翟 建 著

策划编辑 冯雨春
责任编辑 张 颖
装帧设计 汪奇峰

出版发行 法律出版社
编辑统筹 法律应用出版分社
责任校对 晁明慧
责任印制 刘晓伟
经　　销 新华书店

开本 A5
印张 9.625　字数 278千
版本 2024年5月第1版
印次 2024年5月第1次印刷
印刷 天津嘉恒印务有限公司

地址：北京市丰台区莲花池西里7号(100073)
网址：www.lawpress.com.cn
投稿邮箱：info@lawpress.com.cn
举报盗版邮箱：jbwq@lawpress.com.cn
销售电话：010-83938349
客服电话：010-83938350
咨询电话：010-63939796

书号：ISBN 978-7-5197-6400-5　定价：68.00元

凡购买本社图书，如有印装错误，我社负责退换。电话：010-83938349

作者简介

翟　建

1957年生，上海人，现任北京大成（上海）律师事务所高级合伙人、刑事部主任。1978年考入上海复旦大学分校（后并入上海大学）政法系，1983年获法学学士学位，毕业后留校任教并担任上海大学文学院法律系副系主任。1984年起从事兼职律师工作，任上海市联合律师事务所第二室主任。1995年从事专职律师工作，同年成立“上海市明日律师事务所”并任该所主任。2002年创办个人律师事务所——“上海市翟建律师事务所”。曾兼任中华全国律师协会刑事业务委员会委员、上海市律师协会刑事诉讼法律研究委员会主任，上海市律师协会常务理事，上海社会科学院、华东政法大学、北京大学、北京师范大学、上海大学等高等院校特聘讲师、教授。

翟建律师专攻刑事辩护业务，是上海乃至全国具有专业特色的代表性律师之一。曾先后获得上海市“十佳刑事辩护律师”、“全国优秀律师”、上海市首届“东方大律师”、“全国十大优秀刑事辩护律师”等众多荣誉称号。翟建律师近年来承办多起在国内外有重大影响的刑事案件，包括“上海社保案”“澳大利亚力拓公司案”“上海11・15大火案”“澳大利亚皇冠集团案”“安邦集团案”“阜兴集团案”“证大集团案”“盛大金禧集团案”及诸多国家工作人员职务犯罪案件，其办案能力在业内受到充分肯定。

翟建律师以专业身份和社会地位,在办案中坚持理性辩护、有效辩护的理念，着力化解社会矛盾,在专业化平台上带领刑事团队为推进国家法治建设做出了卓越贡献。

大道至简，精于心，简于形

我是刘春园。《刑辩往事》一书即将付梓，作者翟建律师邀请我为其做序。于我而言，此既是意外之荣宠，亦为艰难之挑战，自知资历未深、才疏学浅，恐难担此重任。然而，翟律师说一不二的脾气我是了解的，思忖之下，决定利用自己身为办案助理之视角，以管窥豹，从细节之处尽力展现翟建律师办案之鲜明独特风格，期望能助读者更深入地领略翟建律师的专业素养与人格魅力。

翟建律师深耕刑事辩护事业四十载，经办刑事案件逾千件。本书所选择的二十二个案件，时间跨度很长，从 20 世纪八九十年代到 21 世纪首个十年，皆由翟律师口述而成。诸案主题隽永、内容精彩、娓娓道来、引人深思，每一个案件的故事性、可读性均极强，在我看来，完全可以作为脚本，创作出紧贴一线辩护律师工作实际的优秀影视作品。借助个案中的辩护人视角，亦可以清晰地梳理自 20 世纪 80 年代至今我国法治化的发展脉络，生动勾勒出我国刑事辩护事业的演化图谱。

“一代人有一代人的使命”

本书撰写过程中，受翟建律师之托，我与法律出版社的张颖编辑紧密合作，全程参与本书的材料整理工作。本书原先收录了二十三个案件，其中一个讲述了二十九年前发生在上海滩的著名的“两梅案”，出版前，经多方慎重考虑，暂将搁置，待时机成熟再行问世。我深知“两梅案”在翟建律师心中的分量——该案不仅凝结着与其系忘年之交、上海滩著名刑事辩护律师郑传本先生难以释怀的执业遗憾，更承载着老一辈刑辩律师锲而不舍、探求案件真相的坚定信念与赤诚情怀。目前，翟建律师仍在致力于该案的申诉工作。

事实上，此类案件并不罕见。翟律师曾多次在公开场合呼吁，对于这些已生效却存在争议的案件，绝不应尘封于故纸堆，国家司法机关负有责任去核实、去纠正，刑事辩护律师更应秉持正义、薪火相传、不懈跟进，以行“辩冤白谤”之天职。“一代人有一代人的使命”，期望国家公权力与律师辩护权并力推进，终致“天下无冤”之境。虽然本书未能尽录此类案件，但是其中所体现的翟建律师之信念与追求，及“老中青”三代律师之努力与坚守，将永远镌刻于共和国法治史册之中。

“传帮带，有教无类”

翟建律师是我刑事辩护生涯之启蒙导师。2016 年，翟律师鼓励我考取了司法资格证(现为法律职业资格证);2018 年,实习期结束,我正式踏上刑事辩护律师之路,成为翟律师的办案助理。翟律师原先是大学教师,深谙“有教无类”之道,其带教模式基本是“自由放养 + 当头棒喝”。他的包容度很强,会留与我足够的空间、赋予我极强的自主性去深入研读卷宗、精准研判案情;他的要求又极苛刻,一旦我的工作成果未能达到他的预期目标,便会遭受他直言不讳的批评,不会区分场合、也不会顾及情面。在翟律师手下工作,朝九晚五是不必要的,带薪摸鱼却也是行不通的,办案“不动脑筋”更是大忌。他经常挂在嘴边的话是“我最不能接受的是不动脑的人,无法沟通、简直是在浪费时间”。所以每次向他汇报案情时,还是蛮有心理压力的——针对工作的每一次沟通、讨论与争执,不仅关乎案件本身,更是对我智慧与能力的全面考验,他绝不会容忍一个“拎不清”的办案助理参与关涉当事人命运的博弈过程。

“放养式”的带教方式,赋予我处理案件的极大自由,可以完全不受固有窠臼之约束,也因此拥有更多的空间与机会,守正出奇、从容试错,所谓大胆假设、小心求证;即便偶尔剑走偏锋、也不必担心误入歧途,关键时刻翟律师总会及时出现、当头棒喝,以其丰富的经验为我拨云见日、引我步入正轨——遇此良师,实乃幸运,而我也在亲手承办的近百件刑事案件中不断复盘推演、总结教训、迅速成长,形成了一套适合自己风格的阅卷、研判、策略制定的模式。

专业表述“意则期多、字则期少”

案头工作是刑事辩护的基石。翟律师对于法律文书的要求可谓苛刻，“意则期多、字则期少”。再繁冗的案件、再复杂的观点，也必须通过高度准确、精炼、朴素的文字表述出来，这是刑事辩护律师的基本功，“若不能用一两页纸概括出案情全貌，这个案子你就永远也别想讲清楚了”。

欲想达到上述标准，敏锐的洞察力与卓越的概括能力不可或缺，关键是找准“案眼”、提炼案情。翟律师在四十年的刑辩生涯中“阅案无数”，于案件的把脉非常精准，如同富有经验的老中医，对于各种病例的临床表征熟稔于心，稍加望闻问切，即可提笔下方。与翟律师一起接待首询客户时，他总是耐心聆听客户陈述，然后会以寥寥数语概括全案，一针见血地指出问题所在以及破解方向；遇到情绪激动、思绪紊乱、案情陈述冗长的客户，翟律师会轻声讲，“对不起，打断你一下，我先来帮助你梳理案件事实，你再看是否还有补充……”，听到翟律师对案情精准、简洁的归纳，似乎比当事人更了解自己的案件，客户总是一脸难以置信的表情，同时对翟律师的专业素养与办案能力刮目相看，继而对翟律师本人也产生了高度信任与依赖。

初始办案，我的专业表述并不符合翟律师“文贵简洁，风近朴素”的标准。翟建律师经常批评道，“关于事实认定与法律适用，你要‘讲人话’‘讲白话’，一切是为了办案需要，而非炫耀学识，情绪化表述更是大忌；要向检察官、法官简明扼要、清晰准确地表述核心观点，避免冗余；律师意见要让别人一目了然、印象深刻，而不会因表述晦涩、不知所云而被置之不理，影响我们的办案效果”。为了展示何谓言简意赅、切中要害，翟律师甚至逐字修改法律文书，让我对比学习——这份严管厚爱，着实令我感动。

“说什么”与“怎么说”是刑事辩护的两翼

刑事案件中，起诉书的撰写主体是公诉机关，其叙事脉络与事实认定的倾向性不言而喻；而辩护律师的核心任务，就是打破起诉书中的指控逻辑，重构叙事逻辑，旨在向法庭展示一个更为合理、满足刑事证据的认定标准、符合逻辑法则与经验法则的事实。这不仅仅是一场控辩理由的较量，更是一场说服艺术的比拼。

翟律师经常提及“说服”的重要性。作为辩护人，无论是与检察官沟通，还是出庭辩护，无非是要解决“说什么”与“怎么说”的两大核心问题。夯实的法律功底与准确的判断力，无疑是刑事律师的立身之本，决定了律师在掌握案情后，能够迅速锁定辩护要点，确定辩护中应当“说什么”——这个不难做到，毕竟大家读的是同一本刑法；真正的挑战在于如何将这些观点以最具说服力的方式高效输出，获取听者的深刻共情，这就是“怎么说”——做到这一点并不容易，同样的辩护观点，由不同的律师表述出来，效果大相径庭。故而，明确“说什么”是合格律师的基本素养，决定“怎么说”是优秀律师的杀手锏。

说服力是一项习得性技巧，难以一蹴而就，它需要对涉案事实与证据进行深入研磨、了然于胸，结合夯实的专业储备、缜密的逻辑思辨、丰富的生活经验以及练达的人情世故；此外，还要能够敏锐地捕捉与预判庭审情势的瞬息变动，随机应变、进退有据——上述因素缺一不可，这一切共同构成了翟律师强大的庭审说服力。

在谈及说服的对象时，翟律师分享了自己的经验，“最初发表辩护意见时面对旁听席，经常可以获得听众的掌声，心里也颇有些小得意；后来庭审时我会面向公诉席，与公诉人剑拔弩张、针锋相对；如今我的说服对象是法官，我只会面向审判席，从容平静、简明扼要地陈述自己的辩护理由。”——如何说服法官，始终是刑事辩护的重心。翟律师的说服之道并无固定模式，据我观察，其习惯于在尊重证据与事实的基础上，跳出单一的辩护视角，多重维度权衡利弊后，寻求与法官思维最大化契合，助力法官剥离案件事实的旁枝末节，构建简明扼要的叙事模型，提出亟待解决的关键节点，梳理与案件事实认定、法律适用密切相关的法律原理、刑事政策、司法案例，竭力推动案件能够最大限度在法律框架内与法官的裁判观点达成共识，而此共识恰恰与当事人的利益有所交集甚至重合——这正是我们为当事人争取到最大化利益的底盘。

“刑事辩护的要义是大道至简，精于心、简于形”

刑事律师的辩护风格各异，与其性格特征紧密相关。翟律师富有炽热的侠之大义与开阔的精神视野，为人处世具有一般人难以企及的气势与魄力，这种极为鲜明的个性特征不可避免地融入其职业生涯，形成了“以简驭繁，直取要害”的极简主义辩护风格——参加庭审旁听的当事人家属与律师同行，均会被翟律师大开大合、收放自如的庭审辩护所震撼，形容其大气磅礴，若长风出谷、一往无前。翟律师坚信，一件工作，或者一项事业，做到极致，所追求的境界一定是大道至简。这个“简”，是形式上的简洁与朴素，背后以大量、繁复、精确的基础性工作为支撑，是对所有涉案事实与证据、法律适用、刑事政策的熟稔于胸，是对多重辩护策略与应对方案的斟酌对比、推演决策，所谓“精于心而简于形”。

刑事辩护与民事代理工作的核心差异，在于对“解构与建构”路径的理解与选择。刑事辩护的任务是针对涉案指控“先拆后建，拆为主、建为辅”；民事代理则为针对案涉事实“边建边拆，建拆并行”。刑事辩护需要解决的是公诉机关所指控事实是否存在、罪名是否成立的问题，故而应以反驳为主要路径，落实到案件事实与逻辑推演中，强调一个“拆”字——公诉机关以事实、证据构建的逻辑大厦轰然倾覆之时，即为当事人被指控罪名无所依附之日。这是由刑事辩护的本质特性决定的。

如何“拆”？从哪里开始“拆”？取决于多种因素，包括大厦结构、安全性、拆除目的与效率等。如果采取一砖一瓦依序拆除的方法，按部就班、逐步推进，这种方式虽然稳妥性较高，但耗时较长，且需要细致的规划和精确的执行，同时也需要考虑拆除过程中可能出现的各种风险和挑战。而摸准大厦的柱梁檩枋，釜底抽薪，一招制敌的方式则更为迅猛和直接——关键在于准确识别大厦的支撑结构和节点，然后卡准点位，一举破解其整体稳定性，对拆除人员的专业技能和判断力要求极高。翟律师的选择是后者，强调刑事辩护就是要找准核心辩点、直取要害，火力全开、有的放矢地进行精准辩护、有效辩护，而在无关大局的琐碎之处不必过于纠缠、耗费精力，所谓“伤其九指不如断其一指”；反之，如果辩护人对于主攻方向没有十足的信心与把握，才会采取面面俱到的“撒网式”辩护，庭审过程中通篇发表“正确的废话”，拖沓繁冗、冲淡主题，难以取得确定性的辩护效果。

翟律师所践行的刑事辩护工作，涵盖了由简单到复杂再到简单的辩证过程——他通过深入研究卷宗，由薄到厚、再由厚到薄，最终将成百上千卷的案件材料浓缩为一两页纸的精华。如前所述，他对案件辩点的捕捉有着异禀天赋，我将这种天赋称作“敏锐的法感觉”——甫一拿到案件、初步了解案情后，翟律师已经大致判断出案子的节点所在以及破解方向，而我在历经阅卷、研判的全部程序之后，会惊讶地发现，后续对案件处理模式的建议，不过是对翟律师所做“预判”的背书，所做的阅卷流程亦是对翟律师假设性结论的“证实”，案子兜兜转转还是回到了其对案件的最初评估结论——这就是“老法师”的厉害所在，吾辈实难企及。辩点一旦确定，其他问题迎刃而解，翟律师习惯于在询问环节即精确发问，由当事人之口构建辩方叙事逻辑、向法官还原绝大部分法律事实；质证与辩论环节更是布阵沉稳、捕漏慎密，在进攻与防守之间流畅地驾驭逻辑，向法官传递辩方关于被告人无罪、罪轻的意见，以自己的理性、经验与智慧，让法庭真正感受到辩护人的存在。

“刑事辩护的责任在于反驳而非证明”

如前所述，刑事辩护的基本路径是“先拆后建”，那么何谓“建”？是指解构控方的指控逻辑后，建构出辩方的叙事逻辑，这一过程意味着向法官呈现一个与起诉书版本截然不同的“故事”，但所用材料不应突破控方提交的证据范围——“轻易不取证”是翟律师办理刑事案件的基本原则。

为什么不建议辩护律师取证？理由很简单——就逻辑角度而言，

要求一个人“证明自己没有做过某件事情”本身便是一个悖论。公诉机关既然指控被告人实施了某项犯罪行为,就必须依据证据规格提供能够排除合理怀疑、得出唯一结论的证据链,如果不能达到上述证据标准,指控自然不能成立。在审判中心主义及证据裁判原则前提下,辩护人的核心任务就是揭示对方证据体系的漏洞;除了少数情形,诸如必须及时告知办案机关已获取证据或者某些需要自证无罪的罪名,辩护人大可不必费心搜集证据、自证清白,这与刑事诉讼两造的责任分担与证据负担原理不符。

早在2004年,翟建律师、张培鸿律师便曾发文探讨“证明还是反驳”的辩护人本体责任问题,其认为对抗制诉讼模式下,公诉人作为控告方,主动、积极地肯定犯罪事实存在;辩护人只能是申辩方,被动、消极地否定犯罪事实存在——这一诉讼地位决定了公诉人的责任是证明,辩护人的责任是对证明的对抗,而对证明的对抗只能逻辑地被归为反驳,因此,“证明与反驳”是刑事抗辩的基本范畴。如果在公诉人证明有罪的同时,要求辩护人证明无罪,等于将一个逻辑上的矛盾关系置换为反对关系——不能证明无罪,便可能有罪。这种逻辑势必将刑事审判推向不可知论,最终变成“有罪推定”的理论依据。[①] 因此,“辩护人的责任是一种证明责任”在逻辑上是一个不成立的命题,刑事辩护的使命在于反驳,辩护人没有提供证据、帮助被告人自证无罪的义务。

---

① 参见翟建、张培鸿:《证明还是反驳——对辩护人责任的本体论思考》,载《上海交通大学学报(哲学社会科学版)》2004年第2期。

“律师是社会矛盾的解决者，而非制造者”

翟律师对理想主义的宏大叙事保持着审慎的距离。办案过程中，他反复强调，我们不应将刑事辩护工作过度理想化，将其视作实现个人理想与远大抱负的舞台，这样的心态往往会导致在遭遇挫折时轻易放弃这份事业；相反，它更应被看作一份比较体面的可以糊口的职业，需要我们以耐心和信心去消弭负面情绪，以柔软与韧性来对抗挑战。作为律师，我们往往出现在当事人一生的至暗时刻，可以说是他们的最后一根救命稻草，既然接受委托，就必须全力以赴，无论做任何决策，必须将当事人的利益置于首位，这是刑事律师参与诉讼博弈应坚守的底盘，也是在任何时候都不应被质疑、变通的执业底线。

翟律师亦无意借助所代理的个案对现行司法制度进行批判。他经常告诫我们，不允许超越涉案事实的范围与司法机关发生不必要的冲突，更不允许在庭审或者法律文书中对案外事实发表不当评论。如果我们对某些法律规定或司法制度持有异议，完全可以通过更为适当的方式，通过学术论文、专业会议、政策建议等渠道来表达和推动改革，这也是我们作为法律人的职业使命之一；然而，当我们的手头握有“他人的人生”时，必须秉持最为谨慎与专业的态度，时刻保持情绪稳定，切不可将诉讼过程演化为彰显个人政治抱负、进行学术布道的舞台，如此对于当事人极为不公。换言之，如果我们希望成为冲锋陷阵的“战士”，为争取个案的正义与公平而战，就一定要避免因为过于冲动或激进而成为“烈士”，这样的结局无论是对当事人、我们自己、职业领域、还是对整体法治社会都是重大损失；既然选择了刑事辩护这份职业，就意味着必须将当事人利益最大化作为我们的终极目标，就意味着必须有所取舍、必须有所牺牲、必须打磨出坚韧宽和的气度。作为辩护律师，我们的社会角色应是“矛盾的解决者”，而非在办案过程中制造新的矛盾，甚至成为矛盾一方，明确这一点，代表着我们对职业定位的清晰认知，以及对我们肩负使命的忠诚卫护。

“我是坚定的乐观主义者”

刑事辩护律师所接触的是最为黝暗深邃的世间纷扰，所直面的是最为复杂多变的人性底色，他们是一群洞悉世事却依然坚定前行的社会秩序的捍卫者，是世间公平与正义的推动者，日复一日，用坚韧和信念守护着法治的尊严。

2016 年时，翟律师对我讲，他曾做过统计，从业以来大约办理了千余件刑事案件，其中筛选出相当一部分自认为无罪的疑似错案。据我观察，翟律师办案还是非常实事求是的，始终秉持着朴素传统的执业原则，认为刑事律师的作用就是帮助当事人“无罪伸冤、有罪求情”——“伸冤要有伸冤的理由，求情要有求情的姿态”。如果确实存在犯罪事实，翟律师绝不可能违背事实与法律强行推进案件方向，因为此种辩护除搭台唱戏、让外行瞧瞧热闹外，对当事人的权益保护毫无意义。这些案件是翟律师拥有相当证据与理由的疑似冤错案件，每次回忆、复盘，他的内心都会被刺痛。如何在可操作层面设计出对这些冤错案件的解决路径？翟律师始终在思索着。2019 年，某次律师座谈会上，翟律师提出了一个大胆的建议，“对特定冤错案件的当事人实行特赦，不论其是否认罪、悔罪”。翟律师深知，许多当事人在被收监后，始终不肯认罪，因此现实状态下很难获得减刑与假释。“要清白？还是自由？”对许多当事人而言，这始终是一个艰难的抉择。翟律师所提出的方案虽然无法彻底实现实质正义，却具有较强的可操作性，能够最大限度地为疑似冤错案件的当事人争取当前利益，阻止其处境进一步恶化，同时亦能有效降低纠正冤错案件的社会成本，闪烁着人道主义光芒。这种深思熟虑的建议，再次证明了翟律师扎实的专业素养与深厚的人文情怀。

刑事辩护律师，无疑是律师职业内压力最大、责任最重的群体，很少能够体会到民商事律师“完全胜诉”的喜悦——民商事律师是代表原被告双方利益的平行式、均衡式较量，诉讼地位平等，法院作出裁判，必有一方胜诉；刑事律师则以一己之力陪伴着弱势个体，对抗整个国家暴力机器，基本任务是还原法律事实，“令无罪者不受冤枉、有罪者罚当其罪”，这是一条注定充满荆棘的道路，“屡败屡战”是我们的从业常态。执业以来，我也饱尝职业生涯中的甘苦冷暖，每当对自己的辩护价值产生怀疑、深感无力时，翟律师总是开导我，选择了加入刑事辩护这一行，就意味着“选择了做坚定的乐观主义者”，大历史观下，国家的法治建设始终在向前推进，而我们的作用就是在可控层面上为这一进程作出贡献，成为推动历史巨轮滚滚向前的力量，“功成不必在我、功成必定有我”。当然，法治化进程中存在着诸多问题，即便由此导致的整体冤错案件概率只有0.1%，落到确定的普通民众头上，其概率就是100%，这是公民个体、家庭所不能承受之重——刑事辩护律师不仅亲历并见证了上述事实，更是冤错案件发生过程中的坚定反对者、大胆发声者、倾力阻止者，这正是我们作为刑事辩护律师的独特价值所在。我们期待着有一天，办案机关、司法机关能做到以下八个字——“实事求是、恰如其分”，实事求地定罪、恰如其分地量刑，彼时，这个世界将不再需要辩护律师，我们即便失业，亦甚感欣慰。

啰嗦许多，仍感难以对翟律师的办案风格与执业理念作出详尽描述、准确解读。从业六年，如白驹过隙。感谢翟律师指引我入迈入刑辩之门，耳提面命，令我得以近距离观察、揣摩刑事律师的办案之道。翟律师常告诫道，职业素养之培育，在于日常习性之涵养，讲话务必逻辑严谨、条理分明，“有一分证据述一分事，有九分证据述九分事”，避免轻率发表揣度之言，亦不可盲目追随他人逻辑预设；不良习性或潜滋暗长，若代入办案环节，稍有不慎，则致大谬。案件探讨中，翟律师总是躬身听取我对案件的疑惑与分析，于关键处一针见血地指出症结所在、指明解决之道，要求对案件细节继续核实、研判、琢磨，如此反复推敲。翟律师对庭审细节的注重亦令人印象深刻，屡次低言提醒，辩护席上无小事，须神态自若、举止庄重，即便面临紧急事务，亦应临危不乱、气定神闲，以彰显专业、稳健之职业形象。又感翟律师于法庭调查与辩论之际，火速救场、现场演示应对之法，令我避免失误之虞，亦见识到庭审状况的复杂多变与自己的短板所在。关于执业纪律与作风建设，翟律师更是言传身教，常言“只有规矩办案，才能挺直腰身，司法工作人员若愿受你之惠，亦必敢收他人之贿，东窗事发、势所必然，概率大小而已；要爱惜自己的羽毛，为了一桩案件而断送整个职业生涯的错事切不可试”……凡此种种，在翟律师的悉心指导下，我不仅获得了执业技能的启蒙，更在职业理念上受到了多维度、全方位的指引。他亦师亦友的角色，使我的办案能力与风格历经蜕变、日渐成熟，无论是执业技巧的运用还是刑辩伦理的塑造，均被深烙上鲜明的印记，成为刑事辩护工作中最宝贵的财富。

坚守心底的正义与公平，以沉稳而睿智的姿态屹立于辩护席，以一己之力对抗强大的国家机器，为被告人撑起一方庇护之地，屡遭挫折却依旧坚韧乐观；以四十载岁月的积淀、千余件个案的锤炼，稳健而低调地担法治启蒙之任，行改良嬗变之道，孜孜不倦地推动着中国法治文明的进步与发展——此乃翟建律师执业生涯的真实写照，亦为我们这一代刑事辩护律师砥砺前行的方向。“人间正道是沧桑”，刑辩之途已然艰险坎坷，风雨兼程，当以笑与歌对之。

是为序。

刘春园

2024 年 2 月 9 日

目录

CONTENTS

命悬一线：
从过去到现在，从上海到贵州

一

今天清晨,看到窗外一位老者穿着白色背心,悠哉地骑着“二八大杠”自行车,车筐中放着青菜和排骨,慢悠悠地向前蹬去。瞬间,我的思绪飘得很远,想到我执业初期的一些事情,以及一个在现在看起来有点匪夷所思的案件,就某种角度而言,也是属于我们这一代律师的共同回忆。

例如,大家都知道,律师执业的根本目的是致力于我国的法治建设、维护当事人的合法利益。律师在执业时可能涉及利益冲突,所以一个律师事务所的律师不能代理原、被告双方进行诉讼,一般而言,在代理案件前必须要经过利益冲突检索、审查。如果同一个律师事务所的律师既代理原告,又代理被告,难以保证最大化实现当事人利益。但是,我国的律师制度在“文化大革命”后才开始起步,在很长一段时期中，一个地区仅有一家律师事务所，故而原告与被告请一家律师事务所的律师代理案件，往往是司空见惯的事情，这也是我国特定时代法治进程中的实际情况。

再如，我们的庭审制度已经较为正规。而早期庭审远没有如此严谨与正式，不仅开庭时诉讼参加人可以抽烟、闲聊，被告人家属甚至会带着老式的保温桶装满鸡汤或者是排骨交给被告人。被告人坐在木栏围成的被告人席中，一边吃着保温桶里的美食，一边接受审问。这个场面我是印象特别深刻的，还记得当时大家普遍使用的是一个个外壳是塑料、里面是类似于暖壶银色内胆的保温桶。

上述情景几乎成为只属于我们这一代律师的独家回忆。在那个年代，我们所办理的一个个案件，均带有浓厚的年代烙印，甚至有些情况在现在看起来是完全不可思议的，可以说只是那个时代的产物。

二

我的故事开始了。现在说起来李国机律师，可能很多人已经不再熟悉，但是实际上，当年的他，集数个角色于一身：复旦大学毕业生、锅炉工、数个月内上海唯一的一位执业律师……正是经过他的介绍，一位来自贵州遵义的当事人，千里迢迢到上海来找到我。当时，我们用的还都是“大哥大”和“BB 机”，交通也是非常缓慢的绿皮车，看当事人的条件，恐怕也不可能坐卧铺，只能在拥挤嘈杂、充满异味的硬座车厢中煎熬数十个小时才能到达这个完全陌生的城市（后来才知道，这位朋友连硬座都没买到，而是在过道和车厢连接处，或蹲或站，或者干脆坐在地上，度过了整个旅途）。那么，究竟是什么事让他不远千里来到上海？

这位来自贵州遵义的委托人，他的一位朋友已经被法院判处死刑，被羁押在看守所。我们知道，看守所业务运转是由财政专项拨款，然后供给犯罪嫌疑人、被告人伙食。在当时，当地有这样的风俗，一个人一旦被判处死刑，家人可以每天给他送饭，第二天送饭时再把第一天的空碗筷取回。现在想想，这种“优待”措施到底是人性化的体现还是当地财政紧张的原因，不得而知。但是说句玩笑话，自己家人送饭，肯定会比大伙房做的饭要好吃得多。因此，这位犯罪嫌疑人一直让看守带话说，看守所的饭太难吃，让家人每天都来送饭……在这不断的送饭过程中，家属看到了收回的空碗中藏着的一片纸条，上面写道：“去上海，找翟建律师，让他来替我说话。”

确实比较神奇，一位关押在贵州的死刑犯知道我，并且用饭碗传递出信息，他甚至不能准确地把“替我说话”表述成“为我辩护”。要知道，当年的我刚刚进入律师圈，名气还没有那么大，也没有什么微博、电视、微信，消息的传递也仅限于书面的形式，诸如报纸、杂志（直到后来才知道，他是通过《律师与法制》杂志才对我有了印象）。

让人感慨的是，当年没有网络，即便知道上海有一位翟建律师，又要去哪里找呢？这位朋友下火车之后，面对茫茫人海，不知何去何从。于是，他毅然改变自己的方案，打了一辆面的，点名要找上海著名的律师——李国机律师。和李国机律师见面后，这位朋友首先介绍了整个案件，而且提到了我。万幸，李国机律师和我相交甚深，于是这位朋友一波三折后，最终找到了我。

不得不说，我当时是比较震惊的。对于这个奇妙的缘分，我并没有欣喜若狂，相反，我一开始是比较抗拒的。

三

倒不是我矜持，也不是因为担心案件的结果，我拒绝的理由很简单，也很实际。首先，在当时没有高铁、动车，完全不是今天这种“拎包就走”的理想状态，坐着“哐当哐当”的绿皮火车，先不说难受不难受，去一趟至少要用三天的时间，时间成本太高，而且也充满各种风险和不确定性。其次，这段漫长的道路所产生的费用，家属往往也难以承受（在当年生活不便利的情况下，出趟差往往都是“苦差”，现在出差反而成为年轻律师们最喜欢的放松方式，不但可以暂时逃避一些琐碎的纯事务性工作，而且有机会游览城市风情）。最后，能够背负死刑案子的人虽然不能说个个穷凶极恶，往往也是情节恶劣的。当然，被冤枉的除外。代理这种看似“罪有应得”“千刀万剐”的案子，在当时无疑是不能得到社会大众认可的，也会让我承受诸多压力。

可能有些年轻读者有疑问，20 世纪 80 年代也有民航飞机啊，为什么不坐飞机去啊？要知道，那个时候可不是有钱就可以坐飞机的，只有处级干部凭借单位开具的证明才能坐！很遗憾，当时的我不属于这个级别。

就在我脑海中琢磨着如何措辞、婉拒这个案件时，这位仗义的朋友告诉了我一件事，让我下定决心接下这个案子：该案存在重大程序违法。据他说，被告人虽然文化不高，但是法律意识特别强，在法庭开庭审理后，就一直四处张望，向法庭询问自己是否有律师。法官回答道,本地的法律顾问处(最早期的律师事务所属于“公家饭碗”,是在当时社会律师缺乏的背景下,国家以编制为保障成立的律师机构,在我国律师行业发展早期发挥了重要作用)没有一个律师愿意出庭,因此他只能自行辩护。

那个时候是我国七九年《刑事诉讼法》施行期间,这位被告人无论是在法官审问还是在公诉人讯问时,总是一言不发,用沉默抗拒着眼前的一切。事后他告诉我,之所以沉默,是因为他认为自己没有律师,缺少了一个能够在法庭上为他说话的人。

案件的最终审判结果——因为盗窃纱锭(一种纺织用的工业材料),他被认定犯盗窃罪成立,被判处死刑。我刚才絮絮叨叨说了一堆当时的法治环境和司法实践,但不得不承认,七九年《刑事诉讼法》虽然在现在目光的审视下还颇为稚嫩,存在许多漏洞和不足,但是在当时的历史环境下已经是极大的进步了。其中最为重要的一项就是,对于可能被判处死刑的被告人,即便被告人没有要求,法律亦规定必须指定律师为其辩护。人死不能复生,必须要有律师的参与,才能从程序正义上来确保实体判决的正义。说句实在话,冤错案件中,有些刑罚是可以采取其他方法去弥补的,诸如被错判有期徒刑、送入监狱,我们可以采取国家赔偿、赔礼道歉、恢复名誉等方式去弥补;但是人的生命只有一次,一旦错杀就再无挽回的余地。而在该案件的庭审中,没有律师出庭辩护,无疑属于程序重大违法。大家都知道,程序与实体是实现正义的“车之两轮、鸟之双翼”,一个审判的程序不合法,那么结果必然会存在问题。因此,我国无论是民事诉讼还是刑事诉讼,只要一审存在程序违法,就必然要撤销原判、发回重审。

不久,死刑判决送达。在“囚笼”里等待死亡的他,用饭碗传递出一根救命“稻草”，这个他心目中的“稻草”，恰恰是我这个初出茅庐的律师。

时至今日，我依然记得，当年这个案子的收费是50块钱。但是，无论是从我内心的价值取向，还是我从中取得的成长和获得的磨炼，这个案件都绝非这50块钱所能衡量的。

从某种程度上讲，在这个案件的办理中，我首次实现了自己作为律师的特有价值。

四

需要承认的是，当这位仗义的朋友向我叙述完案情后，虽然知道可能会有许多困难，我还是动心了——为一个应当获得辩护权利的人提供辩护，确保他能够获得公平的审判，对自己的行为承担应有的责任，这不就是辩护律师的最大价值吗？

决定之后，我就和我们所的朱树英一起坐上了绿皮火车，踏上了前往贵州的行程。当时，上海没有直达遵义的火车，因此我们第一站前往省城贵阳。在联络了贵州省高级人民法院、高级人民检察院并查看了相关卷宗后，我们又坐上了另外一列绿皮火车，前往遵义。

山区行车，越高山、穿林海，窗外美景数不胜数。当时我和朱树英律师西装革履，在车厢里无疑是异类，也吸引了诸多人的目光。当时的治安远远不如现在，火车上的盗窃团伙绝对不在少数。为了避免引起麻烦，我和朱树英律师在上车前，还专门把身上的钱平均分成两份，并且把卷宗和手续夹到了一堆报纸里。当然，也不能完全包裹住，否则就很像是用报纸包着的巨额人民币。经过三四天的颠簸,我们终于到了遵义,然后前往宾馆(宾馆就在遵义会议纪念馆旁边)。在接待了当事人家属后,我们立刻前往当地看守所,终于见到了这位用奇特手法送出求救信息的当事人。

见到了当事人,我才知道,这个案子不仅程序违法,案件事实也存在很大的问题。

被告人一见到我非常激动,被安抚了好久才冷静下来,开始描述案情。值得一提的是,在此后的职业生涯中,我也在看守所会见了许多在押的犯罪嫌疑人或者是被告人,但是他们中的大多数在见到律师时并不激动,往往较为平静,开口所言也往往是家人好不好、孩子上学成绩怎么样这类家常话,真正案子的内容往往是律师主动询问和他们被动回答。但是,如果一个当事人上来就非常激动,直接向律师陈述案情,那么,他的心中一定认为自己是无罪的,进而把律师当作解决他当下困境的帮手,甚至少了必要的寒暄或对家人的关心。在我执业生涯中,见到我就迫不及待开始谈论案情的当事人,不超过 10 个。如同我们去医院,知道自己病情的病人往往会较为轻松,甚至还会和医生、护士互相寒暄、开玩笑,但如果是急症患者,那么见到医生和护士绝对没有心思调侃,他的第一句话,通常是“医生,我病了,快点帮帮我”。

当时这位被告人将他自己的情况说出后,作为初出茅庐的我,还是非常震惊的。其中一项罪名是盗窃罪,作为当地主营纺织品的供销公司的驾驶员,却被认定为多次盗窃,也就是我们说的“惯窃”,而且犯罪事实的认定也非常荒诞:只要是他开着的车所运的货,都算是他盗窃所得。也就是说,他每天 8 小时工作的时间内没有进行任何正常的工作,全部上班时间都是在不断地盗窃。当然,需要承认的是,这位被告人确实也借助工作环境便利，“小偷小摸地运输点货物、赚点烟酒钱”，绝对达不到这种运什么都是盗窃的程度。

经过之前阅卷，我们发现一个重大的问题，被告人几乎在笔录上承认了全部的犯罪事实。职业的敏感让我立刻认识到，这个案件的办理中可能存在严重的刑讯逼供。果然，第一次见到我们，这位当事人就告诉我们：“其实我是没有干的，但是，公安打我，打得我遍体鳞伤，在这样的情况下，我是不得不违心地承认了很多东西。我是有时候小偷小摸一点，但是绝对没有公安说得那么多，也绝对没有那么长时间，是他们打我，我才那么说的。”我谨慎地核实这一情况，问他有没有证据，能不能提供一些线索，知不知道刑讯逼供他的警察的名字？

结果，他告诉我一件非常惊人的事情：之所以他能够知道上海的翟建，能够找到我，是因为看守所所长在杂志上看到过我的名字。然后看守所所长告诉他，让他想办法告诉亲属联系我，如果律师来到遵义，看守所所长可以接待律师，向律师证明刑讯逼供的存在。

五

直到现在，我都会感到不可思议，当时我更是十分诧异。这可能吗？看守所所长来证明公安机关存在刑讯逼供的情形，“自家人”打起来了？我认为有点儿离谱。但是，看到当事人期盼的眼神，或者说是因为好奇，我还是抱着试一试的想法，在会见完他之后，向看守所负责接待、安排律师会见的警官提出请求。我说，听说你们的看守所所长说愿意接见我们律师，能不能麻烦您通报一声？结果，那位看守所所长竟然真的接待了我和朱律师。

这位姓白的所长是一名“老革命”、退伍军人，腿因为战争受伤，只能永远拄着拐仗。但是，这一次事情后我感到，他比许多健康的人都要高大，行走也更加有力。身为“老革命”，有些事情白所长认为不能只眼睁睁看着，而且还有一年就要退休的他也少了很多顾忌，不再担心被报复或者是“坐冷板凳”“被穿小鞋”。白所长愤愤不平地告诉我们，主办该案的办案部门，每一次都违反在看守所内提审的规定，强行将当事人提出看守所进行讯问，然后打得遍体鳞伤再送回来。实在看不下去的白所长下了一道死命令，绝不允许办案单位再将这位当事人提出看守所讯问，一旦带出看守所，就禁止再送回来。因此，这位当事人才避免了更多的皮肉之苦。

一审判决中，法院认定如下事实：我的当事人不仅拒不交代自己的犯罪行为，而且还在庭审中诬陷他人。年轻律师听到这儿总是会说，不对啊，这最多只能认定为没有坦白，不可能构成诬告陷害罪啊？

第二次会见的时候，我重点向当事人核实这一问题：“这个人到底是不是跟你一起干的，你为什么要推在他头上？”当事人很激动：“就是这个人带着我一起偷的！而且纱锭那么沉，我一个人偷不了！”

六

当事人向我做了解释：原来，一位副检察长的女婿和当事人一起实施了盗窃行为，办案单位之所以采取刑讯逼供，就是为了让当事人承认所有行为都是他一人所为。相应地，法院一审判决中不仅将所有的盗窃行为归于我的当事人，而且莫名其妙地认定我的当事人"意图诬陷他人"，就是为彻底洗刷另一位当事人的罪行。

事实被揭露出来后，并没有方便我们办案，反而让我们彻底明白了案件所存在的真正风险——我们不得不和本地的公检法机关进行对抗。也许是因为案情如此，当地法律援助中心才没有任何一位律师愿意代理这个案件；也许是因为自己已经有所预感，这位当事人才想尽办法传递信息，在上海寻找律师。

短短的一天，经过会见，在白所长这位颇具正义感的人民警察的帮助下，我们初步了解到案件的整体脉络，并且探寻到案情背后隐藏的真相。当然，目前所有的一切都只是当事人和白所长所述，下一步最重要的无疑是寻找证据来证明上面的事实。晚上，我和朱律师两个人睡觉前就躺在床上商量怎么取证。去检察院？那无疑是与虎谋皮，甚至会给自己惹出麻烦。去派出所？这位女婿的户口基本不可能迁到副检察长所在的户口上。再说了，堂堂一位副检察长，律师跑到派出所去查他的户籍资料，这有可能完成吗？不可能。

那天晚上我俩几乎没有睡觉，每个途径几乎都有致命的缺点，我们不断地提出和推翻各种方法。到了5点多，看着外面已经明亮的街道和逐渐增多的行人，我告诉朱律师，这事不能一直拖下去了，这几天咱们律师会见的消息一定会有人知道，所以咱们干脆单刀直入，一是去那位女婿的单位了解相关情况，二是直接去见见这位女婿。商议之后，我们找到这位女婿的单位，并通过这位女婿的单位找到这位女婿。那个时候，我国刑事诉讼体系完全不如现在完善，但是这种不完善恰恰给了我们许多空间。

说到这里我不禁要感慨几句，数十年的执业生涯，我经历了大大小小不下几千个案件，我一直秉承这个观点：不要脱离实际情况去单纯地谈论一个制度的好坏，制度再好也要看人，如果一个人是正直的，那么即使没有制度约束他也不会胡作非为；如果一个人本性向恶，那么再完善的制度都不会影响他谋求私利的欲望和步伐。

白天，我们就拿着备用的空白律所介绍信前往这位女婿的单位。还是刚才那个话题，当时虽然法治并不健全，甚至可以说是十分的粗糙，但是人和人之间的关系却十分紧密，机关和单位的工作人员对于律师也有着发自内心的尊重。因此，这位女婿的单位对待从上海远道而来的律师非常热情和配合，很快就把这位女婿叫来接受我们的调查。

当然，如果我们这个时候直接问他，你是不是“真正的罪犯”？恐怕不行，我们必须要用平和的谈话方式，去揭露背后隐藏的真相。第一眼见到这位女婿，感觉这个人很普通，属于丢在人堆里绝对找不到的类型，我们两人面对面而坐，朱树英律师负责记录。我先从天气、贵州特产和茅台等家常话讲起，让对方慢慢放下警惕心，然后开始核实案件的具体情况，谈了一些诸如“按照法律的规定，我们得找你核实”“我们怕自己的当事人诬陷和冤枉了你”之类的内容。谈话的最后，我假装不经意问了一句，咱们检察院的检察长人还不错，我们来了接待得很热情，他是你岳父吧？他说是。我还记得朱树英律师当时紧张的样子。这句话问完实际上谈话就结束了，按照常规就是让他签字。但是，这个问题记录在最后，这位女婿看到笔录，难保不会反应过来进行修正或者不再签字，于是我又问了几个无关紧要的问题，示意朱树英律师赶紧记录下来。不得不说，朱律师也非常有经验，下面的问题记得密密麻麻的，这位女婿在签字时一点没有看到有关“岳父”的内容，也就自然而然地签了字。

说句丢人的话，别看我和朱律师迈着四方步不慌不忙地出了这位女婿的单位，当时我的衣服已经被汗浸湿了，当走入一个拐角，确认单位的人看不到我们后，我立刻对朱律师说，咱俩赶紧打车，赶紧到火车站，赶紧跑吧！

没错，我当时用的就是“赶紧跑”！

朱律师还不理解，这个“赶紧跑”仿佛是犯罪分子而不是律师应该说的话，为啥那么着急？我告诉他，这种地方上班都是中午回家吃饭的，那你不怕他回过神来，到时候告诉他岳父说两个律师去找过他，还做了笔录，该怎么办？朱律师立刻醒悟，我们俩立刻叫了个车，拉上行李，赶紧跑到火车站，坐上火车往贵阳去。在贵阳我们都没出火车站，一直等驶往上海的火车开动我才安下心，发现我们俩紧张得竟然没买点儿路上吃的东西！

到了上海，我立刻写了一份情况报告，邮寄给了贵州省高级人民法院。可能有法律同行会说，为啥写的不是辩护意见呢？因为当时我们国家的法学界和实务界都普遍认为，所谓的辩护是对犯罪事实的认定和对适用法律这些实体问题的辩护；律师针对程序问题提出的观点和意见并不被认为是辩护，而只是一种对办案机关意见的反馈。在这份情况报告中，我的用语非常犀利，可以说在一生的执业生涯中都是极为罕见。我非常直接地谈到，在这个案件当中，贵州遵义的公、检、法机关全面违法，违反我国《刑事诉讼法》确立的基本原则和根本制度，公安局刑讯逼供，检察院应当回避而不回避，法院剥夺被告人的辩护权。当时基本没有用电脑打字的，无论是起诉状还是庭审笔录，都是手写，只有判决和裁定是用铅字油墨印刷的。因此，在白纸上将字写清楚、写工整也是每一个司法从业者的基本功。

贵州省高级人民法院在核实这些材料之后，不久就依法作出了二审判决。

虽然我在执业生涯中收到过很多撤销原判、发回重审的判决，但理由往往是“事实不清，证据不足”，而这份判决书中却认定一审“程序违法”。这张判决也是我执业到现在，拿到的唯一一份将一审判决评价为程序违法的判决。可能许多读者不能理解“程序违法”的含义和价值，但是律师同行能够知晓，让司法机关承认自己程序违法，该有多么艰难。

这可算是“捅了马蜂窝”了。要说我一点不害怕，也是假的，因为毕竟是让有关公、检、法机关颜面尽失的事情。尤其是在当时信息并不发达的年代，许多事情都是不可预料的。所以说，基于安全考虑，在接到发回重审的一审传票时，我决定采取一个最传统的方法：人多势众。至于来回的差旅费，那就只有我自己负担了。除了我和朱律师这两位辩护人之外，我又邀请了对该案深感兴趣的两名上海律师和两名法制报的记者，一行 6 个年轻小伙子浩浩荡荡登上了绿皮火车。记得那还是一个冬天，没有轻便保暖的羽绒服，南方的冬天一点儿不比北方好受，没有供暖让人能感觉冷到了骨子里，我们 6 个人穿着当年流行的绿色军大衣，看起来也挺有气势。当时我就想，不管怎样，这样至少我会略微放心些。

七

冬天的贵州十分寒冷，重审的法庭是刚刚建造的，设施还不完善，只能用火盆取暖，但这阴冷的空气并没有影响我们6人，甚至在法庭上我都很罕见地感到自己的手掌已经布满了汗珠，与其说是紧张，不如说是对一种未知命运和结果的担忧。这个案子在当地的政法圈引起了极大的反响，尤其是我的那份情况报告据说让当地公、检、法机关的领导们焦头烂额，面临极大的压力，因此当天开庭时旁听的人异常多，法庭内的旁听席根本不够用，许多人就站着观看庭审。

但是，庭审中最让我生气的并不是来自公、检、法机关或者外部的压力，而是来自被告人的行为，现在想想甚至有点可笑。一般而言，在庭审中，法官往往会自称为合议庭，律师往往会自称为辩护人或本辩护人，但是有被告人将自己称呼为“本被告人”的吗？然而这个案件的当事人，学着我的模样，在法庭上回答所有问题都是以“本被告人”这个称谓，而且官腔味儿十足，譬如“本被告人对检察院指控的事实没有意见”等。相比于这种官腔，更让人匪夷所思的是，这位当事人居然在铁栏围起的区域内遛起了弯，而且还是那种背着手踱来踱去，然后不紧不慢地用官腔回答着各种提问，颇有些“任凭风吹浪打，我自闲庭信步”的气势。整个庭审也因为被告人不知缘由的行为而变得十分不严肃。我心里十分清楚，如果庭审不严肃，最终受伤害的必然还是当事人本身。可能大家都会感到好奇，明明知道自己有可能被判处死刑，他为什么这么做呢？说实话，我现在也不清楚，但是分析起来，大概是因为死刑的判决和检察长女婿的事实带给他的打击太大，让他彻底灰心，把法庭当作一个以表演来宣泄的场所，说白了，就是在“破罐子破摔”。

但是，作为辩护人，我是无法容忍这一现象的。于是，我把眼光投向审判长发言说，希望审判长能够出言制止被告人的行径。

令我感到惊讶的是，也不知道审判长是认为被告人有权利在法庭上这么“踱方步”，还是担心制止他会在程序上产生麻烦，抑或开庭风格和司法环境使然，审判长竟对被告人这种极为不严肃的表现不置一词。

忍了一会儿之后，我实在是无法忍受这样的闹剧继续出现在法庭之上，举手发言并警告被告人：我们在会见时，你说了自己的情况，也承认部分犯罪事实，你说自己干了坏事，只不过没有干那么多，对不对？因此，今天的庭审不是你的表演，也不是你发泄情绪的地方，今天关系到你被定什么罪、判什么样的刑，是法庭代表国家对你进行审判，法庭上高高地悬挂着中华人民共和国的国徽，我希望你有一个端正的态度，你在法庭上不可以这样随意走动，这也是对今天法庭上每个人的尊重。最后还向他撂下一句我在数十年执业生涯中只说过一次的狠话：“在那儿，你再转一个圈，我立即退出法庭，拒绝为你辩护。”

说句实话，作为律师，我应当最大限度地在法律框架下维护当事人的合法权益，之所以在法庭上会对自己的当事人说那么狠的话，一方面，他的行为确实有点不当，在国徽之下如此表演实在是对法律和法庭的亵渎，让我在主观上反感；另一方面，作为他律师的我都如此反感，法官呢？可能法官嘴上不会说，甚至不会制止，但是在心中，绝对对他不会有好印象，势必影响最终的定罪与量刑。这也没什么奇怪的，法官也是人，也会有自己的喜怒哀乐，也会受到被告人言行举止的影响。

可能很多人看到这里会问，你是被告人的律师，应当在法庭上尽最大努力去维护他的利益，怎么还能训斥他呢？事实上，年轻律师往往会犯的一个错误就是在刑事案件的庭审中将公、检、法当作对立面，其言语之激烈完全将公、检、法当作敌人，这样的结果无疑会激起法官的反感，也会把案件推向错误的轨道。

当然，这种后果也可能不会发生在辩护律师身上，但是对当事人的定罪量刑是极为不利的。刑事律师必须要善于说理，不要随便地就去做无罪辩护。在辩护中，律师必须要依托于案件的事实和法律的规定，必须要用法条的规定和犯罪构成理论去分析案件情况，不能谈一些看似非常宏大、激昂但实际上没有任何实质内容的话，而且必须去真正说服法官，为法官的最终判决形成找到依据和立足点，那种"表演式"的辩护只会起到反作用。

因此，我经常告诫我们律师事务所的年轻刑辩律师，你必须让法官认为你的讲话是客观的、是理性的，而不是情绪化的，不是偏激的，也不是对立的。只有在这种情况下，你才有可能最大限度地让法庭采纳你的观点，如果你表现得非常偏激，不客观、不理性，那么你讲得再有道理，也不可能取得你自己想要达到的效果，也就是说我历来认为，刑事辩护尽管观点是对立的，但是完全可以有话好好说。

我相信，固然我的水平并非顶尖，但是在这个案件的庭审中，我用尽自己平生所学，适用犯罪构成等理论最大限度地维护了当事人的利益,也充分表达了自己的观点,包括当事人在内的所有人都会认为,我这个律师是合格的,也是理性、客观的。

八

实际上,这个案子的难点,在于如何在当事人命悬一线的情况下将他从“鬼门关”中拖回来,接受合法、公平、公正的审判,对于犯罪构成和量刑,并没有太多的争议。

最后,该案件经遵义市中级人民法院重审,被告人因数罪被合并判处了20年的有期徒刑。虽然看起来20年是那么的漫长,人生又有几个20年,但实际上,从死刑到有期徒刑,这个案件相当于将判决降了数个档次,相信从律师辩护的角度来看,这次判决已经是十分成功了。

上海和贵州远隔千里,在当时交通不方便的情况下,我们也不大可能为了取一张判决书而再到贵州去。因此,审判长专门将判决书寄到了我们律师事务所,其中还有审判长写给我的一封信。

信开头的内容到现在我还记忆犹新:“尊敬的翟叔叔,首先非常感谢你们,你们让我在这次审判当中学到了很多很多,也让我在审判生涯中获得成长,因此我不愿喊您律师,更把你当作我应该学习的前辈……”这封信在全所引起了轰动,许多律师争相传阅、赞不绝口,在热烈的氛围中,我第一次在工作期间开了一瓶酒举杯庆祝,虽然喝得并不多,却让我醉意浓浓。那一瞬间,我第一次真正体会到律师的价值和意义,还有这份工作给我带来的幸福和满足。

直到现在，这封信我还珍藏着，如同珍藏我人生中最为幸福的瞬间。能够用自己的努力去尽可能地改变身边的一些人和一些事，在其身处命运的低谷时伸出手来帮扶一把，这难道不是我们生活与工作的最大意义所在吗？

九

这个案子的成功，尤其是推翻一审判决的结果，让我在贵州当地的司法机关有了一定的知名度。当然，这种知名度是两方面的，一方面是正面的，一些司法从业者赞同我；另一方面是负面的。但是，无论如何，“上海来的那位翟建律师”被当地司法从业者不断提起，也被更多人知晓。

这个案子结束后不久，一位当事人家属千里迢迢来到上海，联系到我。

这位被告人是贵州某地区的领导干部，一审以贪污罪被判处死刑。按照律师正常的办案轨迹，应该是一到了贵阳就直奔贵州省高级人民法院，阅卷后去看守所会见当事人。结果一看文书，我就发现了问题：在公安局、检察院、法院的逮捕证、起诉书和判决书等所有法律文书中，这位当事人都被写作“××民”。但是，在当事人所有签字的地方，最后一个字则写成“明”。究竟是“民”还是“明”？这绝不是简单的笔误，一方面，反映了办案机关的工作不严谨；另一方面，连名字都没弄清楚就能判死刑？更为关键的是，虽然在当时很多犯罪的死刑核准权已经下放到各地的高级人民法院，但是经济类犯罪的核准权却依然属于最高人民法院，这样连名字都弄错的案件，最高人民法院会批准执行死刑吗？

最终，贵州省高级人民法院二审中直接改判，从死刑改为无期徒刑。实事求是地讲，上级法院一般不会轻易地改变下级法院的判决，遇到确实存在问题的情况，往往都是发回重审让下级法院去“纠错”。

因此，从现在的眼光来看，这两个案件的办理，无论是程序问题还是实体问题，无论是事实认定还是法律适用，都不同程度地存在干扰的因素，而这些因素，也是我们现在全面推进依法治国中需要大力解决的重点问题。可以非常明确地感受到，现在的司法机关，无论是办案态度、办案水平、办案思路、办案科技含量，都有极大的提升，刑事法律制度的根本目标越来越从惩治犯罪向保障人权发展，律师的执业权利也获得极大保障。可以肯定地说，无论是第一个案件，还是第二个案件，甚至是呼格吉勒图、聂树斌等案件，以后发生的概率会越来越小，最终成为我国法治事业建设中的一抹记忆，虽然不会再见，但是却会让我们永远铭记，警示着每一位从业者。

总而言之，对于在贵州办理的两个案件，我还是非常满意的，以律师的专业能力体现了律师的价值，让当事人接受了公平公正的审判，为自己的行为承担了相应的法律责任。

时光一逝永不回：
我和郑传本律师

一

前几天，我的一位学生和我一起讨论一个案件，直到晚上 11 点多，疲惫的我准备下班回家休息，但是看到一旁的他不仅未显丝毫疲态，还在兴致勃勃地约朋友一起宵夜，不由得从心底发出感叹：年轻真好。

回到家中的我久久无眠，回想着自己从执业开始走到现在的点点滴滴。客观地说，虽然我算不上"大律师"，但毕竟衣食无忧、生活幸福，在业界有一定的知名度，也获得了诸多当事人的认可，在别人的眼中，已然是成功的一生。但是，筚路蓝缕、开启山林，创业之路毕竟不是一帆风顺，如今的我一边感谢当年不断努力的自己，一边羡慕彼时那个无忧无虑的自己。

"江山代有才人出，各领风骚数百年。"再坚强的意志和热忱的兴趣都会慢慢被岁月流逝的无力感侵蚀。因此，这些年来，除了自己代理的案件和律所的日常管理工作，我将大部分精力都投入对青年律师的培养中，尽自己最大努力帮助这些年轻律师快速成长。后来发现，这种依靠我自己的做法无疑是有限的，受益的年轻律师也往往局限在我们律所内。因此，我又通过我的助理刘春园博士组织了一个主要面向年轻律师的微信群，大家专门在群里交流司法界的裁判、规定和案件办理的技巧等，我也会定期在群里发表一些观点。后来这个群里的人越来越多，甚至许多法学专家、资深律师和检察院、法院的朋友也进入群里，让我受宠若惊的同时倍感压力。实话实说，理论不是我的强项，尤其是在那么多"高手"的面前，万一出点错，自己丢人事小，把错误的理念传递给年轻律师们事大。

机缘之下，我就在群里讲了讲我和郑传本律师的故事。实际上，在这本书中我将不断地提到郑传本律师。不夸张地说，我执业生涯的每一步都与郑传本律师有着直接或间接的关联，但是我始终没有单独讲述过我和郑传本律师的故事。我想，这个故事不仅可以寄托我对这份友情的思念，更重要的是，许多年轻律师可以看到我和郑传本律师在"律海"沉浮的奋斗历程，希望对他们未来的发展有所帮助。

二

我国1977年恢复高考。1978年，第二届高考让我迈入高等院校的大门，这成为我人生重要的转折点。但是，在当时我们国家还没有几部法律，法学是一个并不让人待见的专业。但是，当我入学的第二年(1979 年),我国法治建设事业进入了“快车道”,七部法律破茧而出,即《刑法》《刑事诉讼法》《地方各级人民代表大会和地方各级人民政府组织法》《全国人民代表大会和地方各级人民代表大会选举法》《人民法院组织法》《人民检察院组织法》以及《中外合资经营企业法》(已失效)。随着这些法律的颁布,司法活动开始逐步正规化、严谨化和科学化。因此,学界也将 1979 年称为我国社会主义法治建设的开端。

20 世纪 50 年代被中止的律师事业也得到了恢复。八零年《律师暂行条例》(已失效)颁布实施,律师这一职业再次出现在我国法治建设和司法实践的舞台上。但是,那个时候的律师实在是太少了,少到什么程度呢？大家都知道上海李国机律师事务所,其创始人李国机律师毕业于复旦大学法律系,是办过很多成功案例的知名律师,在 20 世纪 50 年代,他已经颇具名气。恢复律师制度之后,李国机律师成为当时上海地区回到律师队伍的第一位、也是唯一一位律师。换句话说,当时在上海只要想找律师打官司,你就只能找李国机律师。改革开放后,社会百业复苏,不仅各业将原来从事律师或者从事法律工作的人渐渐地召回到这个司法队伍中来,而且高校中的人才也不断涌入,律师行业不断扩大。

郑传本律师就是在那个时候离开法院、加入律师队伍。

当时的律师机构并不像今日一样完善和正规,不叫律师事务所而叫法律顾问处。上海有第一法律顾问处、第二法律顾问处,后来又以排序的方式成立了第三至第六法律顾问处。

在我们大学快毕业的时候,李国机律师在律师行业还是一枝独秀,而郑传本律师刚刚进入律师行业。虽然当时的我立志做一名律师，但是，在那个信息传递并不迅捷的年代，在象牙塔中的我并不知道当时上海律师行业的实际情况。我还认为只有到法院历练之后才能真正熟悉和掌握律师技能，这是必需的铺垫。于是，在我的要求下，学校将我安排到上海市中级人民法院（当时上海只有一个中级人民法院）进行为期半年的毕业实习，3个月在民庭，3个月在刑庭，工作内容主要是一些事务性的工作，如协助法官开庭、做书记员、送达材料等。也得益于这一次实习，我旁听了上海大量优秀律师的庭审。

时至今日，我依然在对许多年轻律师说，律师的成长不应局限于社会和书本，法庭更是律师安身立命的根本之地，一名好律师的庭审必定是精彩的，旁听优秀律师的庭审无疑是一个捷径，能够使人非常迅速地吸收其中的精华，更能使人发现许多隐藏在书本中不起眼的知识点。更难能可贵的是，只要在庭上听一次，你就永远不会忘掉那个知识点。受益于那段时间的经历，我旁听了包括李国机和郑传本等优秀律师在内的庭审，每位律师风格迥异，但各有绝技，让人印象十分深刻。

可以说，这些优秀律师在法庭上给我留下的印象，更加坚定了年轻的我进入律师行业的决心。

三

不知道从什么时候开始，年轻律师总是喜欢说自己是哪位资深律师的“学生”，将资深律师称为自己的“师傅”。就我的执业生涯而言，我没有真正地“拜师”，不过一直在向诸多优秀律师学习，其中对我影响最大的，就是郑传本律师。

每位律师都有着自己鲜明的庭审风格，郑传本律师的庭审“进攻性”很强，发言极为犀利，而且总是能够非常快速、准确地寻找到对方的漏洞，然后犀利地“直击弊病”。让我印象最深的一次，是郑传本律师为一名交通肇事罪的被告人提供辩护。郑律师没有只坐在单位看卷宗，而是对案子非常负责，亲力亲为、注重细节。比如，在这次案件的辩护过程中，郑传本律师多次前往事发的现场，确定当时司机和被害人的位置，精确了解当时路面的情况、车辆的速度以及行人的状况，在庭审中发表了极为精彩的辩护意见：司机的行驶并未超速，且在安全距离之外就采取了紧急制动措施，司机的驾驶行为完全符合规范，但是由于惯性的作用无法使车辆停止，故而这是一个基于物理常识产生的客观结果，不是人为可以控制的。

因此，郑传本律师作为辩护人向法庭提出，司机在本次事故中完全符合驾驶规范和法律规定，不存在疏忽大意和过于自信的过失，更谈不上故意，被告人应当被认定为无罪。我们知道，在处理交通事故时，“保持安全距离”是一个非常重要的问题，人们通常都认为，只要是在安全距离、不超速行驶的情况下采取紧急制动，必定会使车辆停下，不存在惯性的问题。为了说服法官，郑律师当庭出示图表予以说明，并且找到几位相关学科教授的观点予以佐证。最终，在他的努力下，这位被告人被法院宣判无罪。可以说，如果没有敏锐的思维模式与扎实的实地勘查工作，郑传本律师根本找不到努力的方向和案件的突破口，恐怕辩护词也会局限在“上有老下有小、初犯偶犯、认罪态度好”的老套路上。同时，如果只有敏锐的眼光，而没有过硬的专业技能与口才，恐怕也难以说服法官相信并采纳自己的辩护意见。

用现在的话来说，我当时就是郑传本律师的“粉丝”。但是，郑律师当时并没有特别注意到我这位在法庭默默打字、不发一言的书记员。相比起令人佩服的专业技能，郑传本律师在生活中非常随和，甚至十分“普通”，让人看起来不禁感到，这不就是邻居大爷的样子吗？现在百度搜索郑传本律师，可以看到郑传本律师戴着耳机做电台节目的照片。实际上生活中的他也是这样，身材高大、慈眉善目，永远留着上海人口中的“板刷头”，接触下来会让人感到十分可亲、可爱。

四

第一次和郑传本律师合作的案件，让我至今记忆犹新。

每个时代都有鲜明的时代烙印，在犯罪学领域亦是如此，每个时代总是有些富有特色的犯罪。比如，有些读者可能记得，在 20 世纪八九十年代，抢劫、盗窃等犯罪发案率相对较高。一方面是因为那个年代家里都会有大量的现金，另一方面也是因为监控等科技手段不发达，因此每到年关，就是抢劫和盗窃的高发期。那么，为什么现在感觉盗窃和抢劫犯罪要少很多呢？一方面现在家里基本没有现金，大家往往把钱存在支付宝、微信里；另一方面几乎遍布所有路口的“天网”监控更是让人无所遁形，就算是抢了值钱的财物，又能往哪儿跑、去哪儿销赃呢？

保管着大量现金且行踪很难确定的出租车，在 20 世纪八九十年代往往会成为被抢劫的对象，犯罪分子不仅可以劫得大量现金，甚至可以将出租车变卖牟利。在一起案件中，两个人合谋抢劫了一辆出租车，我和郑传本律师分别担任这两位犯罪嫌疑人的辩护人，我们之间的缘分亦就此开始。

那时的我二十五六岁，虽然之前在法庭上经常相遇，但是，郑传本律师对我并没有什么印象。就我而言，和郑传本律师坐到一起，甚至比案件开庭本身更让我紧张。法庭调查开始，郑传本律师拿着笔和纸，把那张普通的 A4 纸一裁为四，同时裁了两三张，所以他手里面有十张左右的小纸片。我很好奇，但是法庭显然不是能没事闲聊的地方。直到该我发言时，郑传本律师将纸条递给了我，低头一看，是需要向被告人提出的几个问题。

当时的刑事审判是纠问制诉讼模式，整个法庭调查，甚至庭审的全过程都是法官在问，公诉人和辩护人大多数时间都在坐着听，而后根据法官的提问和被告人的回答情况，有针对性地穿插提问和发言，辩护人和公诉人之间几乎没有交流，更不必谈及辩论。九七年《刑事诉讼法》颁布之后，法庭庭审开始向抗辩式发展。因此，无论是法官提问还是公诉人提问或者发表意见，郑传本律师就会给我写条子，上面都是对我的一些庭审指导。那个时候我比较年轻，才 20 多岁，估计郑传本律师比较担心，因为这个抢劫案件有致人死亡的加重情节，是可能被判死刑的。他怕我这名初出茅庐的律师没经验，因此不断地用这种方式对我进行指导。现在想起来，这一幕颇为温馨，郑传本律师比我大整整 24 岁，当年是 50 岁左右，正是年富力强的时候，我非常有幸跟着他一起办案子并得到指导。

也许我那天的表现还不错，郑传本律师在庭审结束后主动和我打了招呼，那段话我到现在还记忆犹新："你叫什么名字？哪个律所的？""我叫翟建，和您是一个律所，您没听见法官介绍辩护人身份呢？""是吗？咱俩一个所？我怎么从来没见过你呢？”实际上，当时由于律师十分缺乏，为了最快地满足对于律师的需求，司法机关规定，在大学院校从事法学研究和教学的人员，符合一定条件后，可以申请做兼职律师。我们学校领导帮助我们这些愿意做兼职律师的高校教师联系到上海第二法律顾问处，在那里办理了律师执业手续，也就是郑传本律师所在的律师事务所。第二法律顾问处在上海虹口区四川路的一栋小楼上，办公环境很拥挤，也很简陋，因此作为高校教师的我，除了办案子，很少前往所里，郑传本律师自然不认识我这位“同事”。

郑传本律师一听就显得特别高兴，从这一天开始，我和郑传本律师开始互相熟悉。事后我意识到，既然在这个单位执业，还是需要经常去看看、报个到的。因此，不管是去四川路还是去附近的虹口法院办事，我都会经常去所里看看，和大家聊聊天，和郑传本律师等同事之间的关系也日益熟络起来。

虽然没有正式的拜师仪式或者是称呼，但是，和我亦师亦友的郑传本律师在我的执业生涯中，无论是做人还是在专业技能上，都对我产生了非常大的影响。

五

20 世纪 80 年代，没有网络，而且电视受众群体也非常少，就算是有，在当时的上海也只有 8 个频道，而且只有固定的时间才有信号和节目。那么，当时最有影响力的媒体是什么？对，就是图书、报纸、杂志。可能许多读者还有印象，当年有一本发行量达到 100 多万本的

《民主与法制》杂志，堪称法制类杂志之中的翘楚。因此，可以想象，如果在杂志上出现，或者是受到了杂志的报道，会在当时引起多么可观的传播效应。

1984 年，《民主与法制》刊登了一篇介绍郑传本律师的文章，叫作《郑传本：从报童到律师》，使郑传本律师的名气大增。看了这篇文章，我才知道，1933 年出生的郑传本律师，其实只念过几年小学，他总是很诙谐地说："我只是小学三年级的水平。"当然，他念过三年的小学属于私塾，水平远远不止三年小学，就像当年的中专学历堪比现在的本科学历一样。私塾毕业之后，由于生活所迫，他开始在上海的街面上卖报。

人的命运起点高低不同，最终成就要依靠每个人自己的努力奋斗。郑传本律师正是凭着他自己的努力，从卖报小童进入公检法工作，然后再做律师，并且在律师界做到了登峰造极的地步。更难能可贵的是，作为一名律师，他的专业水准和知名度完全匹配。因此，这篇文章引起的轰动是巨大的，在当时的上海滩上，可谓是无人不知郑传本律师，其影响力直到现在还是无人能够超越。当郑传本律师走到菜市场买菜，都会被菜贩子认出并且热情地用"郑大律师"这样的称谓来打招呼。不久之后，郑传本律师又成为第一位登上屏幕的上海律师。

那是在 1987 年，上海发生了一件震惊全国的大案——一个叫于某戈的青年持枪抢劫了上海东体育会路的一家储蓄所，被称为"于某戈抢劫案"，为中华人民共和国成立后上海市第一宗持枪抢劫银行的大案，当时轰动全国。更为恶劣的是，于某戈本来是海运公安分局乘警，后来因为贩卖走私烟而被调到上海市公交公司当了一名公交车售票员，又因赌博负债起意抢劫。1987 年 11 月，他潜入上海海运局“茂新”轮航警值班室，盗得五四式手枪两支、六四式手枪一支、子弹若干以及手铐，其后将赃物藏匿在家中和朋友处。11 月 16 日上午，他持枪到位于虹口大连西路 562 号中国工商银行的一个储蓄所打劫。在银行工作人员启动报警系统后，于某戈慌忙中朝柜台里的女出纳员开枪，被害人当场死亡。在未抢得钱财的情况下，于某戈仓皇中逃到女朋友住处，一星期后在宁波落网。当时，郑传本律师就为于某戈的女朋友（以下简称蒋某）提供辩护。

可以说，这个案子在当年堪称最轰动的案子。

第一，这个案子的庭审在当年第一次实现电视直播。在如今有数以百计的电视频道都没有实现电视直播庭审的情况下，在当时只有 8 套频道却进行了电视直播，可以看出这件案子在当时社会引起了多大的轰动。此外，电视直播有着许多让人意想不到的风险，如被告人当庭翻供、证人否认证言；律师的发言也是不可控的，警方的侦查活动也将全方位地暴露在社会公众的眼中。因此，当时决定对这件案子的庭审进行电视直播，是冒着巨大的风险、有着巨大的勇气的，直到今日依然值得我们称赞。

第二，在当时的社会风气和人们的道德观念中，“杀人偿命”是根深蒂固的，律师往往受到社会大众的诸多误解。实际上直到今日还存在“律师就是讼棍”“律师是给坏人辩护”等的观点，尤其是郑传本律师在当时庭审中做的是无罪辩护，甚至可以说是赌上了自己的名誉和声望。

当然，郑传本律师选择做无罪辩护，绝非像现在某些律师一样，将其作为一种表演和噱头，通过轰动效应达到自我营销的目的，而丝毫不顾及对被告人的不利影响。后来和郑传本律师讨论该案时，我才知道他选择无罪辩护的立足点。

首先，蒋某并不知道自己男朋友作案的事情，甚至到案发后都不知晓男朋友到底干了什么，只是知道自己的男朋友出了状况，需要到外边躲躲，因此资助了一点路费。郑传本律师认为她主观上没有包庇的故意，认为其不构成犯罪。

其次，蒋某具有自首情节，蒋某是在派出所大门口被警方抓捕的。对此，郑传本律师拿出当时蒋某出走未成折返派出所的“路线图”，进行“回放”：当时蒋某的确没跨进派出所大门，处于六神无主、惊慌失措的状态；但如果她要离开现场，派出所不是必经之地，显然当时她想去自首。郑传本当庭反问：公诉人称蒋某是被截获的，有人会送上门去让你截获吗？

最后，蒋某犯罪情节不严重，对这样一个多情幼稚的弱女子，应以挽救教育为目的，从轻处理。

记得当时，媒体报道该案播放时的收视率竟超过 95%。不仅法律从业者都在电视前等待庭审，我们的邻居也都在看，甚至在看完后会主动找到我们来讨论案件。“娶妻要娶蒋某”也成为一时的流行语。1 天后，法院作出宣判：蒋某犯包庇罪，判处有期徒刑 3 年。

客观而言，郑传本律师对该案的辩护谈不上绝对的成功，因为这个案子最后还是以包庇罪定罪判刑。

但是，郑传本律师的表现，让人们真正认识到了律师的价值，使人们真正感受到，原来律师真的是为当事人讲话，真的是为当事人争取最大的利益，这也彻底改变了人们对律师的印象。可以说，在这个案件中，郑传本律师对整个中国律师事业的发展作出了不可磨灭的贡献。

电视直播结束之后，许多观众纷纷给郑传本律师写信，到如今我还记得其中几封："您改变了中国律师的形象，您伸张了正义！我告诉我的儿子，要努力读书。长大了当一个名副其实的律师！""当晚坐在71路公交车上，听到的是电视观众对您赞扬不已，这才是社会主义律师形象，这才是为人民说话的律师。"

后来，郑传本律师多次和我说到，这次庭审在他整个职业生涯中有特殊的意义，让他深刻感受到民主与法制的进步。说句俗人之言，该案给郑传本律师带来的最直接"收益"，就是在评定职称的时候，得以从三级律师直接跳级被评选为一级律师。

六

资历、能力、名气三者皆备，还有什么理由不成功呢？从此之后，郑传本律师的执业生涯更上一层楼，法律顾问单位达到上千家。可能很多年轻律师会非常疑惑，律师之间一般不会谈自己接的案件数量和收入，其中有着颇多忌讳，你是怎么知道的呢？

说起来还是颇具时代特色：那时候，只要单位一聘请法律顾问，立马就会登报声明，在报纸上弄一个小角（就是广告），广而告之说本单位聘请某某律师事务所、某某法律顾问处的某某律师担任本单位的法律顾问，今后本单位的一切法律事务均委托律师办理。现在想起来，一方面是当时计划经济时期的思维所致，另一方面也极有可能是律师自己主动要求刊登，实际上是通过这种方式来为自己做广告。作为一个初出茅庐的律师，我喜欢在看报纸的同时看一看这些广告，因此对郑传本律师法律顾问的数量在心中有个大概的统计。

让我难以忘怀的是，郑传本律师对我这位年轻律师的提携。不可否认，郑传本律师名声如日中天，找他代理案件和担任法律顾问的客户络绎不绝，虽然不能说从中挣了大钱，但是衣食无忧的同时也使他烦劳不堪，当时的我却是一个非常缺乏案源的年轻律师。有一天郑传本律师打我 BB 机，回电中他告诉我，有一个朋友在云南路上开了一家面馆，明天开业，请我去吃面。我得到消息，受宠若惊的同时颇感意外，郑律师平时和我联系并不频繁，怎么突然打电话请我去吃饭呢？

第二天，我准时到了这一家面馆。郑律师已经在那儿了，并且介绍我和这家店的老板认识。这时我才知道，老板的一个朋友有一个案子，郑传本律师和老板交流后告诉我：小翟，这个案子就你去做吧，你要把它做好。这是郑传本律师第一次给我介绍案子。这个案子取得了不错的结果，涉嫌贪污罪的被告人被免于刑事处罚。可能很多律师，尤其是年轻律师都会碰到这样的情况，越是熟人的官司，越是熟人托过来的官司，越是同行介绍的案子，压力越大。这个时候，你如果能够非常理想地把案件妥善解决，那么恭喜你，你就有了一个稳定的案源渠道。

在取得一个较为理想的结果之后，郑传本律师就开始经常给我介绍案件。前面说到，他名气非常大，大到菜市场的小贩都知道郑大律师，大家都去找他，希望他出面办案子，但他没有那个精力，为了满足人家的要求，就会推荐说："我推荐你一个律师，我跟他很熟的，叫翟建，这个律师很不错的，你们去找他好了，你们就说是我叫你们去找他，他肯定会接案子的。"今天我还一直在给许多年轻律师讲，在法庭上有个好的表现，最大限度地提升自己的业务能力，不仅可以确保案件结果让当事人满意，而且可以让那些比较知名的律师了解并慢慢熟悉你，这无疑是一个年轻律师成长的很好途径。

七

除了对我的帮助和指引，郑传本律师颇具特点的性格时至今日依然让我记忆犹新。郑大律师多舛的命运使他的性格比较耿直和倔强，开庭的时候“锋芒毕露”，说得通俗一点就是有的时候比较容易得罪人，甚至有时候当他认为法官不公正、“拉偏架”时，一怒之下会选择退庭。

客观地说，一般的律师如果经常这么干，就会得罪一大批人，自己的执业资格甚至人身安全会变得十分危险。但由于郑传本律师名气很大，当时也奈何不了他。但是，扰乱法庭秩序、私自离开庭审毕竟是严重违反法庭纪律的行为，法官会因此对案件产生非常严重的个人情绪，这位律师也基本不能再代理这个案件了。每当这时，郑传本律师就会跟当事人说，我去找个律师来继续负责这个案子，也不收费用了，你放心，这个律师开庭肯定不错的。因此，一旦因为冲突导致自己无法代理的时候，郑传本律师就把我顶上去了，让我继续处理这些“干到一半的活”，这样的事情发生过不止四五次。

现在想想，这位老爷子的脾气既倔强，又让人感到可爱，而且还有着一些初听颇为惊人甚至有点“颠覆性”，但是细想却极为有理的言论。比如，他曾经和我讲过：“翟建，你有没有想过，如果说哪一天公诉机关做到八个字,我们刑辩律师就没饭吃了?”哪八个字? 就是“实事求是,恰如其分”。“被告人有自首就说他自首,有立功就说他是立功,有从犯就说他是从犯,每一样都非常客观,都恰如其分,律师还有饭吃吗? 但是他们做不到,为什么做不到? 因为屁股决定脑袋,他们坐的位置不一样。”郑传本律师这句话至今令我印象深刻,几十年来我不停地在回忆这句话,思考这句话。

很快,我迎来了和郑传本律师对庭的机会。这里我想多说两句,律师都是法律工作者,一生都在代理不同的案件,因此,经常会在法庭上发现,对方的代理人正是自己的好友。那么,两人之间最“健康”的相处方式是什么呢? 既不是在法庭上彼此留面子、和谐相处,也不是打打闹闹甚至互相攻击,而是应当在法庭上为了各自当事人利益据理力争。

这件案子还得从《民主与法制》杂志说起。上海有个著名的上海译文出版社,是我国出版外国作品较为重要的出版社之一。有一位译者把自己翻译的一篇作品交到了上海译文出版社,希望能够出版。因为这部作品比较出色,很快得以出版,但是在正式出版的书上面,作者发现在署名这一栏,多了一个人的名字,而且还排在他前面,原来这个人是上海译文出版社的一个编辑。于是,这位作者就把这件事告诉了《民主与法制》杂志社,《民主与法制》杂志专门刊登了一篇文章,指名道姓地批评了这位编辑的行为。《民主与法制》杂志在当年可有100万的发行量,影响力一点不低于现在的“大V”、网红,因此,这位编辑的所作所为受到了一致的批评。他承受着极大的精神压力,就萌发了起诉《民主与法制》杂志社的念头。

通过朋友的介绍,这位编辑找到了我,希望我能接受他的委托。

就本心而言，我并不想接受这个委托，因为我已经读过《民主与法制》杂志的报道。确实，这位编辑的所为不是那么妥当，但是最终我还是接受了。之所以去做，是因为这个编辑将作者寄来的稿件和自己的审定稿都拿来给我，案件出现了值得研究的新证据。他说，我看了这本书以后，认为这本书写得特别好，所以我才申请了这本书的译本出版的计划。但是这个译者翻得特别差，与其说我是帮他编辑，不如说我自己差不多重新翻译了一遍。我都有证据，你看看现在出版的内容。所以他说，在这样的情况下，一大半都是我帮他重新翻译的，我还没有把他名字去掉，就说我跟他两个人是共同的译者，我剽窃什么了？因为《民主与法制》杂志批评他的时候，说他剽窃，所以他认为自己特别委屈，特别强调说，你要是说我有别的错误我承认，但是绝对不能说我剽窃。

实事求是地讲，这位编辑所言也颇有道理，又显露出一丝知识分子的风骨；但是，就法律规定而言，他的做法的的确确侵犯了原作者的权益，作品的完整权决定了他不可以随意修改原作者的作品，增加自己姓名为作者的行为更侵犯了作者的署名权。因此，对于案件的结果，我并没有给这位编辑以乐观的估计。

几个月后，案子由上海市虹口区人民法院审理。到了法庭上发现，对面的被告代理席上赫然坐着郑传本律师——这时我才反应过来，郑传本律师不就是《民主与法制》杂志社的法律顾问吗？当时的我十分紧张，心里不断琢磨，心想这个话怎么说呢，这个庭怎么对呢？当然，也不是说谁怕谁，或者担心郑传本律师，只是认为有点尴尬，毕竟这是我跟郑传本律师的第一次对庭。

这次对庭当中，第一轮我们作为原告先发表代理词。和我同所的合办律师在著作权方面颇有造诣，在我的邀请下和我一起出席庭审。因此首先由他发表意见，而后我也做了一个较为尖锐和颇具攻击性的补充。待我们原告方发言完毕，郑传本律师开始发言。令人感到意外的是，他并没有回应我发言里的任何内容，好像我的发言并不存在。第二轮辩论也是这样，郑传本律师也是颇具攻击性地回应了我搭档的发言，但是依然没有针对我的发言做任何表示，只有他的助手针对我的发言发表了一些观点。当时的我认为，这无疑是郑传本律师用来扰乱我这位主办律师心境和思路的庭审策略。

但出人意料的是，在补充发言的过程中，郑传本律师说了一句让我终生难忘的话："审判长，刚才我这位助手和对方的翟建律师在观点上发生了冲突，我现在表个态，在这个问题上，我不同意我的助手的观点，我同意翟建律师的意见。"当时的我立刻慌了，难道我的发言有漏洞，构成自认了？直到如今，我也不知道郑律师为什么要这样做，居然就在庭上大喇喇地作出这样的表态，但其实事求是的铮铮风骨永远镌刻在我的脑海中。

八

就郑传本律师而言，这种出人意料的庭审在他身上仿佛成了家常便饭。同时，这种经常性的出人意料，也不可避免地导致了很多人对他的负面评价。不久之后，狂风暴雨便向郑传本律师袭来，甚至在之后和郑传本律师的交流中，他自己也承认，1996 年是他人生中颇有意义的一年。

当年上海的主流媒体《上海青年报》，刊登了一篇有关郑传本律师的文章，引起了轩然大波。这篇报道的大致内容是记者对一位检察官进行采访，这位检察官恰恰是郑传本律师担任辩护人的一件刑事案件的公诉人。这位公诉人在接受采访时披露，郑传本律师为一起故意杀人的案子进行辩护，收了 16 万元律师费。因此，在文章中，这位记者对郑传本律师大加批判，说郑传本律师为了 16 万元的律师费去为一个杀人犯做无罪的辩护。文章的主旨就是律师拿了高额的律师费之后就背离了律师的职业道德和职业伦理，是旧社会的“讼棍”。郑传本，这位在老百姓心目当中有如此良好形象的律师，怎么能够收了钱就去为一位杀人犯做无罪辩护呢？这篇文章一经刊出，引起了社会各界的关注，其影响无疑是爆炸性的。

当时的郑传本律师堪称是上海律师界的“大拿”，乃至在全国的律师界都有着极高的名望和地位，在上海市民心中，更是一个家喻户晓的人物。这样一篇负面的新闻突然报道出来，引得街头巷尾议论纷纷。16 万元律师费，换到今天来讲，不会有任何人去关注，但那个时候是 1996 年，这种在当时堪称巨款的收入刺激了大众的眼球和神经。这么说起来大家可能没有概念，我当时办理刑事案件的收费是多少呢？2000 元，而且我的收费还偏高一点；当时上海市的房价，即使是陆家嘴也就 2000 元一平方米，16 万元能够买上一套不错的房屋。

面对这次舆情，上海市律师协会第一时间作出了回应，紧急召开会议。现在我还记得，这次会议是由时任上海市司法局一位分管律师工作的王副局长来组织的，郑传本律师自然也出现在会场上。会议一开始，郑律师的发言直奔主题，依然有着浓厚的郑氏风格。

如今我还记得他的发言：“我告诉大家，这个案子我确实收了 16

万元，所以这个问题我认为没必要讨论。现在是不是家属对辩护不满意来投诉我，或者说向媒体反映的？没有嘛。媒体记者写得很清楚，他是听公诉人说的，也就是说，听我的对手说的。我这个对手是谁呢？就是当年为了蒋某的案子跟我结下‘梁子’的那位公诉人。按照这篇文章的观点，我是因为收了高额的律师费才为一个证据确凿的杀人犯做了无罪辩护。问题的关键在于这个案子我辩无罪是不是有道理，是不是应该辩无罪。如果确实是无罪，我为他辩无罪不仅是应该的，而且还是必需的，这个跟我律师费收高收低没有什么关系。如果说大家认为这个案子确实是有罪的，那么再来研究我为他做无罪辩护，是不是违反了律师的职业道德，这样才有意义。否则，前提不解决，讨论后续问题是没有意义的。”恐怕所有的律师，都会赞同上述的观点吧？

说完“大前提”，郑传本律师开始讲述“小前提”，开始向在座的律师介绍案情，但是没有几分钟，就被王副局长打断。实事求是地讲，在座的恐怕除了王副局长，任何律师都不会、也更不敢去打断郑传本律师的发言。

同样出席会议的我，怎么也没想到王副局长会给出一个出人意料的解决方案。根据王副局长的讲话，郑传本律师作为律师，尤其是刑辩律师，其如果认为一个案子无罪，一定是有自己的想法和理由。但是既然是会议，就不能只听郑传本律师一人之言，需要找个第三人来客观地评判。因此，最好的解决方式是郑传本律师将案件所有的材料整理完毕，把本案的所有卷宗材料交给第三人。而我正是这个第三人，由我代表律师协会用最短的时间认真地把所有的证据材料都看完，而后作出一个判断，即郑传本律师的无罪辩护，有没有真正的法律和事实依据？

如果我认为根据这个案件的证据和事实，确实被告人构成了杀人罪，那么下一次开会我就充当公诉人的角色，根据这些案卷的材料在律师协会跟郑传本律师辩论，而后律师协会再通过我们的辩论作出评价。

反之，如果我认为根据案件的卷宗材料，确定被告人不构成杀人罪，或者事实不清、证据不足，不构成杀人罪，我也要负责写一份申诉状，待我写完之后，由王副局长带头，诸位律师均在这个申诉状上面签字，由律师协会来为这个被告人申诉。

郑传本律师对于这一安排十分满意，笑眯眯地主动邀请我去他事务所里拿卷宗。从此，我就正式介入了这件案件，这件案子就是名噪一时的“两梅案”。

九

说到这里，我认为有必要介绍一下这个案件的案情。说起“两梅案”，许多律师都有印象。时至今日，这个发生在二十余年前的案件依然处于再审核查阶段，可谓是上海市律师界心中的“第一悬案”。就郑传本律师自己而言，直到去世之前，他数次给自己身边人说过，这是他心中最难以割舍的案子，甚至会因为这个案子而“死不瞑目”。在住院弥留之际，王副局长前去探望，急性子的郑传本律师甚至一把扯掉脸上的氧气罩说：“我就是想不通，这个案子怎么会成这样。”

简单介绍一下案情：在一处上海南市区（也就是现在的黄浦区）非常拥挤的上海老式的房子里面，住着被当作犯罪嫌疑人和被告人的梅姓双胞胎哥俩和他们的家人。一进门有一间屋子，哥哥和嫂子在里面住着，再走进去就是厨房、卫生间，然后还有一个小间，单身的弟弟平时居住。兄弟俩在一个单位上班，两人都是中共党员，弟弟是厂里面保卫部门的一个干部，也在某人民法院当陪审员。

案件发生在1995年夏天的早上。正在单位上班的大梅被厂医发现眼睛红了，也就是现在咱们说的“红眼病”或急性结膜炎。这种病的传染性很强，在当时的卫生条件下很容易传染（许多读者可能还记得，一旦游泳场地出现多起传染病例，导致的后果就是把各个游泳池都给封起来，而我恰恰喜欢游泳，游泳池一封，我就很痛苦，因此，我才能记得那么清楚）。担心在单位引起职工大面积传染的厂医强令大梅回家休息，大梅也听从了这一要求，骑着自行车回家休息。大梅在与郑传本律师会见时回忆道：回了家以后推门进去，眼前的一幕让他吓了一大跳，大梅的太太倒在血泊当中，整个场面非常凌乱，也十分的血腥，血溅了满地，墙上是一道道血痕。吓了一跳的他第一反应就是把手放在太太的鼻子上，感觉到还有一些鼻息，就马上打了“120”，把被害人，也就是自己的太太送到医院去抢救。

在这个抢救的过程当中，由于被害人的头受到外力打击，颅内出血，面对生命垂危的被害人，医生必须要放出淤血，于是选择开颅抢救。最终，被害人九死一生，捡回了一条性命。在这个时候，警方当然也马上对这个案子进行立案，开始进行侦查。警方除了收集到一些证据和对现场进行勘查之外，没有任何进展，工作陷入僵局。这么严重的病情自然不会说好就好，大梅的妻子一直处于昏迷之中，在床上接受各种治疗，大梅一个人无法照顾得当，就请了一位保姆一起照顾（这个保姆后来在这个案子当中也成为证人，证明大梅在照料期间有几次想偷偷拔掉他太太手上输液的针管）。一个月之后，受害者苏醒过来，面对闻讯而来的警察，她说出了让人不敢相信的话：是我老公杀的我。

这还有什么说的？被害人当场指认犯罪嫌疑人，警察第一反应自然是马上把人控制住，就这样，大梅进入了看守所，直到如今已迄二十九年。可能许多读者看到这里会问，这个案子是不是存在刑讯逼供？在这里得实话实说，我也不知道。但是我必须要说清楚的是，在郑传本律师和我交接这个案子时，一直都没有提到刑讯逼供。无论如何，大梅招供了，承认自己想杀妻子，而且最后供述称，自己弟弟也参与了杀人行为；弟弟开始拒不认罪，看到预审员拿出大梅的指认后，写下了“认罪书”。

这样看起来，案子就没有什么问题了。因此，案子很快就从公安局侦查终结，移送检察院审查起诉，然后移送到了法院进行审判，最后开庭是在 1996 年。根据 1996 年的法律规定，律师在刑事案件中发挥的作用相对而言极为有限，犯罪嫌疑人只有成为被告人，也就是说，只有案件到了法院阶段，律师才能被允许介入案件处理之中。换言之，在案件的侦查和审查起诉阶段，实际上案件处理只有检察院和公安机关两个部门，其他任何人和机关都不可能参与其中。

律师会见犯罪嫌疑人或者被告人，根据法律的规定，是严禁录音的，但是在实践中，许多律师还是宁愿冒着被司法机关或行业协会处罚的风险，偷偷地用手机等设备录音，为什么呢？这么做的目的就是自我保护，也是要证明这个被告人如果翻供的话，不是我教他的，我没有叫他翻供，我是正常地问他，他自己翻供的。

郑传本律师作为一名经验丰富的刑事辩护律师，自然知道在案件的代理过程中可能存在的风险，因此在会见之时，携带了袖珍录音机，记录下来一些宝贵的资料。据郑传本律师说，里面首先记录的，是这位大梅的喊冤声："不是我干的，根本不是我干的，我是被他们逼的，逼得我才不得不这样讲。"郑传本律师并没有把这段录音交给我，我因此也没有听到，而这段录音到底在哪儿呢？随着郑传本律师的离世，恐怕又会成为一个谜。当然，任何案件都不可能仅依靠一段录音就确定事实真相。

十

本案确实存在诸多无法排除的合理怀疑。

首先，起诉书中指控称大梅回家是想看看自己作案了以后是否成功将妻子杀死。但是如果按照这一逻辑，他回到家里以后发现老婆没死，就应该继续作案，而那个时候大梅老婆已经昏迷，根本不可能有丝毫反抗的可能，要将其杀死可谓是易如反掌。但是，他为什么不继续完成杀人行为，而是去打电话，叫救护车、报警，这是为什么？岂不是和起诉书的说法自相矛盾？

其次，大梅的女儿直至今日也一直为其父到处申冤。案发时女儿已经小学四年级，对于事情已经有了基本的判断。据她称，她父母平时从来不会吵架，而且在她母亲被害的头一天晚上，他们一家三口还在床上打扑克，玩到很晚，其间，爸爸妈妈还互相开着玩笑。这是一个第二天会杀害妻子的状态吗？所以，这个案子实际上找不出任何杀人动机。在我们传统的刑事领域中，杀人案可分为谋财害命的财杀、报复行凶的仇杀、因为感情的情杀三大类，万变不离其宗，对于这样的案件，必须要问明动机。那么，大梅到底出于什么动机？这个动机是不是符合逻辑？是不是符合逻辑法则和经验法则？迄今为止，这个动机依然仅是“因为夫妻争吵”。

最后，当天的天气情况显示正在下着小雨。因为自己和妻子都要上班，为了不让参加少年宫活动的女儿被淋湿，大梅还不想让女儿去参加活动，最终在女儿一再要求下才骑自行车送的女儿。因此，这就反映出，大梅一开始根本没有杀人的故意和想法。如果想杀人，何不干脆早点把孩子支走？

当然，这里面还有很多不符合常理的事情。关于大梅杀害妻子的定罪让人心里不踏实；那么定罪小梅帮助哥哥杀害嫂子，就更加存疑。

卷宗中记载，警方讯问小梅，为何杀害嫂子，又是如何计划的？小梅的回答是这样的：因为我们和哥哥合用一个厨房，那天晚上我在厨房，我哥哥也过来了。在厨房，我哥哥就跟我说我明天想把你嫂子做掉，于是我说好啊。第二天我就和哥哥一起去杀嫂子了。读者朋友可以想想，这可能吗？这就相当于我现在告诉正在阅读这本书的你：走，咱们明天一起杀个人去，然后你回答说好啊！于是，咱们两人第二天就真的去杀人了。这现实吗？更重要的是，小梅不仅是保卫科科长，而且是某区法院的人民陪审员，经常参与庭审，会这么没有智商和理智吗？

说到这儿，很多读者可能会问，既然这个案子有这么多问题，新闻上也经常说起这个案子，为什么连呼格吉勒图案和聂树斌案都能平反，这件案子就那么难？说到这，我想起前两年，碰到上海法院的一位刑事法官。我曾经问过他，他就跟我说：“翟律师，这个案子难就难在被害人还活着，到现在为止，这位被害人依然一口咬定是她丈夫杀她。

那你说，这样怎么去平反呢？”也许这个案子想要翻案，无论如何绕不过被害人陈述。当然，更重要的还是缺少其他有力的证据。

这件案子，上海数代法律人都为之付出了心血和努力。

十一

看到上面的材料，按照那天律师会议的内容，我写了一份四五张纸的申诉状，在第二天会议时我就谈了我对整个案件的看法，还有对于证据的分析。大家听完之后，没有再说什么，就开始在上面签下自己的名字。

这一幕直到现在我还记忆犹新，也让我认为，在那一瞬间，律师这两个字才真正融入我的灵魂之中，我也真正感受到这一行业的伟大，感受到律师队伍对于正义和公平的执着追求。现在想起，就如同小岗村搞个人承包一样，有着一丝悲壮的浪漫主义色彩：王副局长如约第一个签了字，第二个是当时律师协会副会长朱洪超律师，第三个就是郑传本律师，第四个是一位前任资深刑事法官的刑辩律师，他也是本案的辩护人——王湘堡律师……而作为执笔人的我，名字签在了最后。

1996 年，郑传本律师已经 60 多岁了，可以说他已经功成名就，无论是在名望、地位、专业水准甚至是财富上，都已经非常成功，但是直到生命的最后，他都没有放弃这一案件。郑传本律师一直代理这件案子，从一审法院、二审法院到最高人民法院，把法院的环节全部走完。自然，每一个过程都十分艰辛和漫长。在并未取得理想的结果后，郑传本律师又从一审检察院、二审检察院走到最高人民检察院，把检察院的全部程序也走完了。

在庭审中，控辩双方的争论可谓是空前绝后的激烈，公诉方指责郑传本律师为“两梅”做无罪辩护是“利令智昏”，郑传本律师则回击称其“权令智昏”。

最后，郑传本律师从区人大、上海市人大，又一直申诉到全国人大。

对此，郑传本律师还曾经言辞激烈地致函法院：“为了扶助弱者、主持正义、维护法制、正本清源，我宁可不在沪上再办刑案，也要为‘梅某祥、梅某扬’鸣冤，‘包揽’这场诉讼，充当现代‘讼棍’。即使二审驳回，我也将在不增加‘梅某祥、梅某扬’及其家属任何经济负担的情况下，坚持为‘梅某祥、梅某扬’申诉到底！”

虽然有些案件如北大朱某铊中毒、南京大学杀人碎尸案，可能会永远成为一个悬案，真相会埋藏并最终流失在历史的长河中，这也是历史的偶然和客观的无奈；但是，不能因为一些黑暗而抹去生活的色彩，也不要担心因为凝视深渊而被深渊吞并，我依然相信我们的司法最终会是公正的。②

这一篇的故事都和时光有千丝万缕的关系，就像我们闲暇时在家里翻阅之前的影集，不仅会回忆起一些重要事情，更多的时候，我们会从一些边边角角中回忆起一些细节，这些细节更让我们回味不已。

时光荏苒，岁月如梭。转眼间，郑传本律师这位良师益友已经离

---

② “两梅案”经过申诉，于 2019 年 12 月 13 日获最高人民检察院立案，但经审查被认定不符合抗诉条件，不予抗诉。

开我很多年，我也从他口中的“小翟”慢慢变成了“老翟”。但是，我依然不敢忘记初心，那就是和郑传本律师一样，去做一名好人，去做一名好律师。

我真的很思念这位身材高大、脾气火暴，永远是一头板寸的可爱老头。

初出茅庐：
一起改变我人生轨迹的杀人案

一

每个人的人生都是一个漫长而丰富多彩的过程，都有自己独特的魅力，而如何使人生过得让自己满意呢？努力和勤奋固然必不可少，但是有时候，机遇更是不可忽视的重要因素。

实际上，人生的轨迹往往是被一些机遇所改变，有些人穷其一生寻找不到自己的机遇，有些人把握住了机遇，获得了常人难以企及的成功。

另一方面，机遇可以助推人生，却不能完全决定人生，我们并不能把人生的发展仅仅归结于“命运”与“机遇”。当你没有充分积淀的时候，命运即使给了机会，你也往往无法把握。许多年轻律师，经常将“啥时候办个大案子，就能一举成名”挂在嘴边。他们往往忽视了一点，如果真的有大案找到你，你是否有能力将这个难得的机会把握住？

因此，我经常给我们事务所的年轻律师讲，一位成功的律师绝对不是单纯地去寻找机会，更应当练就把握机会和最大限度利用机会的能力。

就我而言，改变我人生际遇的，是一件故意杀人案。

1957 年的愚人节，我来到了世间。母亲是一位土生土长的上海工人，父亲参加完抗美援朝回来之后转业在铁道部工作。母亲给我喂了 4 个月的奶，就和父亲一起调往武汉工作，将我留在了上海。因此，我就与上海的外公、外婆一起生活。可以这么说，我的成长和事业，都凝聚在上海这片土地上了。我外婆外公家住在杨浦区，当时杨浦区都是工厂，因此遍地都是工厂的家属区，当时叫作工人新村。因为是公家分的房子，也被称为"老公房"，就某种意义而言，也是一个穷人最多的区。受限于各种条件，当时的居住环境很差。后来我翻阅上海统计年鉴才发现，直到 1978 年，上海市的人均住宅面积仅 4.5 平方米，只有人均 3 平方米的才算是困难户，这种居住条件在全国无疑是垫底的。所以，身为普通家庭的外公外婆，也仅有一间 11 平方米的房子，吃喝拉撒全在里边，我们三口人就这么生活着。

我母亲是独生女，这在当时那个重男轻女的年代已经非常少见了，而母亲又只将我留在上海，这在当时也很少见。那个时候，基本上每个家庭都是 3 个至 4 个孩子，因此，除正常上学之外，没有兄弟姐妹的我从小就一直在跟别人家的孩子玩。所以时至今日，每每想起来我有比较爱热闹，喜欢与朋友聊天、交流的外向性格，估计就是在那个生活背景下养成的。

到了小学四年级，"文化大革命"开始了，学校也因此纷纷停课。因为毛主席在天安门城楼上多次接见红卫兵，因此，好多充满着朝气和理想的年轻人都想方设法地跑到北京去，接受毛主席的检阅。当然，停课无疑是不正常的现象，过了一段时间以后，毛主席发了一个指示，叫作“复课闹革命”，大家开始纷纷回到学校。但是，即使回来，在当时的社会背景下，还能读多少书呢？因此，在课堂上，同学之间或者说邻居之间就是喜欢找各种各样的书看，很多书拿到手里都是破旧的，没有封皮和封底，只能看到里面的故事，而不知道这本书叫什么名字，想想也是很有意思。

这种情况下更不可能考大学了，因此，我很早就参加了工作。

二

我是 1973 年参加工作。那个时候还有“上山下乡”的分配方向，即让大城市的年轻人去往边穷地区，许多年轻人都在那个时候背井离乡，去往一个陌生的环境，日子过得比较艰难。

现在许多读者可能还会记得，20 世纪 90 年代有一部叫《孽债》的电视剧，根据上海著名作家叶辛的同名小说改编的，讲述 5 个孩子从西双版纳到上海寻找自己亲生父母（多年前返回上海的知青）的经历。片中李春波演唱的主题曲《谁能告诉我》，更是让人心酸。“美丽的西双版纳，留不住我的爸爸，上海那么大，有没有我的家？”在某种程度上，它写透了一代知青的悲欢离合，特别是经历过“上山下乡”那段岁月的人，更能体会剧中人物的酸楚。而这些“上山下乡”的年轻人，成为被浪潮裹挟着前行的一代，别无选择。要知道，那个时候“上山下乡”可不是去农村干上几天的活就能回去，而是连户口都要迁走。换言之，从此以后就彻彻底底扎根农村了。

我算是比较幸运，留在了上海。根据那个时候的政策，如果是独生子女，可以留在上海。我虽然有兄弟姐妹，但是他们都随父母在武汉，上海的外公外婆身边就我一个人，所以就参照独生子女的政策，留在上海。我当时被分配的工作很不好，是一家集体所有制的工厂，一开始做皮鞋，后来又改做服装。当我们进厂的时候，厂里面原先有100多个工人，其中有六七十个都是腿有残疾的人。现在想想，如果就这么下去，我很可能会平平淡淡地走完一生。但是很幸运，我人生的第一个机遇很快就来了——1977年，正式恢复高考。

得知消息的我十分兴奋，但是发布政策距离举行高考只有一个月的时间。我基本没有怎么正经学习，更枉谈复习了，因此第一次高考对我而言就是“裸考”。这种情况下，第一年我以两分之差未能考上大学。但是，第一次的失败也使我能确定，高考这一制度正式恢复。因此，接下来的一年时间里，除了工作我就一头扎进书堆里。在1978年第二次的高考中，我非常幸运地被复旦大学分校的政法系录取。

说起来，那个时候我还是领着工资上大学的：当时有个政策叫作“老三届”，即一些已经30出头的人去参加高考，这个年龄已经参加工作且有养家糊口的责任，因此国家考虑这些人的实际情况，规定满5年工龄的考生，由原单位按照原来的待遇发放工资。

对于1973年参加工作的我来说，高考录取时，我的工龄正好是5年零3天，就这么短短3天时间，让我成了一名带工资的大学生；甚至我每年还有两次从上海去武汉探亲的机会，由单位给我报销车费。现在想想，那个时候每个月我可以拿到51元（46元的基本工资，加上5元的每个月的奖金），感觉非常富有。要知道，这可是一位成年正式工人的月收入！因此，对于我来说，大学生活是我一生最为幸福的时光。

当时受苏联教育思想的影响，大学中很少有“法律系”，而是往往与政治相结合，被称为政治法律系，政治在法律之前。反观如今大学中，法学院和政治学院是两个不同的学院。从这些细节就可以看出，每个时代里人们对于法治思想认知的变迁。1979 年，我上大学之后的第二年，堪称是我国法治建设的新开端——《刑法》和《刑事诉讼法》得以颁布，刑事案件的侦办和处理开始向正规化发展，在“文化大革命”中被“砸烂”的公检法也开始逐步重建并恢复秩序，这就使法律人才十分地抢手。

因此，我们那个年代中学习法律的大学生根本不愁找工作的事情，甚至是供不应求的。我们班中就有 10 个同学没有参加毕业实习就被派去了各个高校，如西南政法、西北政法等一些学校，去做师资培训，等到一毕业就成为大学老师；还有 10 多个同学则已经被提前确定留校任教。很遗憾，这些名额中没有我。现在想起来，这些同学都有两个特点：第一，外语好，这也是从事高校教学和科研必不可少的；第二，性格都比较安静，平日里喜欢写东西、喜欢搞研究，看起来都比较有学者气质。那时候的我堪称是“活跃分子”，精力旺盛，身上满满的“匪气”，作为我们系的文体委员，我是成天在玩，打排球、打篮球、打乒乓球、游泳……反正只要是玩的场合，基本上都可以看到我，教室和图书馆里很难找到我的身影。也许正是因为这种活跃和“没有老师的模样”，加上我本人的要求，我最终被老师安排前往上海市中级人民法院实习。

三

我在上海市中级人民法院实习了大约半年。当时的法律远远没有现在完善，法院的设置也较为简单，除了党务行政部门只有刑事庭和民事庭，而行政庭、审判监督庭、执行局等现在大家耳熟能详的法院内设机构，则是后来随着法治建设的完善才逐渐出现的。

实习时我在刑事庭实习 3 个月，在民事庭实习 3 个月。也不知道为什么，相对于财产关系和人身关系的民事案件，当时的我就对充满逻辑感的刑事案件非常感兴趣。受益于在法院实习，我也得以经历了许多上海知名律师的庭审，如李国机律师、郑传本律师等，可以看到每位律师身上鲜明的风格。我一直认为，好的律师有的是战术家，有的是战略家，而有的则是战略、战术家，这三者有什么区别呢？战术家是战术特别好，对于法条的掌握极为精湛，就某一个点来辩论，他辩论得很好。相应地，战略家往往不跟你在细枝末节上纠缠，而是从大局考虑，对大局进行影响和控制。自然，像郑传本律师这样的战略、战术家是那种既可以掌握大局，又可以非常完美地完成每个战术动作的律师无疑是其中翘楚。

实习的半年很快过去，我回到学校写论文。那时候可不像现在，每个题目都有海量的资料能够去查询。对于我们来说，不仅没有互联网，而且作为第二届高考生，我们都没有现成的论文去参考。当时每届学生数量非常少，之前第一批学生的论文老师自然十分熟悉，你再去“参考”，岂不是“自投罗网”？所以，那个时候论文写得很艰难，真的需要用半年的时间去撰写，也正因如此，我到现在还记得我论文的题目——《论犯罪动机与目的》。

在论文完成后等待分配的那段时间里，大家是十分无聊的。不知道是谁提议，我们做个模拟法庭来开开庭操练操练如何？提议一出，即受到大家的一致赞同，我们有了一个纯粹是学生自发组织的模拟法庭。但是，模拟法庭有了，总得有案子吧？案子哪儿来？不可能自己编，只能从现实中去找。当时有一位在上海虹口区法院实习的同学就说，他在刑事庭实习，他跟法官的关系非常好，去问问看能不能从他们这些判决完的案子中找一个案子出来给我们开庭用。最后，这位朋友真的捧着厚厚的卷宗回来（现在个人从法院拿卷宗，尤其是重大刑事案件的卷宗简直是不可想象的事）。这是一个故意杀人未遂的案子，而在这个案子中，我第一次担任了辩护人，真正感受到了刑辩律师这一职业给我带来的满足感和成就感，也促使我在未来毅然决然地走向了刑辩律师的道路——因此，这个案件才被我称为“一起改变我一生的杀人案”。

四

分配好角色之后，我们就开始了各自的准备。这时，我们系主任知道了这个消息，认为这个活动非常好，就向我们提出，我们现在要搞的这个活动不错，我们就当它是像人家艺术生的毕业展览、毕业演出一样，也相当于一次毕业演出，然后联系一些领导来观摩、指导，看看这一届毕业生质量到底怎么样。就这样，本来是学生之间自发组织的一项自娱自乐的活动，一时正式和庄重起来。

最后，上海市高级人民法院的政治部主任、上海市人民检察院的政治部主任、上海市司法局的领导，甚至这个案例真实的辩护人、公诉人、法官也都纷纷应邀来参加这次模拟法庭。这一下，我肩上的压力就大了，和另外一位担任辩护人的同学没日没夜地研究案子，准备在模拟法庭上能够有一个好的表现。值得一提的是，我们对这个案件的重视程度，甚至真的和现实办案一样，有着“回避”的制度，辩护人和公诉人之间绝对不在私下里讨论案情，甚至连往常常见的宿舍串门、吃饭行为都很少发生。现在想起来，真的很有意思。

这个案件的案情其实并不复杂。简单来说，被害人是一个 60 多岁的老太太。她有个未婚的女儿，女儿当时“上山下乡”刚刚回城，认识了一位上海港务局的搬运工人，两人确立了恋爱关系。上海人把这种未上门的，即未结婚的女儿的男朋友称为“毛脚女婿”。这位“毛脚女婿”对待女朋友还不错，按照当时上海的风俗，结婚之前有一道程序叫作“运嫁妆”，也就是弄上一个人力三轮车上面放上几床被子，然后放上缝纫机、电视机之类的东西，在马路上招摇过市，转一圈，从女方家里面拉到男方的家里面，其目的就是让人家看看，你看我的女儿陪嫁也是很丰盛的。实际上就是个面子活，但是这位女孩家里很穷，没有钱“运嫁妆”，因此这些东西实际上都是这位“毛脚女婿”出钱购置的，提前放在了女孩家中。

那个年代，买这些东西是十分昂贵的。当时一名工人一个月的工资也就 50 块钱，但是一套电视机价格都要 400 块，是一名工人月收入的 8 倍，按照现在的平均工资换算，至少得有个 5 万块钱吧。而且，还存在钱不能解决所有的问题。那个时候电视机还是要票的，有钱还买不到。总之，这位“毛脚女婿”费了“九牛二虎之力”，总算是把该置办的置办齐全了。男方有所表示，女孩的母亲，也就是这位准丈母娘自然也十分高兴，把自己积攒一辈子的500元现金都给了女儿。这几乎是一名工人一年的工资！小两口也就将这500元规划到结婚之中了，包括办酒席、装修房子。但是，谁也想不到，在结婚前几天，这个母亲突然跟女儿说，我这一辈子，就只有这500块钱，全都给了你，我手头就一分钱没有了，空落落的，到时候老了以后看个病我都不知道该怎么办了，是吧？所以你这样吧，你把那500块钱还给我，好吗？你也知道我会省吃俭用的，等我百年之后，反正这个钱就归你，你现在还是让我放在我自己身边行不行？这样的要求，女儿当然没办法拒绝，女儿就还给了母亲。在这样的情况下，小两口的结婚预算立马出现了一个巨大的缺口，悲剧也就随之而来。

五

这位女孩的工作是三班倒，分早中晚三班。那天，女孩上晚班，因此在晚上八九点就急匆匆出门了，而这位“毛脚女婿”则拿着女孩家中的钥匙，悄悄地来到了女友家中。

那个时候，上海的住房十分紧张，每家房子之间都挨得很近，有很多的房子，当中只是一块板，几乎没有任何隔音。因此，“毛脚女婿”的这次作案，整个过程都被邻居听到了。首先，邻居听到了老太太大声、尖锐地喊着救命，然后邻居立刻向老太太家跑去，结果就看到老太太家里面有一个人影一闪而过，而后拼命奔跑。这肯定没好事啊，于是这位邻居就和其他闻声而来的邻居一起追赶，赶上之后一脚踹倒，大家对这个人一顿拳打脚踢。打着打着，有眼尖的邻居看出来了，这不是老太太家的“毛脚女婿”嘛！大家一看本不想管这事，谁还没有家里矛盾呢？但是没想到，这一会儿工夫老太太赶了过来，告诉邻居说这位“毛脚女婿”想杀了自己。这样一来，大家就把这位“毛脚女婿”扭送到了派出所。

案子看起来是不是很简单？但是调查起来却十分费劲。“毛脚女婿”和丈母娘两人各执一词：据老太太说，她当时正在睡觉，但是突然之间感觉到自己的脖子被掐住。她认为是被鬼上身或鬼压床了，因此，赶紧按照民间的说法去摸头发，但是掐的劲越来越大。惊醒之后，她发现脖子真的被人掐住，才开始拼命地挣扎和喊叫。当时因为是夏天，所以睡的是竹床，动静特别大，这个人最后在老太太脸上打了两拳就跑掉了。后来，根据法医检验，这位老太太的脖子和脸上，确实存在掐脖子导致的表皮损伤和被打击的淤青。

但是，这位“毛脚女婿”却说，因为这个老太太突然问她女儿要回了500块钱，使他和女友这边有关结婚的计划一下子就被打破了，所以他一生气，决定潜回女友家，把买的电视机偷偷拿回来。按照他的想法，他会瞒着所有人把电视机拿走，一方面可以卖掉换几百块钱来实现自己的计划；另一方面也是私心，因为这是在女朋友家被盗的，丈母娘和女友也说不出来什么。因此，知道女友上晚班的他就偷偷地来到女友家中，用钥匙开门进了屋。这位“毛脚女婿”是严重的近视眼，天天戴着像啤酒瓶底一样的眼镜，因此不戴眼镜就判若两人。怕丈母娘认出来，他就把眼镜摘下来了。进屋之后，对室内环境非常熟悉的“毛脚女婿”直奔电视机，但是没想到那天天气实在太热，老太太没有像往日一样睡到床上,而是睡到了竹床之上,他不小心碰到她手,丈母娘立刻喊叫起来。慌乱之中,“毛脚女婿”为了不让邻居听见,下意识赶紧捂住她的嘴,她就拼命用脚蹬竹床,发出很大的动静。他怕憋死老太太,就赶紧松手,又怕她再喊,就在她脸上打了两拳,然后这位“毛脚女婿”就真的“毛手毛脚”地逃了。没跑多远,就被热心邻居一拥而上抓个正着。

看看,这两人对案件的基本事实说法几乎是一模一样的,但是又有着天壤之别,是不是?事件当事人各执一词,分别按照对自己有利的方式进行表述,最终使事实真相扑朔迷离,难以水落石出。现在,我经常给我们律所的年轻律师讲起这个案例,因为在未来的执业生涯中,每个人从自己不同的角度去描绘案件是一个常态,如何从中依靠证据与逻辑分析其中的法律事实,是每个律师、尤其是刑事辩护律师的基本功。

六

在这样两边各执一词的情况下,检察机关认为老太太说法更具有可信性,而且老太太身上的伤痕也确实存在,这是谁都无法否认的。因此,检察机关在起诉书中指控被告人,也就是这位“毛脚女婿”是因为老太太婚前要回了原来送给她女儿的钱,因此对老太太怀恨在心、心存杀机,在明知老太太有 500 块钱的情况下,意图杀人抢劫以供婚礼之用。

但是,在具体选择起诉罪名时,检察院却犯了难,事实上这个案子后果很轻，老太太只是受了一些皮外伤，而我们国家的故意伤害罪要求必须构成轻伤以上才能定罪。在这样的情况下，检察院干脆以故意杀人（未遂）的罪名将他起诉。一审法院也采纳了公诉机关的指控，以故意杀人（未遂）判处被告人有期徒刑7年。

那么，这个案子究竟构不构成故意杀人罪？当时法院的定罪量刑到底正不正确？说心里话，我到现在也给不出最后的答案，真的是"公说公有理，婆说婆有理"。就这位"毛脚女婿"而言，他自己的辩解有一定的合理性，但是也有非常明显的逻辑漏洞：半夜三更跑到人家家里去搬一个电视机，能不开灯吗？本身高度近视，摘掉眼镜，这样看得见吗？半夜搬出个电视，不被发现可能吗？而且无论如何，存在掐脖子、击打这样的行为，这是不可否认的。

在模拟法庭上，我选择的是无罪辩护，其理由正在于戴眼镜和脱眼镜这一行为。因为他一开始就没有任何预谋去杀人，而捂嘴巴、掐脖子、击打面部也仅是为了短暂地压制被害人的反抗，主观上没有杀人的故意，而客观上也仅实施了一个故意伤害的行为，造成轻微后果。

要知道，在逃跑的过程中，他是没有佩戴眼镜的。根据最基本的生活常识，没有一个有严重近视的人会在夺路而逃的时候先把眼镜摘下来再去逃跑，因此能够确定，他的眼镜在之前已经被摘掉了，表明他根本没有杀人的预谋和故意。事实上，无论在民事诉讼中，还是在刑事诉讼中，对于证据我们就用两个法则来判断，一个是经验法则，另一个是逻辑法则。

所谓经验法则，是指依照日常生活中所形成的反映事物之间内在必然联系的事理作为待证事实的根据的有关规则。也就是说，结合日常生活中亲身经历所领悟的，或者借助相关信息资料而取得的知识，对有关事物的因果关系或者一般形态进行归纳，得出对案件事实判决起作用的理性认识。举例而言，一个重度近视的人，摘掉眼镜什么都看不见，这就是法官利用经验法则作出的判断。

而逻辑法则是人类认识世界、发现事实并进行正确推理所应遵循的思维规则，需要对不符合逻辑的事项进行相关的判断。同样举例，“毛脚女婿”重度近视，一个不戴眼镜什么都看不见的人去杀人，在杀人前还专门摘下眼镜，这明显不符合逻辑。

于是，在模拟法庭上，我向法庭提出，一个有重度近视，甚至可以说摘掉眼镜就是“睁眼瞎”的人跑到人家家里，如果说他真要去杀人，那他当然没有任何理由要把眼镜摘下来。如此说来，被告人说因为摘下了眼镜，别人就会一下子认不出自己的说法是有道理的，也是可以成立的。另外一个可以佐证的事实是：自己被邻居殴打的时候，赶紧戴上眼镜，大家立刻认出来是他，就停止了殴打。这足以说明，戴眼镜和不戴眼镜的区别之大。

此外，我还向法庭提出，这位被告人是港务局的搬运工，每日的工作就是靠人力搬运一袋袋约200斤重的货物，从照片上看起来十分强壮和结实，胳膊上的肌肉鼓鼓的。而被害人是一位60多岁的老太太，如果说他真的要以杀人的故意去卡住脖子，老太太恐怕立刻就会感到窒息，而不是所谓的“鬼上身”。合理的解释就是，这位被告人发现老太太发现了他，伸手去捂嘴，但是由于黑灯瞎火而且摘掉眼镜，根本没有找对地方，而是卡在了脖子上。

综合这一系列的情况，辩护人认为，被告人没有杀人的故意。当然，他的做法很不妥当，但是不能认定为故意杀人罪。最终由我们学生组成的合议庭，在合议该案以后，作出了判决。虽然继续认定了故意杀人未遂，但是结合本案的具体事实，作出了判处3年有期徒刑、缓刑3年的判决。结果还是比较公正客观的。这位扮作审判长的同学就是因为作出这个判决，被来观摩这个案子庭审的原审法院的领导看中，当场告诉我们系主任说，这个学生是做法官的料。然后，这位同学毕业后就被分配到了那个法院，没到两年就升任刑事审判庭庭长。

更值得一提的是，现场观摩的上海市高级人民法院的政治部主任顾法官（后任上海市高级人民法院院长，同时也是我们学校讲授法院组织法的老师）当时与同样现场观摩的原审法院领导进行讨论，这个案子，回去要按照审判监督程序查一下。最后结果就是，法院经过了审判监督程序的复查，真的改判这位“毛脚女婿”缓刑。

后来，系领导告诉我，案件结束后，参与庭审的上海市高级人民法院、上海市人民检察院、上海市司法局都向我们学校提出把我分配过去。结果我们系主任回答说，实在抱歉，这位学生，我们已经内定留校了。就这样，本来没有留校计划的我被留校。说实话，我自己并不想要留校，而是在当时就有当律师的打算和计划。但是，在当年，学校的分配是必须要遵守的，因此我就被学校送到武汉大学进修半年，回来从事刑法学的教学工作。

律师梦是很难放弃的。虽然承担了教学工作，但是在这个过程当中，我一直从事兼职律师的工作，主要做刑事辩护，办了一些算是比较成功的案例，得到了社会大众的一定认可和司法行政部门、律师协会的嘉奖，也很荣幸在七九年《刑事诉讼法》颁布10周年的时候，被评选为上海市十大刑事辩护律师。

此时，我开始发现，上课和开庭我已经没有办法兼顾了，两头奔波不仅让我十分疲惫，而且也从某种程度上使两头的工作都无法做好。

就本心而言，虽然我看着自己的学生一批批地走出校园，参与到我国法治建设和发展的浪潮之中，感受到教书育人的快乐；但是，我依然无法放弃我心中对于律师行业的梦想和热爱。因此，1992 年，我毅然走出相对舒适的“象牙塔”，开始筹建自己的第一家律师事务所——上海市明日律师事务所，从此正式开始了我专职律师的执业生涯和刑事辩护的道路。

现在想想，人一生的关键节点也就是那么几个，一旦把握住了，一生的轨迹就会有天翻地覆的变化。但是机遇是人生之旅中最璀璨的风景，也是最让人无法揣摩的瞬间，或者邂逅，或者错失，往往就在于你的一念之间。如果当时我那位同学没有提议组织模拟法庭，我的人生又是如何？

还是那句老话，机遇往往是留给有准备的人。没有准备的人，机遇来了往往也无法抓住。如果我实习的时候没有认真学习郑传本律师、李国机律师的思路和方法，没有对案件进行深入的研究，或者只是在模拟法庭上磕磕绊绊、吞吞吐吐、表现不佳，又会是什么样呢？这都是未知数，也无法去假设。

无论如何，这件杀人案真正改变了我的一生。虽然我以后无缘“翟建老师”或“翟建教授”的称呼，但是，“翟建律师”这个称呼将会伴我终身，也会成为我人生的“符号”和“烙印”，更是我这一生的答卷与总结。为了让这份答卷与总结能够更加漂亮，未来的道路，依然很长。

寄蜉蝣于天地，渺沧海之一粟。

哀吾生之须臾，羡长江之无穷。

25∶1：屈臣氏搜身案

一

我的专业领域和个人爱好在于刑事辩护。但是在20世纪时，偶尔也会有各种各样的原因而代理一些民事诉讼案件，包括一些具有一定影响力和代表性的案例。今天要给大家介绍的“屈臣氏搜身案”。

这起案件发生在1998年，当时我还在上海市明日律师事务所，这个律师事务所是我个人所的前身。实际上，它本身就是一家个人所，只是由于当时全国律师协会不允许个人办所，所以打的还是一个合作所的招牌。

由于我的影响，这个所主要从事刑事辩护业务，其他类型的案子很少。而这个屈臣氏案件，我记得是一位同行介绍来的，因为这个案件在当时已经引起了社会诸多的关注，他有点担心无法胜任这件案子的代理工作，因此将案件介绍给我。自然，我也有点忐忑不安。现在，由于时间久远，大家可能已经难以体会到这个案件在当时上海的轰动，整个媒体界对屈臣氏公司口诛笔伐，而我正是屈臣氏公司的代理人。

1998年7月8日上午10点左右，就读于上海外国语大学的女大学生钱某，带着她的小侄子走进上海屈臣氏日用品有限公司（四川北路店）。两人逛了一圈之后，没有挑选到合适的商品，就决定离开。但是，当钱某走到门口时，店门口警报器开始鸣响，一位女性保安便走出来查看。当这位女保安看到钱某手里提了一个马甲袋后，就拦住了钱某说："对不起，小姐，你请留步，你是不是有什么东西忘了结账啊？"钱某说："我什么也没买，没有什么东西没结账啊？"女保安说："那请你将手里的马甲袋在门口过一下，让我看看会不会报警。"钱某把马甲袋递给了女保安，女保安在警报器上过了一遍，没有发出任何响声，说明这个马甲袋里确实没有商品。女保安让钱某再从警报器旁边通过一下。钱某走过警报器时，警报器依然鸣叫。女保安说："对不起，请你跟我去我们的办公室，我找个仪器来看一看这到底是什么原因。"

这件事谁遇到都会不高兴，更何况是当时被誉为"天之骄子"、就读于上海名校的大学生钱某呢？她认为自己确实没有拿店里的任何东西，而店方对她东查西查的，她很是不快。店里面的顾客也不少，她从别人的眼光里也看出了怀疑与鄙视，这让她非常生气。她跟着女保安来到了位于地下的办公室，女保安用一个扫描器（也就是咱们现在机场安检的那种金属探测仪）在钱某的身上扫了一下，发现响声来自她的大腿外侧。

当时是夏天，钱某穿得很单薄，上身穿一件短袖T恤，下身穿一条单薄的长裤。女保安在发出响声附近的裤子上摸了一下，没有发现东西，于是连忙向钱某道歉。可到了这份儿上，钱某不干了，说屈臣氏耽误了我的时间，还怀疑我偷东西，败坏了我的名声。作为一名女孩，保安也不应肆意搜查我的身体，屈臣氏需要给我一个说法。店家认为自己并非无缘无故地怀疑钱某，毕竟警报器一直在响，检查一下排除商品被盗实乃情理之中的事情，因此不答应钱某提出的赔偿要求。

钱某自然很生气。实话说，要是一般人遇到这件事可能就这么算了，但是钱某的文化水平比较高、自尊心很强，咽不下这口气。碰巧的是，憋了一肚子气离开屈臣氏门店的钱某发现，离店不远就是上海市虹口区消费者保护协会（以下简称消协），立刻进去投诉。当时的投诉登记表非常清楚地记载着她的请求："要求店方赔礼道歉，并给予人民币 1500 元至 2000 元的经济赔偿。"

恰好消协的秘书长在值班。他对钱某说，屈臣氏就在附近，我陪你去走一趟。两人又回到这个门店，钱某走进去又走出来，警报器依然响声大作。消协的秘书长也认为这个事情挺奇怪的，就让钱某留了个联系方式，说研究研究给她回馈。估计这个时候，消协的秘书长也不知道，这件事情最后居然成了一起举国关注的案件。

二

钱某没有就此罢休。过了几天，没有收到消协的回馈，她立刻前往当时上海地区最有影响力的新闻媒体《新民晚报》，反映了有关情况。《新民晚报》第二天就在头版登载了这个消息，还配发了律师的评论。这个律师也是我的大学同班同学、上海市联合律师事务所的主任朱某某。

当时《新民晚报》可是上海最有影响的媒体之一。因此，该篇文章的发表可谓是“一石激起千层浪”。媒体一拥而上，转载这个案件，用上了非常抓人眼球的标题，有些标题我到现在还记得非常清楚——“搜你没商量，理由莫须有，一女大学生在屈臣氏超市蒙冤受辱”。在那一段时间，这一事件基本上成了上海每个人都在讨论的热点话题。

客观地说，这位记者进行报道的初心无疑是好的，但是报道的内容很难称得上是完全真实的。一方面，没有说明这位进行检查的保安本身就是女性；另一方面，也将“隔着裤子摸了几下进行检查”写成了“脱裤检查”，而且还加上了“保安毫不客气地令女孩脱裤接受检查，女孩不得已两次脱裤，流下了屈辱的泪水”等描述，堪称春秋笔法。客观而言，任何具有正常道德观念的人，看到了这样的报道，肯定会愤怒不已。

事情愈演愈烈，由于双方彼此的意见迥异，事件并没有得到解决，一直处于僵持状态。1998 年 7 月 20 日，钱某以自己在屈臣氏四川北路店无端遭到搜身、被两次脱裤检查，使自己心理受到极大伤害为由，向虹口区法院起诉屈臣氏公司，要求屈臣氏公司公开登报赔礼道歉，赔偿精神损失费人民币 50 万元，在当时被称为“超市搜身第一案”。

作为一家大型企业，屈臣氏自然不会坐视自己的商誉受到负面影响。屈臣氏公司对此向外界表示：自己的做法实际上也是为了维护自己的财产安全，而且并非对每个顾客都会进行搜身。这次事件的起因从本质上讲，是顾客出店门时引起警报器鸣叫后，才有专门的女性安检人员对其进行必要的检查，而且检查并未脱裤，也不存在过度检查的行为，不存在侵权。

三

知道我代理该案件之后，媒体立刻找到了我，要对我进行采访。我认为这是一次扭转舆论走向的良机，于是和店面沟通后，带着记者前往店面进行采访拍摄。有意思的是，当时店长向电视台记者诉苦称，店里的东西经常被偷盗，所以店面采取防范措施是迫不得已，而且选购的这套报警设备是从国外进口的，完全符合质量标准等内容，店里的警报器再一次响起来，结果就抓到了一个真正的小偷。这一幕也被电视台完整地摄录下来，一经播出扭转了些许舆论的方向，然而就某种程度而言，舆论和社会的关注程度也越来越高。

开庭时，电视台又进行了全程的直播和拍摄。而我作为被告代理律师，开庭时才发现，原告钱某的代理律师是我的学生。在庭审中发现，原告几乎没有客观性的证据来证明自己的损失，而无论是原告还是代理律师，发言也仅仅是集中在道德层面的评价。我始终认为，被告屈臣氏公司实际上并没有给原告带来如此巨大的精神损失。

由于我和原告律师非常熟悉，因此在庭后的交流中，我就责怪他不应该怂恿当事人把赔偿额定那么高。实话实说，我当时对于案件结果的预判是，我方会承担赔偿责任，但是估计也就是个两三万元，因此我很为我的这位学生担心。众所周知，除了刑事律师，民商事律师可以按照诉讼标的百分比来收律师费。我凭直觉认为他想多收点律师费，所以将这个诉讼的标的抬到 50 万元人民币。50 万元，可能赢吗？到时候打不赢，律师费人家付了，但是没有达到预期的效果，人家不得找你麻烦吗？

事实证明，我的估计错了，一审法院的判决很让我感到意外。

在庭审之后，我就投入其他工作之中。在宣判那天，我正在东北出差，参与一个刑事案件的处理，上海法院的电话打过来，说判决已经出来了，我只能让他邮寄送达。后来，等我乘飞机回到上海，刚刚落地打开手机，立即跳出朋友发来的信息：法院宣判了，判决被告屈臣氏赔偿钱某各项损失 25 万元人民币。

什么？25 万元？会不会数错零了？拿到判决书的我立刻翻到了最后的结果页，对着结果数了好几遍，没错，4 个零，是 25 万元。

自然，媒体不会放过这个爆点新闻。第二天，几乎全国的媒体和电视台都报道了这起案件，对当时主审此案的区法院院长进行了专访，而且还在报道中称此案为“中国精神损害赔偿第一案”。

根据主审院长的叙述，为什么会有那么高的赔偿额呢？首先，我国《民法通则》（已失效）规定，对他人的名誉权造成侵害的，可以判处赔偿经济损失和精神损失。所以，法院判处屈臣氏赔偿原告精神损失费是有法律依据的。

其次，由于法律本身并没有对精神损失费的赔偿额度作出明确的规定，所以我们是根据案件的实际情况来进行判决的，而这个判决的金额，因为没有规定，所以判多少都不存在错的问题。

再次，屈臣氏是一家大型港资企业，注册资金是 1000 多万元，有这么高的注册资金，所以判它赔 25 万元是合适的。

最后，钱某是一位年轻的女孩，被人冤枉偷东西和用手检查，给她的身心带来了极大的影响，因此，应当给予较高的赔偿数额。

这个判决一问世，立刻在全国引起轰动。因为这个案子的判决，

1998年甚至被媒体称为“中国人权年”。所有评论均说，该判决充分体现了对人权的保障，所有的媒体都为虹口区法院的这个判决竖起大拇指，认为判决彰显了我国法律对人权的保障，是一个保护人权的“里程碑式”的案子。反观屈臣氏一方，几乎是失声的，尽管他们反复强调说没有脱裤搜身，但是已经根本没有人愿意听、愿意信了，几乎如“过街老鼠人人喊打”一般。

可以说，虽然屈臣氏已经是一家实力极为雄厚的企业，但是在汹涌的舆论之下，它实际上也是弱者，没有丝毫抵抗的能力。试想，如果这种舆论集中于一个人身上，又会怎样？这个人恐怕会永远被打入深渊。

四

一般而言，自己代理的案件没有达到当事人的预期时，律师往往会感到极大的压力，因此，看到判决的我，也只好硬着头皮去找委托人屈臣氏商讨下一步的工作。客观而言，专注和负责是律师最基本的职业道德，我自信做到了这点。因此，我并不担心屈臣氏公司对我有什么意见。上海屈臣氏负责这个案子的一位副总，在接到判决书后就给我打电话，表达了对我工作的认可，以及对下一步工作的计划。

一审败得如此惨烈，让总部感到震怒，屈臣氏总部派出数个高管来到上海专门处理该案。我作为代理人，自然出席了相关会议，虽然心里早有预期，但是，会议上猛烈的批评依然让我心情十分复杂。

高管非常不满地向我提问，在判决之前有没有得到什么风声？有没有听到过什么消息？我回答，法官没有向我提起任何消息，我个人认为我的代理工作没有纰漏且尽心尽职。

听到我的回答，这位高管十分不满，说你这个律师在这个虹口区法院的关系不行呀！你要是早一点得到消息，向我们告知一声的话，我们也是可以通过有关途径和法院去交涉的。现在你看，你什么消息也没得到，咱们也不知道会有这个结果，什么工作也没有事先去做，现在搞得我们多么被动啊！

但是，凡是法律人都知道，在没有判决之前，律师可能知道判决的结果吗？甚至判决下来在邮寄过程中，你如果问法官结果，同样也不会告诉你。如果你在判决之前已经知道了结果，只有两种可能：第一，案件极为简单，如交通事故等案件，事实非常清楚且有具体的赔偿计算标准，基本上赔偿额上下不会超过 1000 元；第二，你和法官有不正常的交集，才能让你在判决得出之前已经知晓了本应当由合议庭得出的结果。

此外，相信许多律师，甚至是各行各业的读者都会有这种感受，有些人过于看重关系，以拉关系作为一切事业发展的核心推动力，甚至这种看重有时候达到了罔顾事实和客观情况的程度。对于这些只崇尚“搞关系”的高管们，我无话可说。

之前认可我的这位上海公司副总，随之陷入了很尴尬的境况。在香港“钦差”出席的会议上，面对他们对我的“猛烈炮击”，这位副总并未有什么表示。但是，他在会议后找到我，对我说，翟律师，二审我们准备更换律师。

我感到十分痛苦。倒不是因为自己受抨击或者这位副总没有仗义执言，我也十分理解他的处境；而是作为一名律师，自己代理的官司可以说是输得一败涂地，输得超乎想象，尤其是当我确定应当履行的义务均已完整履行、该做的事情都做了、该讲的道理都讲了的时候，还输得那么彻底，我心中十分不服气。这种情况下，我决定尽力争取继续代理二审。我认为，如果二审将我换下来，那就意味着连一个反败为胜的机会都没有给我，我铁定就是一个失败者，这是我无法接受的。

想来想去，我准备找到当时庭审的录像，交给屈臣氏高管，让他们看到庭审的全过程，从而作出应有的判断，而不是主观地以一纸判决结果评价律师工作的效果。为什么需要录像而不是笔录呢？因为法院开庭笔录不可避免地不会完整直观地体现庭审内容，许多代理人的当庭陈述在笔录上是无法具体体现的。但是，由于当时没有庭审直播网，想来想去，我找到了拍摄庭审现场的记者，从他那儿拷贝了一份庭审实录，托这位副总播放给香港特区来的高管团队。

五

我可以接受案件的失败。但是，这样糊里糊涂输得一败涂地，我难以接受。正因如此，我才下了这么大的功夫去争取案件的二审代理工作，这绝不仅是因为案件的失败，更不是为了脸面或者尊严，而仅仅是为了给自己一个交代。

庆幸的是，在评估了庭审录像之后，最终香港屈臣氏总部认为我的工作是非常优秀的，思路清晰、逻辑严谨、方向正确，于是决定二审继续由我代理。

说实话，我能明显感觉到，这种信任是有限度的，因为他们同时聘请了我的老友——陶武平一起参与二审的代理工作。出乎意料的是，本来我认为二审的对手还是我那位在一审中大获全胜的学生，但是可能原告钱某一方感到了某种压力，在二审中将那位在一审中大获全胜的年轻律师换掉了，委托的是在当时上海滩赫赫有名的郑传本律师，也是我的良师益友。因此，就某种意义而言，双方在此时几乎都是一种"决一死战"的态度。

作为律师，必须要立足法律，从事实认定和适用法律上来说服法官支持自己的观点。因此，在所里，我召集了很多律师一起想办法。分析来分析去，我们认为涉案行为本身的正当化可能性不高，完全翻案不现实；换句话说，这个案子肯定会赔钱，只不过我们需要合理降低赔偿额。

另外，眼下媒体对这个案子一审判决一片叫好，舆论对我们极为不利。因此我认为，我们的观点一定要具有说服性，而且也要具有直观性，绝对不能仅从理论上分析，因为原告在道德上无疑占据了极大的优势，如果继续单纯依靠法庭说理辩论一条路径，我们必败无疑。

实际上，这个问题和当今社会中存在的网络暴力现象极为类似。需要承认的是，无论是传统媒体时代，还是自媒体时代，全民讨论都源于内心确认的正义的价值观，是对不道德或者违法现象的鞭挞。但是每个发表观点的人，却并不真正、全面了解客观事实，故而不可能以一种理性的情绪、科学的方法去看待问题、评价事实，而是带着强烈的个人喜好色彩。例如，在当时，屈臣氏的做法固然存在一定的侵权性，却被夸张地形容成"无良资本家""店大欺客"，这种评价不仅不符合实际，而且从案件本身的讨论变成了对道德的评判，偏离了处理一个案件应有正常的轨道。

事到如今，我必须要顶着社会舆论的重大压力，去寻找一个方法和角度证明法院判定的赔偿额过高，并且还能说服法官，换言之，如何判定在法无明确标准的情况下，法官的自由裁量权使用存在错误呢？这个难度无疑是很大的。

想到这儿，我突然想起了一个案件的切入角度，那就是不管判多判少，总归不能脱离现实的基本国情吧？于是，我迅速落笔，完成了一篇文章，发表在《上海法制报》上。全文大概占有半个版面，文章的题目就叫作《25 万与国家赔偿法》。

客观而言，这个案子跟国家赔偿根本风马牛不相及。那么我为何会从这个角度去论述呢？我以《国家赔偿法》为例说明，国家具有更多保护公民的责任，同样一种行为，一个是由国家实施的，另一个是由商家和一般公民实施的，如果都对受害者造成了损害，那么，国家的责任绝对大于公民个体与商家。因为国家运转是依靠老百姓的，其职责是保护老百姓的，更不应该对老百姓造成损害。

按照当时的《国家赔偿法》，如果国家在刑事行为中，错误地认定某一无辜的人为故意杀人罪并且执行了死刑，应当赔偿多少钱呢？其计算标准是按照上一年全国职工工资收入的平均数，然后乘以 20 年。简单地说，国家如果把一个人错杀了，赔偿金额为上一年度全国人均工资收入的 20 倍。具体到本案事发那一年，这个数额是人民币 17 万元多一点，说句不恰当的话，这就是当时一条人命的钱。

但是在本案中，居然可以判商家赔 25 万元，与国家杀错一个人只要赔 17 万元相比，其中的荒唐和错误一目了然。

这篇文章的刊出，引起了诸多讨论。当大家从这个角度来审视这个判决的时候，发现这个判决确实有问题。而且这种不符合我国国情的判决，也必然会影响上海乃至全国所有商家的利益——因为他们面临的道德风险将越来越大，无法排除这种可能性：超市里的保安找个托，故意去搜身，然后让法院判个25万元，两个人"二一添作五"分掉。25万元对一个保安来说，可能是他20年的工资啊。可以断定，如果这个判决在二审被维持，上述假设的事情发生的概率应当不低，其负面影响远远大于积极影响。

六

不久，上海市第二中级人民法院开庭审理此案。我一进法庭，看到郑传本律师已经到了。也不知道他从哪里找来了一个塑料模特，把钱某当天穿的衣服给塑料模特穿上，扛上了法庭。我一看就知道，他是想通过这个非常形象的模具来证明女孩子是不可能拿店里东西的。我从始至终也没有回避被告行为的侵权性质，仍然将代理的焦点集中在赔偿数额上，因为此时，是否有过搜身行为，已经不再是一个需要认定的问题。

庭审的过程实际上并没有一审那么激烈，因为双方开庭前已经知晓了彼此的底牌，双方的观点也都非常明确——我方集中在减少赔偿金额的可能性上，对方集中在道德层面。当然，除了郑传本律师带着模特走入法庭的花絮外，还有一个细节我也记忆颇深：在案件结束之后，这位女大学生接受媒体采访时表示，她会将赔偿金的一部分用于慈善事业，可谓策略性极为明显，将道德的制高点占据得十分稳固，在舆论风向上依然占有优势。

这篇新闻出来，我不禁又开始感到担心，法院会不会再次因为舆论导向而作出有倾向的判决呢？事实证明我多虑了，最终二审法院撤销一审法院的判决，认为屈臣氏门店的行为违反了我国《宪法》和《民法通则》（已失效）的有关规定，侵犯了钱某的人格权，改判精神损害赔偿1万元。

这个案子中，还有一个有趣的细节可以淋漓尽致地从判决中看出汉语的精妙之处。一审判决书认定，屈臣氏要求被害人大学生“解扣脱裤”，而二审判决书将这4个字改成了“解脱裤扣”，一字未改，仅仅是调换顺序，其代表的法律事实和基于这个事实作出的法律判断是天壤之别！

事实上，这个案件抛去结果和立场不同，在现在看起来有十分突出的积极意义。这是一起非常典型的侵犯公民人格尊严的案件，第一次以国家司法机关的名义明确了对公民人格尊严这一宪法权利的尊重，堪称我国法治建设进程中的重要代表性案件，因此也被称为“人权第一案”和“宪法人格尊严保护第一案”。

此外，针对两次判决中极为悬殊的赔偿额，这个案件的诉讼过程也引起了当时我国法学界、司法实务界的热烈讨论。

总体而言，这个案件的处理结果可谓是十分成功，也一直是我颇为得意的经典案件，在对年轻律师进行培训或者讲课时，我也经常向他们介绍这个案件。实际上，虽然此后我基本上不再做民事诉讼业务，而是将精力放在刑事辩护之中；但是，其中至少存在收获，对我未来的执业生涯有所裨益。

当你要表达一个观点的时候，其实可以从各种角度切入，不同的角度说服力不同、效果不同。比如，这个案子，对一个女青年在没有法律授权的情况下进行搜身，而且一方是财力极为雄厚的港资企业，另一方是默默无闻的女大学生，大众的评价自然会倾向于女大学生一方。因此，如果庭审中还在是否存在过错、是否需要承担责任等问题上进行重点争论，不仅毫无胜算、不会获得法院的支持，还会直接影响企业的形象，可谓是作茧自缚。

需要指出的是，在案件的代理过程中，不要过多地加入太多的针对现实的批判，或者过于理论化地对应然状态进行说教，而是要扎实立足于我国的实际国情。我在媒体上提到的问题，如果继续维持作出巨额赔偿的一审判决，不仅导致国家赔偿与民事赔偿金额之间的标准失衡，有损我国立法体系的统一与周延，而且会诱发严重的道德危机，整个上海的商家将人人自危，不法之徒也找到了一个发财的捷径，对于社会的稳定和经济的发展将带来不可估量的影响。这种紧扣国情、存在与现实中的紧迫性提示才是推动二审改判的关键所在。

值得一提的是，在2005年司法考试(2018年改为国家统一法律职业资格考试)主观题中，就出现了这个屈臣氏搜身案的案例，“本案发生后社会反响颇大，主要涉及精神损害赔偿、法官自由裁量、人格权保护、消费者权益保护、企业安保措施等诸多法律问题，请你任选一个角度简要论述”。一千个人心中有一千个哈姆雷特。针对此案，一千位法学专业学者心中也会有一千个答案。

陨落：

未及闪耀的流星

一

青春是上天赐给人们最好的礼物。但是，当一个人年轻的时候，往往不知道青春的宝贵，总是感觉岁月离自己还很遥远。但是，白驹过隙，时光的逝去远比我们想的要快得多，当你想要伸手尽可能抓住青春的尾巴时，你可能摸到的仅仅是一缕残影。

我们律所中，有许多来实习的在读大学生，也有很多刚刚毕业入职的年轻人，他们踏实肯干、热爱学习，每天脸上洋溢着的都是对于未来的向往，阳光且乐观。我很喜欢和他们在一起，当你周围都是年轻的面庞时，你仿佛也能够超越岁月，共享那份青春，感觉自己也变得年轻起来。

正是因为跟他们在一起，每天也会了解网络上的热点事件和各种“梗”，从笨拙到最后能够熟练地应用各种 App，让自己努力地跟上时代发展的脚步，不会被时代“out”。毕竟有的时候，当时代抛弃你时，往往连个招呼都不会打。

实事求是地说，现在随着大学的扩招，本科生并没有以前那么稀有，现在的年轻人虽然每天看着非常快乐，但是面临的压力和竞争却是前所未有的。之前社会流动性小，人的竞争对手只有自己单位或者周围单位的同龄人，但是信息时代最大限度拉近了人们之间的距离，也让社会的流动性极大增加。因此，年轻人的竞争对象几乎就是整个时代的每一个人。所以，我能理解他们每日笑脸下潜伏的巨大压力，一方面尽自己所能帮助他们在专业上成长，另一方面也会对他们呵护、照顾。

相比起来，在 20 世纪 80 年代，大学生可是真正的“天之骄子”。一旦考上大学，你就跨越了阶层，一个人甚至一个家族的命运都会因此而改变，你就是一个家族的希望。因此，那个年代，国家对于大学生也是非常重视。对于每个家庭来说，更是如此，培养出一个大学生往往耗费的是一家人的心血。我曾经碰见过一位盲人母亲，为了自己的儿子跋涉千里来到上海。

1986 年，我当时还在大学担任刑事法律老师。一天下午，我正在办公室备课，一位朋友领着一个女孩来了，说希望我接一个案子，而这个女孩就是当事人的女朋友，他俩都是上海戏剧学院的学生。我当时感到很奇怪，因为当时的大学生和现在的大学生相比，生活往往较为简单，都是教室—食堂—宿舍三点一线，而且学校门禁管理也非常严格，晚上也是天天查寝，会发生什么事呢？

当时，女孩没有说什么，而是带着我来到了上海火车站附近一家十分简陋的小旅店。在走过堆满垃圾和充斥着恶臭的楼梯后，我来到了这家开在地下室的小旅店。一进房间，坐在床边的一位中年女性朝我这边扭过脸来，但是眼睛中仿佛蒙了一层白砂玻璃——原来是一位盲人，这就是这位男学生的母亲。旁边坐着的一位看起来十分老实的中年人，则是男孩的爸爸。

可以看出，这家人的条件并不好，男孩爸爸身上穿着一件极不合身的西装，而羊毛衫下戴着的是一件假领子。见到我这位生人后，把手在衣服上蹭蹭才向我伸来，而从他每次说话都握紧衣角的动作，我可以明显感觉到他的拘谨。

没等我开口，两人就七嘴八舌地把事情告诉了我：他们来自陕西，前几天学校给他们打了电话，说他们儿子杀人了。两人心急火燎赶来，因为没有买上票就站了几十个小时，而母亲因为急火攻心，一下子眼睛就看不见东西了。但是到底孩子如何杀人、因为什么杀人，他们也说不清楚。

看着焦虑的父母，我不禁叹了口气，问旁边的这个女孩，他是你的男朋友，你知道是怎么回事吗？

二

那个年代的大学还是非常保守的。对此，我作为当时的大学老师，还是了解一些情况的——不要说公开谈恋爱，就是抽烟也得跑到学校门口，如果在大学校园内抽烟，轻则被老师教训一顿，重则可能会受到处分。因此，男孩和女孩虽然恋爱几个月，但是两人怕被学校发现，约会都是悄悄地进行，同学和老师几乎不知道两人的关系。

事发当天,是女孩的生日。如果是现在的大学生,恐怕就是情侣一起出门吃饭庆祝。但是当时,两人的关系并没有公开。女孩同寝室的同学约定晚上一起出门吃饭庆祝,而他们恋人之间的聚会就被安排在了中午。中午,男孩和女孩两人到离学校有些距离的一家小馆子吃了饭,男孩喝了些啤酒,看上去已经不胜酒力,略微有点醉。

当时的作息和现在比有很大的不同。由于没有网络,甚至连电视都很少,因此睡觉都很早,人们基本上每天晚上 9 点左右就上床睡觉了。睡那么早,起床也就早,五六点钟大家就起床,开始新的一天。起得那么早,中午的时候很多人就有午睡的习惯。学校当时安排下午的课也很晚,记得当时在我们学校下午第一堂课两点半才开始。两人吃完饭,距离下午上课还有一定的时间,因此回到学校就各自回宿舍休息。至于后来的事,这个女孩就无法描述清楚了。

第二天,我跟着男孩的家长来到了学校。看起来学校领导和老师对这个男孩的印象还不错,不仅没有设置障碍,而且对男孩父母和我讲述了整个案件的过程:这个男孩在学校表现非常不错,在表演上也非常有天赋,当时已经出演了一部省电视台拍摄的电视剧的男主角。这对于在校大学生而言,已经是难能可贵的了,在现在来说,就是一位前程似锦、冉冉升起的影视新星。同时,在这个表演系中,还有一个男学生也非常优秀,虽然没有出演过男主角,却出演了大量电视剧的男配角等主要角色,也十分优秀和成功。于是,这两个男生之间就一直存在“竞争”的心理,彼此的关系也不太和谐。虽然说表面上没有矛盾,但是两人平时从来不一起参加活动,彼此也很少说话,同学和室友们对两人之间这个微妙的关系是心知肚明的。为了区分两人,我们就叫他们男主角和男配角吧。

这位男主角可能酒量确实不咋样，喝了一两瓶啤酒就醉醺醺回到了寝室。可能是酒劲上涌，或者是女友生日太高兴，他进了寝室看到大家都已经午睡，就跑到寝室走廊里吊起了嗓子。要知道，对于当时表演系学生来说，话剧是表演的基本功，以前没有像现在那么多设备，麦克风音量有限，全凭自己的嗓子发音让整个剧场都能听到，因此表演系的学生需要和音乐系的学生一样，练习吊嗓子的基本功。

虽然在表演系的寝室里有人吊嗓子是很正常的事，但是这个时间实在太不合适。很多人休息被打扰，不过男生的心都比较大，而且这位男主角平时人缘也很好，也就没人说什么。但是男配角就看不惯了，被打扰了午睡的他怒气冲冲地开门走到了走廊上，然后指着男主角说："你嚷嚷什么嚷嚷，大家都在睡觉你不知道吗？"当然了，这位男配角的话当时可能没有那么客气。本身两人都是血气方刚的年轻男孩，而且关系还非常不好，两说三说就开始争吵，然后就开始推搡。同学们一看两人要动手，立刻把他们拉开了。

三

两人虽然最终没打起来，但是嘴上都不认输，被同学拉开时还在互相谩骂，而且"约定"当天晚上吃完晚饭，到学校外面找个地方"整明白"。实际上这个情况到现在也很常见，人可以被拉开，但是嘴上绝对不服软、服输。

因此，拉架的同学也都没把这事当回事，都回屋或者上课去了。但是没想到，这位男配角心中的怨气却一直没有平复，悲剧也就随之发生。

四

男主角吵完架就回到寝室睡觉了,而男配角带着气在屋里待了一下午,晚饭时间他穿了运动服、运动鞋,来到男主角寝室门口。很明显,这是要来“算账”了,寝室同学一看不对,担心出事也赶紧跟着出去。

这位男主角呢?一觉醒来已经是晚上了,肚子饿了,于是拿出一个电热杯准备煮方便面吃。男配角气势汹汹地进去后,看见男主角和没事人一样,更生气了,上去就要动手,还不停地对男主角说:“咱不是约好的吗?不是到外面去整明白吗?你小子在这还磨磨蹭蹭的干什么?咱们赶紧走。”

酒醒了以后的男主角脑子已经冷静下来了,所以一看对方一副玩命的架势,就开始放软话,说:“你小子还有完没完?”

男配角突然拿起了寝室里四条腿的木质方凳,举起来向男主角劈头盖脸打来。男主角赶紧往上下铺的铁架子床里躲去,木凳一下子就砸在床铺上。当时木凳子就散了,可想而知这用了多大的劲,说白了就是“下了死手”。

凳子砸散了后,男配角手里拿着两个凳子腿,继续朝男主角头部击打。男主角则一边拿胳膊挡住自己的头(经法医检查,胳膊上被击打数下),一边随手抄起一把水果刀,对着这个男配角的胸部就捅了一刀,男配角愣了一愣,后软绵绵倒地,再也没有站起来。

这一瞬间实在是太快了,旁边许多同学都没看清是怎么回事……原来,这一刀是刺中了心脏。就这样,男主角被警方带走。

很遗憾,面对焦急的父母和女友,我除了了解一下案情外,什么都做不了。因为根据七九年《刑事诉讼法》的规定,案子要到法院阶段之后,律师才能介入并会见被告人。几个月之后,案子就按照司法程序到了中级人民法院进行一审。就律师而言,一审的刑事案件就到了中级人民法院,而非在基层法院审理,这是一个很不好的信号,意味着当事人很有可能会被判处死刑。得到消息,我立刻赶往法院阅卷。

之前大四时,我曾经在中级人民法院刑事审判庭实习了 3 个月,因此和法院的人非常熟悉。主审法官一见到我就对我说,翟建你接的这个案子,挺让人挠头的,有点不好办啊。案子刚刚到我手里没多久,我自己还在看材料,被害人家属写给上级领导的信已经转到我这来了。被害人的家属不知道从哪里得来的消息,说被告人已经被判无期徒刑而不是死刑,于是他们就到处反映、到处告状,说坚决要求一命偿一命。这些写给有关部门领导的信,纷纷转到了承办法官的手里,开庭前法官就已经感受到了巨大的压力。

可能很多年轻律师会说,法官真的会在开庭前阅卷吗？至少在七九年《刑事诉讼法》时代是这样的,在开庭前,法官必须看完材料,并且认为事实清楚、证据确实才可以开庭。既然认为事实清楚、证据确凿构成犯罪才开庭,那这个庭不是假的了吗？不就是未审先判了吗？所以这一规定也一直被法律界所诟病,修改后的《刑事诉讼法》也不再要求法官必须开庭前阅卷并且认为事实清楚、证据确实才能开庭,避免法官在庭审前形成观点上的先入为主,不利于被告人与辩护人进行辩护。这固然是诉讼程序方面的进步,客观而言,这样做也带来了一些副作用：例如，有些法官因为种种原因，开庭前可能不会去细致阅卷，因此有时律师在开庭前约见法官，希望讨论案情，会很困难。相比起现在，我认为当时可以随意进出法官办公室和法官进行交流的年代，并不是那么一无是处。

这位被我们称为男主角的小伙子，虽然家庭经济条件不怎么好，但是父亲在陕西省歌舞团担任音乐编辑，是个有十足书卷气但又少了很多人情世故的“书生”。两口子把儿子当作他们的骄傲，所以小的时候也经常把儿子带到歌舞团去看排练和演出，如果舞台上需要小男孩的形象，也往往让儿子登台演出。

他母亲自从知道这个事以后，就一直住在上海火车站门口的旅馆。再见到我后，这位倔强的母亲甚至说，如果我儿子坐牢了，我就在监狱门口租一间最小的房子，我会等在那儿，等我儿子出来。一个家庭对我的辩护寄予了厚望，数次叮嘱我无论如何想办法救救她的儿子。他们把所有的希望都寄托在我的身上。

阅卷结束后，我大概厘清了整个案件的脉络。

五

首先一个不可否认的事实是，在事情的起因上，被告人男主角的确有过错，但这毕竟是生活当中的一个小事，仅仅是吊嗓子打扰了人而已。此外，最关键的问题是案发时，中午的事情已经告一段落。虽然大家嘴上都不服输，说了“放了学吃完晚饭咱们到外面去，到学校外面去整明白”之类的话，但这无非就是互相斗嘴，是生活中极为常见、根本不值一提的事情，也是年轻人的不服输、不服软的一种态度，甚至连犯意表示都算不上。

事发晚上，男配角进屋后，开启另一节独立的涉案事实。他首先动用板凳作为凶器，企图击打对方，而且板凳当场被打散，可见用力之猛，如果击打到脑袋上，人是很有可能被打死的。进一步，在凳子只剩下两条腿，凳子腿在他手里的时候，他继续击打男主角。事发后，警方也对男主角进行了验伤，手臂上确实有被打的伤痕，这方面的证据是确凿的。

因此，在这样的情况下——面对正在发生的足以导致自己死亡的不法侵害，被告人在躲无可躲的情况下，摸出了一把水果刀进行反击，而且这把水果刀并非男主角事先准备好的，而是属于日常寝室公用，在公共餐桌上摆放着的。

此外，从当天下午进了自己的寝室之后，男主角再没有出过寝室，一直到吃饭，而且在对方主动进入寝室"算账"时，男主角有明显的退让性言语与防御性、阻挡性动作。

因此，我认为，涉案行为不构成犯罪，应该被评价为正当防卫。于是，一个考验刑事辩护律师的终极问题出来了——究竟应当做罪轻辩护还是正当防卫无罪辩护。

不得不说，在相当长的实践中，司法实践对于正当防卫的认定是极为苛刻的。

首先，司法机关常以"自卫者是否对不法侵害起因负有责任"来判定是否构成正当防卫。其次，长期以来司法界对于法条中"明显超过必要限度造成重大损害的"及"对正在进行行凶"这两点的要求非常严苛。

前几年开始，借助"昆山反杀案"等典型案例，最高人民法院、最高人民检察院出台一系列司法解释、指导性案例，认为"法不能向不法让步"，适当从宽理解正当防卫的成立条件，鼓励公民勇于同不法侵害人做斗争，成为立法、司法和执法各部门的共同态度，也是全社会共同呼吁的结果。适用正当防卫，必须放弃完美的防卫观，避免机械的防卫论，让正当防卫这个长期以来的"僵尸法条"能够真正"活起来"。

但是，本案发生的时候，我已经做了多年的刑事辩护律师，因正当防卫而终获无罪者，寥寥无几。

因此，我必须选择最好的策略，最大限度地减轻死者家属心中的仇恨，唯有如此，法院才不会因为压力而否本案系决正当防卫的法律事实。

六

之后我选择的做法是：首先最大限度地还原真实的案件情况。作为辩护人，我在法庭上慷慨陈词并不合适。第一，我当时不在现场，真实性无法保证；第二，这会极大地刺激死者的父母，从而加重法官的压力，使结果适得其反，我必须要借助证人的口尽力还原案件事实。因此，我向法院提出申请，让当时在场劝架的两位同学出庭作证。一方面，学生证人的证言可信度要高；另一方面，也可以通过法庭的交叉询问，引导证人将当天发生的事情说出来，让被害人的父母能够在庭上听到：当时到底因为什么双方发生打斗？而那一刀，究竟是为何而刺？

实事求是地讲，刑事案件中，不仅是法官，包括律师面对的压力也是巨大的，人们对于律师充满不理解甚至误解，如“律师就给坏人辩护”等。因此，我根本不能去接触被害人的父母，因为从人们的传统思维中，我们辩护律师和被害人之间极端对立的情绪是根深蒂固的。

另外，被告人的庭审表现也极为重要，法官对其一贯品行的衡量对于最终判决也会产生重要的影响。人都是有第一印象的，如果被告人的表现让法官一眼看去就十分反感，那么结果可想而知。

因此，在庭审的会见中，我与被告人沟通了辩护思路。我明确告诉被告人，这个案子，作为辩护律师，我认为你属于正当防卫，会进行无罪辩护。同时，为了取得一个理想的庭审效果，需要确立正确的推进方向和基调，你不要以一种让人感觉是被冤枉的状态，而是应当以受了委屈的状态出现在法庭上。虽然“冤枉”和“委屈”看起来非常相似，但是实际上给人的感觉完全不同，冤枉有时候必须将矛头对准司法机关，而委屈则是在承认事实的基础上博取同情。

对此，我在庭审之前告诉当事人，一定要在庭审中将自己正确和诚恳的态度表达出来，最大限度地获得对方家属的谅解。但是令人想不到的是，年轻人火力大，怎么都不听劝，认为自己就是没有错误。我也只好耐下性子劝他：不管怎么说，中午的矛盾毕竟是你的不当行为引发出来的，而且不管是不是正当防卫，他的生命毕竟是被你剥夺了，这是一个不争的事实。因此，在法庭调查的阶段，一定要实事求是地去还原整个过程，怎么起的矛盾、怎么打起来的等，要真诚地道歉和忏悔。而到辩论阶段，你不要讲话，我来从事实和法律的角度去谈这件事。

客观地说，在发表辩护观点时，我会从正当防卫的角度进行辩护，但是绝对不能说出来“无罪”两个字，否则就会极大地刺激死者家属，双方的矛盾会进一步尖锐起来，也会将法官置于一个两难境地，这对于正当防卫的认定是极为不利的。

我要求男主角在最后陈述阶段，用发自内心的真诚的语言，去抚平死者家属心中对你的仇恨，或者说，至少能够减轻这种仇恨。临了，我叮嘱再三，并且告诉男主角，过几日我还会来会见，然后听一听他的最后陈述。

为了这么一段不到10分钟的最后陈述，我去了三次看守所。

现在想想，这个案子的准备过程还是十分充分的。就法律上而言，案子比较简单，但是一些法律外的因素却往往被人们所忽略。有时我发现，现在许多年轻律师往往会“就案子谈案子”“就法律谈法律”。诚然，法律是律师的立身之本，案子的分析和办理更是客观和逻辑的集合，但是，关于对人性的揣摩，也是在处理案件中绝对不可忽视的内容。我认为，一个负责任的律师，尤其是刑辩律师，抚慰被害人家属的情绪，从而减轻法官的压力，最终取得一个理想的效果，是一项不可忽视的重要工作内容。

七

庭审那天，学校的许多同学都来旁听庭审，一群帅哥美女，把并不宽敞的审判庭坐得水泄不通。当然，根据七九年《刑事诉讼法》的规定，证人是不能参加旁听的，在场的两位男同学作为证人，就被法院安排在附近的休息室里等待出庭作证。

那时候我也在休息室里坐着，等待着将要开始的庭审。我发现两个证人中，有一位同学看起来非常紧张，不断走来走去，口中念念有词，一看就知道，他是在不断地复述和排练等下到庭上的发言。也难怪，当时的大学生都相对比较单纯，经历的事情也少，自身岁数也小，突然被叫到法院作证，无疑十分紧张。

很快庭审开始，不出所料，被害人家属聘请的律师作为代理人，在上来之后就大打"悲情牌"，如白发人送黑发人、父母独子一朝毙命等。台下被害人的家属也都纷纷哽咽，法庭气氛立刻向着悲情的方向发展。

我也是一个生活在社会上的人，也有自己的家庭和七情六欲，因此，我也十分理解被害人父母的心情。但是，如果从专业的角度来说，这位律师的煽情式辩护并没有恰到好处，而是火候过了。直到现在，我还对他在庭上的一段发言记忆犹新："大家知道吗？这一对父母，在丧失了他们唯一的儿子之后，每天早上推开窗户，遥望着大海，高喊着，回来吧，儿子啊！"

针对"悲情牌"，我在发言中提出，被害人代理人的发言让大家产生了无限同情。但是，法庭，尤其是刑事审判，是一个讲证据的地方，你最好能够向法庭提供证据证明上面的叙述，否则不应如此渲染与煽情。还是有效果的，接下来的庭审中，对方就不再借助"悲情牌"无限发挥，也让我减轻了很多压力。

接下来是证人出庭，通过不断的询问与证人客观的叙述，大体还原了当时案发时的真实情况。可以明显感觉到，被害人父母的情绪已经不再如此激动，这也就为我在辩论阶段的发言打下了基础。

辩论阶段，我立场鲜明地提出了正当防卫的辩护观点。实际上在起诉时，公诉机关也认为这属于防卫，只不过认为被告人的防卫超过了必要的限度，因此属于防卫过当，所以以故意伤害(致人死亡)罪提起公诉。

也就是说，对于这个案子，是不是防卫已经不再是焦点，而焦点在于，这个防卫行为，是否超过了必要的限度？是否存在防卫过当？

我认为，公诉机关的逻辑是存在一定的问题的：如果你干脆认定这就是故意伤害或者是故意杀人，逻辑是可以说得通的；但是，认定防卫过当，因此追究刑事责任，这在逻辑上就不是那么自洽了。因为正当防卫中，防卫人必须要给予不法侵害者一定的伤害，从而制止正在发生或者说正在进行的不法侵害。

在他人拿着板凳打我的时候，我手头没有别的武器能够抵抗，也不可能去寻找合适的武器，面对再打下去自己可能就会死亡的绝境时，我只能随手拿起日常使用的水果刀进行反击，这是客观事实。更为重要的是，如果我第一刀已经制止了你，再有第二刀、第三刀，那么可能是防卫过当，但是在本案中，被告人仅仅刺了一刀，这就是典型的正当防卫。如果按照公诉机关的逻辑，是不是拿着刀吓唬，才算是正当防卫？只要动手就是防卫过当？

在这个问题上，三方争论得非常激烈，记忆中一直持续了3个小时，也是我经历过最长时间的辩论阶段之一。

在被告人最后陈述环节，男主角陈述很诚恳，让我记忆最为深刻的是这么一句话："如果法庭能够让我早一点出来，我不想做别的，就希望到×同学（死者）的家里面，跪求他的父母原谅我，然后收下我，替他继续去做一个儿子应该做的事情。"话刚出口，全场旁听的同学，还有被害人家属都泪流满面，连我也已经热泪盈眶。

我认为，在此案中，为当事人进行辩护，我已尽己所能。

八

这个案子最终还是被人民法院认定为正当防卫过当、构成故意伤害（致人死亡）罪，根据当年的《刑法》，结合正当防卫从宽处罚，被告人被判处有期徒刑3年、缓刑3年。

判决之后，我认为这个被告人性格、人品都不错，而且同学与老师也对他的专业水平赞赏有加。因此，我劝说被告人的父母让他们的儿子继续在上海完成学业、回馈社会。但是，出于可以想象的原因，被告人父母决然地带着孩子，匆匆离开了上海。

两个未及闪光的孩子，就这么离开了我们的视线，一位离开了世界，一位离开了舞台。之后，那名作为证人的著名演员也曾经和我说过，他们这一批学生里，没有比他们两人更优秀的，他们两人在当时如果不出事，一定会成为耀眼的新星。

但是，命运多舛。两颗流星瞬间陨落，甚至在大多数人眼中，连一道光芒也没有留下，就消失在天空尽头。

走出大山：
囚徒与时代

一

我接下来要给大家讲的这个故事，在现在的眼光下可能只能用“荒诞”两字形容，甚至很少会再有类似的犯罪。但是在20世纪80年代，改革开放的初期，在很多政策界限不明的情况下，这样的案子在全国各地屡有发生，也算是有深刻时代烙印的“特色犯罪”。

在当时，随着改革开放的进行，我国经济体制发生了巨大的变化，私营经济的发展刚刚起步，企业绝大多数还是公有制的，如国有企业和集体所有制企业。客观而言，当时整个社会变动与发展极为迅速，导致本身就有一定滞后性的立法更加跟不上时代的脚步，规范少、规范旧、规范乱的现象普遍存在。

因此，许多企业从这个时候就开始纷纷聘请律师担任企业的法律顾问，可以说这个时候掀起了一股聘请法律顾问的“热潮”。而且仅有的平面媒体上开始大量出现各个单位聘请某某律师担任本单位法律顾问的启事，声明以后本单位全部法律事务均由该律师负责。

规模大一些、资金雄厚一些的企业，将这个启事刊登在头版，版面大一点。相对地，如果单位的规模比较小，资金实力也没有那么雄厚，就刊登在其他版，版面也要小一点。

我当时已经从大学辞职，专门从事律师行业，兴趣也集中在刑事辩护中。因此，我很少涉及民商事领域，更不会主动去找企业联系法律顾问。但是偏偏这个时候，一位军队开办的企业（当年因为国家经济不发达，缺乏军费，军队是可以经商的，直到20世纪末和21世纪初才被禁止）的厂长，通过朋友介绍找到了我，希望聘请我作为单位的法律顾问。客观来说，虽然我对民商事并不感兴趣，但是收入来了，我也不会拒绝。

当然了，当时我国经济发展和改革开放刚刚起步，经济案件相对不多，而对于顾问单位（军队企业）而言更是如此，厂长倒是隔三岔五地请我去吃个饭、喝个酒。这样的状况维持了大概有大半年。终于有一天，他告诉我，翟律师，不好意思，我私人有一点事情也想托你去办，这个和我们单位的顾问费没有关系，纯粹是我个人的事情。

我很惊讶。他很坦率地告诉我，其实他一直知道我是在上海专门做刑事辩护的律师，但由于彼此不了解和案子本身比较棘手，不知道提出来我会不会帮着办，所以一直没有提。经过这些日子的接触，彼此熟悉了之后，大概了解了我的为人和水平，才第一次跟我提及。说完，他还很不好意思地笑了。

说实话，这种试探极为常见，本身刑事案件就直接关系人的自由乃至生命，谁选择律师不慎重呢？所以我并没有太放在心上。但是，对于我的专业能力一开始就持怀疑态度,还是让我多多少少有一些不高兴。作为律师,我的性格是,你不应当质疑我的专业能力。

二

客套完毕,厂长开始介绍案件的基本情况:他的哥哥在广西南宁一个铁道部的设计院担任工程师(令我感觉十分亲切的是,我父亲转业后,就一直在武汉铁道部第四勘测设计院工作,直到退休,我的母亲、姐姐、两个弟弟都是铁道部第四勘测设计院的职工。也就是说,我家五口人除了我都是这个单位的),但是两年之前,因为贪污罪被判处了 10 年有期徒刑,现在在广西柳州监狱服刑。

厂长和哥哥感情很深,每年都会不远千里去监狱探望,送一些吃的喝的,然后哥俩自然会聊聊案件相关的内容。厂长总认为哥哥挺冤枉的。我一听就知道他下一步要问什么了。告诉他,对于终审判决以后的犯罪嫌疑人(已决犯),还是有纠错机制的,在服刑的时间内,如果说对已生效判决不服,可以用信件的形式提出申诉,法院会对这个案子进行复查,确有错误,可以纠正原来的判决。

厂长一听,立刻表示,希望我能够代理他哥哥的案子,进行申诉。

实话实说,已决犯申诉极为困难,成功率是很低的。而且南宁与上海远隔千里,我内心还是不太愿意接手。但是,这位厂长为了他哥哥付出很多,也对我进行了大量的“感情投资”,现在大家既然已经是朋友了,就应该帮忙。

同意之后,我很快通过广西当地的律师朋友联系到了广西壮族自治区高级人民法院，获得他们的允许前去阅卷，这个过程顺利得让我都感到意外。

到了广西之后，广西壮族自治区高级人民法院审监庭的负责人专门和我见了一面。实事求是地讲，根据当时相关规定，律师和法律顾问处都是国家所有，因此，公安局、检察院、法院、司法局（公检法司）和律师之间的关系十分紧密。因此，见到了这位负责人，我就很直接地提出，对于案件的办理，只是单纯依靠案卷无疑是不够的，最好还能帮我联系一下监狱，去会见一次这位当事人，面对面聊一聊。

会见的过程挺顺利，但还是很辛苦。当时没有高铁，也没有高速公路，无论是坐绿皮火车还是大巴，都需要耗时很久，加上阅卷摘录（当时没有复印件）的时间，等我来到柳州监狱，已经距离我离开上海10天了。

广西壮族自治区高级人民法院的领导告诉我，柳州监狱是广西最大的监狱，去的话很方便。我一开始还不相信，监狱都是在荒郊野岭，还能多方便？结果，在柳州火车站一下火车发现，竟然有定点的班车到柳州火车站专门载那些去探监的家属，每天还有好几个班次。当然了，监狱在大山之中，班车也需要行驶三四个小时。

由于每个监区分布得较为松散，不知道何处去寻找，我只好先直奔监狱总部。结果，接待我的领导一看就乐了，你找这个人啊？你等一会儿吧，他一会儿就来。一会儿就来？我正纳闷儿，听到院子门口自行车铃声响了，一个人骑着自行车晃晃悠悠到了门口，停车进屋。领导一看，哎呀，老卜，你来，这位是一名上海的律师，专门来找你呢！

什么？我真是感到十分意外，一个正在服刑的罪犯，没有在里面关着，居然从门外的公路上骑着一辆自行车就跑来了，而且没有看守随行！但是更让我震惊的还在后面，领导十分兴奋地和老卜说，人家从上海那么远赶过来，你晚上得请人家吃点好吃的，你请律师出去吃一顿吧，就不要在咱们这儿吃饭了，带律师去镇上吃点好的，喝点酒！还没等我反应过来，这位老卜就骑着自行车，让我坐在车后座上，带着我在山路上一会儿高、一会儿低地骑向镇上的酒馆。

我特别纳闷，终于有机会问他，你上哪里去了？你不是被关着吗？应该在监室，怎么可以在外面自己骑个自行车，然后还可以到这个镇上来请我吃饭？

我不禁问他，你这个监狱坐得有点太轻松了吧？

他回头说了一句让我记忆终生的话：翟律师，我身体或许自由，但是，我的心永远上着镣铐啊！

一路上，我都在思考这句话。的确，以前我认为端坐、开灯睡觉、按时上厕所，这种人身自由被限制是最痛苦的，但是现在才知道，失去自由的心灵，比失去自由的身体更为煎熬。

三

我有生以来第一次，也是唯一一次和正在服刑的罪犯一起喝酒。

他告诉我，这个监狱的这些领导，真的对他很不错，因为他们这儿关着的犯人，没几个有文化的，像他这样在建筑方面有所专研的工程师很少。正好监狱最近在造房子，他又是这方面专业的，他们就请他在现场指挥，就像当总工程师一样，帮他们把关，还给他特批了个自行车。每天呢，他就骑着自行车到各个工地上去上班，晚上骑着自行车回到监狱里睡一觉，不仅睡的是单间，而且吃的是职工食堂，过得还不错。

“他们不怕你跑吗？”

“跑？能跑哪里？跑了有用吗？永远还是罪犯。”

“那你到底因为什么被判刑呢？”

听完他的讲述，我感觉到，这个案子还是有转机的。因为老卜是一个工程师，懂设计。当时有些人或者单位需要造房子的搞设计的人，或者因为请不到好的工程师，或者是为了省点钱，就找到老卜，让他利用自己的业余时间，帮他们这些单位做一些建筑方面的设计。

上有老下有小的老卜自然有多挣点钱的想法，于是利用下班和星期天的时间，进行建筑设计，挣了点外快。这看起来没什么问题吧？但是，公诉机关的指控逻辑是：“你用了公家的纸，用了公家的笔，你是公家的人，你在公家的上班时间里作出的设计，这个成果应该就是公家的，你拿公家的成果给别人以后收了钱，却没有上交，你就是贪污。”

所谓贪污罪，根据《刑法》规定，是国家工作人员利用职务上的便利，侵吞、窃取、骗取或者以其他手段非法占有公共财物的行为。如果这个案子放到现在，是无论如何也无法进行定罪处罚的。但是在那个年代，这种案件其实一点都不少见。

四

1980 年，上海橡胶研究所助理工程师韩某在担任上海奉贤县钱桥镇橡胶厂业余技术顾问时，开发出新产品、救活了企业，却因接受该企业给予的3300元酬金，被韩某所在单位以“私接业务、谋取私利”的罪名向上海市长宁区人民检察院提出控告，最终以涉嫌受贿罪起诉，还被抄了家。轰动一时的韩某事件引起了媒体的关注。1982年12月23日，《光明日报》发表《救活工厂有功，接受报酬无罪》的文章，掀起了科技人员业余兼职该不该拿酬金的全国性大讨论。

最后，中央政法委时任书记主持召开政法委员会会议，专门讨论韩某事件，最终一锤定音：韩某无罪！

客观而言，在那个年代，私权利与私有财产并没有得到人们的正确评价，甚至还被蒙上了一层罪恶的色彩。例如，邓小平同志三次提到的安徽傻子瓜子，就是因为一位老农民雇用了几个人炒瓜子，引起了“雇用工人算不算是剥削”“姓社还是姓资”等严肃的讨论，“傻子”年广久也曾因“投机倒把罪”“流氓罪”数次入狱。当然，除了上述“姓社姓资”“剥削劳动人民”等原因，其实有一个原因并不常被提起，作为当时的经历者，我认为我有责任告诉大家：1982年，年广久靠炒卖瓜子就已赚了100万元，仅1984年傻子瓜子公司就纳税30多万元。当时的傻子瓜子公司，工人一个月能拿90块钱工资，是当时干部的3倍。

实际上，这个案子如今看起来荒诞无比，但是在那个时代，正是整个社会思想不一致的体现：既要改革开放发展经济，又无法彻底消除数十年计划经济思维带来的影响。

除此之外，人的嫉妒心，也往往会成为罪恶的源泉。

回到上海之后，我根据对事实的判断和对法律的理解，为老卜写了一份申诉状，寄给广西壮族自治区高级人民法院、人民检察院、最高人民法院和最高人民检察院。

很久之后，还在高校工作的我，在上班路上还一直纳闷，怎么石沉大海、没有回信啊？结果一到办公室就发现报纸头版上刊登了一个消息：广西一工程技术人员无罪获释。我连忙搜索姓名，没错，就是老卜！

在这篇报道当中，记者介绍了案情，然后确定了一个专有名词——“星期日工程师”（你如今百度一下这个词语，还能看到当时的诸多报道）。文章认为，在人才短缺的情况下，这样的知识分子，利用自己的业余时间，利用自己的知识才能，为社会做一些兼职的工作，获取报酬，这是合理的，不应该被作为犯罪来处理。

那天，我翻阅了几乎所有我能见到的报纸，发现这篇文章是由新华社发稿，然后在同一天的《人民日报》《光明日报》《工人日报》《法制日报》，全部刊载了这篇文章。后来，我又从新闻上看到了上海“星期日工程师联谊会”的成立，“星期日工程师”得以完全合法、正当地出现在世人面前。以老卜为代表的这些星期日工程师们，应该说是代表了一个时代，代表了我们社会发展的所历经的过程。

当时我就想，不知道远隔万水千山的老卜，你的心，是否也获得了自由？

案子结束后，有一次又见到我那位厂长朋友，问起他哥哥的现状，他哈哈笑着感谢了我，并说道，我哥哥可比我这个厂长忙多了，不仅工作恢复了，而且每周日的日程都安排得很满，都排到两个月后了。

自由真是人类最宝贵的财富。

孽债：
一根细细的绳索

一

1994 年，有一部电视剧轰动大江南北，那就是改编自上海著名作家叶辛同名小说的《孽债》，在当时可谓广为流传。

电视剧主要的内容是“文化大革命”导致高考暂停，中央制定政策，让全国中专以上文化的青年知识分子(以下简称知青)“上山下乡”支援农村。当年上海到云南插队落户的知青，响应“扎根农村、建设农村”和“广袤土地大有作为”的口号。他们离开家的时候，实际上就抱着扎根农村的心态，并不知道有一天还有可能回到上海。因此，到了当地之后，有的男知青娶了当地的姑娘，有些女知青就嫁给了当地的小伙子。实际上，我当时也差一点成为知青，但是由于我从小跟随外公外婆长大，父母兄弟姐妹都在武汉，因此参照独生子女的规定留在了上海。

1978 年开始，国家改革开放，高考制度得以恢复，中国发生了史无前例的巨变。当时国家的发展可谓极度不平衡，城市囊括了绝大多数社会资源，而上海又是当时我国较为发达的地区。但是，云南呢？经济、气候与人文均与上海迥异，知青们都需要落户云南农村，进行开荒、农垦，砍伐古老的原始森林，种植橡胶林等农业建设。“破草房”“盐巴汤”“烂泥路”，在生活、教育、医疗、学习方面，其中落差之大，我们难以想象。现在看起来，农村向城市集中，社会逐步城镇化是一个必然的发展趋势。返乡政策一出，下乡的知青们纷纷申请，希望能够调回上海。

但是，当时的政策规定，只有当初支农的知青本人才能够返城落户，不连带任何人享受这种待遇，包括在农村已婚的配偶与婚生子。即使把他们带到城市，也无法落户，而不落户的亲人到城里是分不到粮票和住房面积的。要知道，在当时，如果没有户口和粮票，在城市根本无法立足。

于是，这些知青为了能够回到上海，纷纷在当地离婚，这样就造成了一定的社会问题——《孽债》讲的主要就是这么一个故事。

承受生命不该承受之重，由个人背负社会浪潮所铸造的“十字架”，这就是孽债。

二

一天早晨，上海郊区奉贤公路边的一条小河，河水正在静静流淌。一位郊区的农民正挑着几担子自己种的蔬菜走在路上，想着在城里卖掉之后给老婆孩子买点新衣服。

走着走着，农民发现前方河道中有一些不对劲了。这是河水最浅处，人们往往可以脱下鞋涉水而过，因此一眼就可以看到，一个人正脸朝下趴在河里。是不是溺水了？农民赶紧上前施救，但是将人翻过来才发现，这是一具让人触目惊心的尸体。

农民吓得一下子起身，到了最近的派出所报警。很快，数辆警车带着诸多刑警赶到了现场。

尸体的头部塌下去很大一块，可以很清楚地看到，这是一个明显的钝器打击的伤痕，因此是他杀无疑；而且附近没有打斗的痕迹和脚印，所以应该是抛尸现场，而非第一现场。现场勘查中，警方发现了几个细节：首先，尸体旁边有一根绳子，一根细细的绳子；其次，警方发现，在这个尸体的口袋里有一本通讯录(那时候没有手机，电话号码往往都是写在一个非常小的本子里，随身带着)，上面记着很多联系电话和人名。

警方侦破案件，首先需要确定被害人身份。正好有这份通讯录，那就赶紧去电话局查这些电话的所有人，然后挨个调查。但是让所有人想不到的是，案子进展的顺利程度竟然出乎意料，甚至让人难以置信。

经过调查，通讯录上的第一个电话号码，是一个在上海某摩托车厂开通勤客车的司机。当警察到这个摩托车厂里去找这位司机时，他刚刚开车回来，见到警察第一眼就立刻说，我杀人了。

警察都有点儿不敢相信，这是不是有点儿太顺利了？那么，你为什么要杀人？接下来，司机讲了一个故事。

1969 年，根据“插队落户一片红”的政策，上海市的中学毕业生每个人都要去插队落户，而这位司机当时刚刚中学毕业，也被裹进了这一社会浪潮之中。幸运的是，他没有被分配到新疆、云南、内蒙古、黑龙江这种远隔万里之地，他插队的地方在安徽。虽然在当时依然交通不便，但是相对于其他同学，这已经足够幸运。

司机当年家里很穷，而且从小生活在城市的他也不会干农活，所以到了过年的时候他的工分（公社对每个人每天干的活计量化，然后每月或者每年能够换粮食或者现金，相当于一种支付凭证）很少，不足以让他从安徽的农村买火车票回到上海。而且，即使购买了火车票，身无分文回到家也很丢面子。

因此，在身边知青纷纷返城过春节时，他自己选择留在农村过年。

三

春节是中国文化中的大节，是中国人辞旧迎新、阖家团圆的节日，是中国最盛大、最重要、最热闹的节日，也是文化内涵最丰富的节日，承载着每一个中国人的团圆心愿和丰盈情感。每到春节，中国人都会全家团圆，共享天伦之乐，吃着平时吃不到的年夜饭，畅享着一年的收获和幸福。

而年轻的他，冷锅冷灶待在知青宿舍，举目无亲。幸亏还有一些知青同样没有回到上海，村大队就决定，年三十晚上，由干部陪着这些没有回沪的知青一起吃个年夜饭，从而展现组织的关爱。那天晚上，除了他，还有一位女知青同样没有回城过年，几个人就在一起吃饭、喝酒。热闹过后，本土本地的村干部就纷纷回家，屋里只剩下已经喝多了的男女知青二人。

这一夜，远离家乡、孤独无靠的年轻男女，紧紧地拥抱在一起。

不久之后，女知青发现自己怀孕了。那个年代，“性”并不是一件符合道德的事，甚至还有天生的“罪恶属性”，连未婚同居都有可能是“流氓”，而对于知青来说，更属于“破坏上山下乡”的行为，更何况未婚先孕呢？说句毫不夸张的话，这几乎会使女方和女方家庭身败名裂。

因此，女孩的压力到底有多大，可想而知。在知道自己怀孕后，她立刻找到了男知青，而男知青也同样知道事情的严重性。但是，那个年代人普遍单纯，只有20出头的他根本就没有任何主见，也想不到任何办法，只能和女知青商量后，两人偷偷地从安徽跑回了上海，也不敢把事情告诉任何人。

跑回来是跑回来了，但是一天比一天大的肚子怎么办？女知青的姐姐出了个主意，不行咱们到乡下找个医院做个人工流产（当时管理严格，医院做人工流产，必须有单位开具的介绍信和结婚证），实在不济，就把孩子生下来。但是，如果在上海，这个事肯定会被发现，无论孩子生不生，必然会背上“破坏上山下乡”的罪名，一个家族的命运就危险了。

于是，姐姐就带着女知青，背着自己的父母去了江苏的某个村子，投奔到一个亲戚家。当时社会流动性极低，谁家来了亲戚，半天不到，整个村子都会知道，因此没过几天，“村里来了个大肚子的上海姑娘”的消息就传遍了村里。

事情没有两位女孩预估的顺利。她们发现，即使是乡下的医院，做流产也需要介绍信。没有办法，知青姐姐就找到这个大队的一个会计，跟他说了这个情况，希望他跟那个大队的支部书记通融一下，让书记能够高抬贵手开个证明。

“刀怕对了鞘”。大队书记起初并没有答应，但是很快说出了另外一个计划：因为大队书记两口子一直没有生育，一直想要个孩子，因此希望女知青把孩子生下来，他们两口子负责照顾，生下来后无论男女，都由书记收养，然后给一点钱作为补偿。

不久之后，女知青生下了一名小男孩，孩子留给了大队书记。又赶上知青返城政策的推广，男女知青也都得以返沪、顶替了自己父母的岗位（当时叫作接班）——男知青成为上海摩托车厂的司机，女知青成为上海火车站的一名工人。但是，最终两人并没有走到一起，各自成家立业，也都有了自己的孩子。

看起来，这个计划不错，但是这个无辜的孩子，或者是这段孽缘，并没有从根上得到解决。

谁都没有想到，多年之后，孽缘破碎时，留下来的是一片狼藉和悲怆。

四

这个小男孩一直在江苏乡下无忧无虑地长大。他并不知道自己的身世，大队书记两口子也将他视如已出，为他盖房娶妻生子。看起来，和他养父母一样，他会在农村平淡而祥和地过完一生。但是，不久之后，大队书记染病去世，在收拾养父衣物的时候，男孩发现了自己身世的秘密。

这是一封信。这是谁写的呢？就是当年这位女知青的姐姐，在孩子出生留在村里之后，写给大队书记的一封信，感谢书记夫妻二人对自己妹妹在这里居住时无微不至的照顾，也希望书记夫妻能够好好对待自己妹妹生下的男孩。

后来听知情人告诉我，男孩看了这封信之后，两天两夜不吃不喝，也没有睡觉，一直待在自己养父的坟前，第三天一早，他就踏上了去上海的路程。

茫茫人海，即使知道是在上海，又能去哪里找呢？信封上都有发件人地址，因此他就跟着地址找到了自己外公外婆家。这个时候，外公外婆已经知道了自己女儿当年的境遇，再遇到自己的骨肉，心中满是激动。

按照这位外公后来所说的证言，当这个孩子一出现在家门口的时候，他一看就感觉，这是他们家的人！激动的外公立马打电话，把自己的两个女儿都找回来。按照这个女知青后来的说法，当她时隔20年，突然看到有那么大一个儿子站在自己面前的时候，她一时间也是激动不已，抱着孩子哇哇大哭。

母子情绪平静之后，儿子就自然而然问出来下一个问题：谁是我的爸爸？我的爸爸在哪里？

首先，女知青不知道如何回答；其次，她也确实不知道那个和自己有过萍水之缘的男知青到底在哪儿，两人早就断了联系。

但是儿子来了，怎么样也得有所安置。女知青认为自己工作的上海火车站附近，经常有些人力三轮车（上海人叫作黄鱼车），或者拉人或者拉货，收入还是比较不错的。女知青跟家人商量了以后，就给这个儿子弄了一辆人力三轮车，帮着儿子去经营。

从来没有见过儿子的女知青不知道，这位乡下长大的儿子由于长期被养父母溺爱，其本质上并不勤奋，甚至可以说是有点好吃懒做。在乡下的时候，作为村书记的养父去世之后，他就撵着养母去城里做保姆。

农村生活艰难，催着父母出去打工，虽然有点问题，但是看起来也并非完全不可接受。问题在于，他要求对方把他母亲一年的工资预先支付了，可以便宜点，雇主也挺好说话，也就直接给了一年的费用。但是下面的事就暴露了他的人性：他当天就从养母手里拿走这一年的工资，导致养母一年都身无分文。

通过这件事，大家可以看出，人力三轮车绝对不是他能干得了的活。没过几天，他就不耐烦了，嚷嚷着没钱又受累。于是，他找到了女知青，要求去见一见自己的亲生父亲，当然说得还是比较动人的：这20多年了，你看我居然连自己亲生的父亲都没见过一面，你无论如何满足我这么一个愿望吧。

五

哪位母亲能够接受自己的孩子那么伤感的言语呢？因此，女知青也是多处打听，最终联系上了那位已经成家立业的男知青。

男知青见到自己的儿子，十分激动，不由分说就把自己手腕上的手表摘下送给了自己的儿子。他身为单位领导的司机，还是比较有能耐的，因为当时驾驶员社会地位高，而且天天跟着领导，什么好处都能沾得上。男知青联系了一家生产摩托车零件的工厂，然后跟工厂的老板说好，把儿子安排在这个工厂里面工作。为了不让儿子寂寞，还专门花了大价钱买了一台电视机放在儿子的宿舍里，那时候一台电视机可属于“三大件”，价格几乎是一家人好几个月的工资。

这样的安排，并没有使这个孩子自食其力、靠自己的劳动来养活自己；相反，他一再向自己亲生的父亲、母亲索要财物。男女知青也各自瞒着自己的家庭，一起前往江苏去看了看儿子生活的地方，还都凑了点钱让儿子在老家盖房子。

可以说，男女知青作为亲生父母，已经算是仁至义尽了。但是儿子一再地索要，让这两位收入并不太多的普通职工，有些难以承受。相对于完全拿死工资的女知青，男知青作为单位司机是经常有些外快的，情况要略微好些，因此也成了儿子重点索要的对象。

即便如此，也承受不住这种无休止的索取。每一次当他父亲表示没有钱给他、有拒绝的意思的时候，男孩不仅以“我到你们家去”这种话去威胁，还付诸实践，经常前往父母生活的小区周围溜达，甚至将父亲放在自己奶奶家的衣服全部拿走、卖掉，这让父亲怎么给奶奶交代呢？

也许这位年轻人认为自己从小生活在乡下不公平，也许想要多争取一些好的生活条件。但是他不知道，这种无穷的欲望，最终会泯灭原本就不厚重的亲情，为自己招来大祸。

案发那天，小伙子就跟他父亲说，你出来，我跟你最后谈一次，你要是不答应的话，我今天就到你们家去。人有的时候碰到那种死缠烂打的无赖，也确实很无奈，男知青只好答应下来。

父子俩见面后，亲情已经荡然无存，取而代之的是剑拔弩张甚至图穷匕见的气氛。小伙子告诉男知青，你只要给我2万元，我和你从此一刀两断，不会再来找你，不会再来骚扰你。那个年代，2 万元可是一笔巨款，记得当时我作为大学教师，一个月才 200 余元工资，如果拿现在一般大学讲师 1 万元工资来换算，那时候的 2 万元，大概相当于现在的 200 万元。

男知青虽说有油水、有外快，但总归只是一名司机，上哪里去找这 2 万元呢？因此，看着毫无感情甚至拿着自己家庭作为威胁的儿子，男知青无可奈何，只好商量着想要去借钱。

去哪儿呢？去自己小舅子家。因为男知青已经明白，这个事情是无论如何都无法瞒住的。因此，男知青向小舅子把事情的原委和盘托出，想要让小舅子去安抚自己的妻子。经过小舅子的劝说，男知青打消了借钱的想法，想着有小舅子的帮助，妻子可能会理解自己，因此不打算再去凑钱，而是去找儿子摊牌。

路上，男知青后悔了。他太了解自己的妻子了，妻子知道后肯定无法接受这一现实的（他的妻子后期和我接触过多次，我认为还是一个非常开明和贤惠的女性，但是，即使是在社会高度开放的现在，恐怕也没有哪个妻子能够接受这一切），自己女儿已经开始上初中了，如果这事抖搂出来，即使在小舅子的帮助下不会离婚，恐怕未来家庭也不会幸福。

这一切怪谁呢？就怪这个突然冒出而且欲壑难填的儿子。

人一旦钻牛角尖，做什么事情都不会再考虑后果。

六

考虑清楚后，男知青开车去了那家工厂接了儿子，要他跟着去取钱。等到儿子上车后，男知青直接摊牌：我现在就把车子开到公安局去，你这样子等于是在敲诈勒索我，我实在是被你逼得没有办法了。

说完这些话，男知青突然感觉，一根绳子套上了自己的脖子。

儿子下了死手。感觉到窒息的男知青一边挣扎，一边从车门边摸出一把榔头，生死之间不顾一切地向后疯狂砸去。儿子正在低头使劲勒紧绳子，这一下就直接敲到了儿子头上，儿子立刻晕倒，他脖子上的绳套也慢慢松开。

缓过劲儿来的男知青看着晕倒的儿子，新仇旧恨涌上心头，我对你那么好，你还天天敲诈我。抱着这种泄愤心态，他继续狠狠地用榔头在儿子头上打了几下，等他冷静下来时，看到儿子抽搐几下后已经没气了。

毕竟是自己的骨肉，男知青趴在方向盘上哭了很久，然后开着车子离开了这个现场，漫无目的地到处游荡，直到看到路边"五四农场"，才知道自己已经开到了奉贤。男知青后来见我的时候说，当时他一边开车一边流泪，从安徽的那个晚上想到现在，所有的事情如同电影一般在脑海中显现，扭头看看已经咽气的儿子，万念俱灰。

现在大家知道，从市区到奉贤开车走高速公路需要一个小时，而当时都是土道，他开了几乎三个小时。路边已经没有了车和建筑物，恐惧感布满了他的心头。一脚刹车踩住，男知青发现旁边有一条小河，就把这个尸体拉下来丢到河里。又慢慢摸索着，直到天明才把车开到了厂里面。因为第二天早上还要出车，所以男知青就连夜将车里面的血迹清除了。

第二天，男知青浑浑噩噩地出了趟车，回来后就看到一群警察。他的精神防线瞬间崩溃，坦白了作案的整个过程。

很快，这个案子在上海闹得沸沸扬扬。之所以看起来比较简单的案子引起了那么多的关注，一方面，“私生子”“未婚先孕”“父子相杀”在当时还非常保守的年代引起了人们的猎奇心；另一方面，当时许多知青纷纷回城，“孽缘”也是当时社会中并不少见的现象，很多人对这位男知青的遭遇都感同身受。甚至可以说，这个案子，实际上是那一代人“孽缘”的集中展现。

经过朋友介绍，男知青的妻子找到了我，希望我能为她的丈夫提供辩护，而对该案早有耳闻的我毫不犹豫地接受了委托。与其说是对案件的渴望和好奇，不如说是对男知青这位同龄人的同情。

我也经历过那个年代，我也深刻理解那一代人的无奈。我也亲眼见到很多“孽缘”，这让我下意识认为，我有必要给予这位男知青一些帮助。年轻时无力抗拒的时代潮流和青春的懵懂，深夜中两个孤单的灵魂彼此短暂地结合，最终导致了今日的悲剧，时代的大潮下，没有个体可以幸免。

女知青作为被害人的母亲，没有在乎外界异样的眼光，而是勇敢站了出来，作为证人，向公安机关陈述了自己亲生儿子的斑斑劣迹，也陈述了她自己在这一两年之间所承受的压力和不满，并且主动要求不再追究男知青的相关责任。

刑事案件的侦办从来不以个人的意志为转移，一旦国家机关司法启动刑事诉讼程序，没有个人力量可以阻止，案件最终推进到法院审判阶段。

就专业角度而言，我认为，这个案子的辩论重点，除了从感情的角度动之以情外，还有极为重要的两点：一是被害人有过错在先，即首先动手勒住男知青的情节是否能够被认定；二是被告人从车门边上摸出来的这个榔头,这个行为应该如何评价,是否能够评价为正当防卫。

七

这两点看起来是两回事,但是实际上却彼此紧密相关,对认定案件事实起到不可替代的作用,将直接影响案件的最终审判结果。换言之,是因为带有防卫性质而可以从宽处罚,还是因为故意杀人而被判处重刑,都取决于对这两个事实的分析和判断。

到底是谁先动的手？到底什么事情促使这位男知青痛下杀手？如果是男孩先动的手,男知青从车门旁摸出榔头反击,毫无疑问是正当防卫;但是,如果是男知青首先下手,那么毫无疑问是故意伤害甚至是故意杀人。当然,作为辩护人,我也必须要尊重一个基本事实:男知青第一下砸晕儿子后,继续猛砸的行为,无疑存在问题,已经超出了正当防卫的范畴。

案件首先在上海市第一中级人民法院开庭审理,在该案件中,最重要的证据就是那把榔头。

案发时,男知青驾驶的汽车是单位的。当时单位有两个司机,两人轮流上班,通过公安机关调取另外一名司机的证言,发现这个榔头实际上是为了工作所需一直放在车上的。

当时的汽车质量都没有现在那么好,经常会出现很多毛病,而单位的这辆车经常会在发动的时候熄火,经过检查发现,两个电路的接头处有点松。因此,两人就准备了一个榔头,无论是谁开车,只要电路出现问题,就在那个接头处敲击几下,车辆就可以正常打火。

所以，在这种情况下，榔头是绝对不能认为是在预谋杀人时，提前准备的杀人工具。故意杀人的嫌疑，基本上可以被排除。

因此，我辩论的立足点就是正当防卫，基于客观事实，有可能存在防卫过当或者防卫不适时。该案中，被害人屡次以家庭为条件进行威胁索要财物，可以认定是一个敲诈勒索行为，自身具有重大过错。因此，我向法院提出，请求能够根据案件基本事实，从轻或者减轻男知青的刑罚。

是不是还有一个被咱们遗漏的地方？对，就是那根绳子！

庭审中，这根绳子并没有作为证据被公诉机关提交法庭，我感到非常奇怪，我之前在卷宗中看到，这根绳子被公诉机关认为是被儿子携带上车，但是为什么不举证呢？

就辩护的角度而言，一般辩护人不宜在案件事实基本清晰的情况下，过于教条地要求将所有证据都必须提交法庭。举个简单的例子，如果一个人携带刀具和开锁工具入室行凶，拿着刀将人杀害，但是开锁工具却莫名消失，在这种情况下，影响故意杀人的认定吗？是不影响的，如果在这个环节过多地和公诉机关进行对抗，虽说能够保证涉案证据的完整性，却对整个案件的影响较小，还可能产生负面作用，这对被告人是有害无益的。这种情况下，我一般会提示性向合议庭指明，律师已经注意到此点，也请合议庭予以充分关注，但不会过多纠缠于此。

但是本案不一样，绳子由谁携带、为何携带，直接关系男知青的定罪和量刑。因此，庭审结束后，我立刻开始着手调查。

八

客观而言，调查取证一直是刑事辩护律师的一个风险高发点，毕竟《刑法》第306条是始终悬在律师头上的“达摩克利斯之剑”，不知何时何地就会掉落，典型案例并不少见。

因此，我只能从案件相关人那里开始调查。结果一问，女知青立刻说道，哎呀，翟律师，你要不说我都要忘了，我们家少了一根绳子。什么？这根绳子是女知青家的？在我的询问下，女知青告诉我当时的情况：女知青的女儿从小喜欢跳绳，就买了专门的跳绳用的绳子，买过好几根。现在女儿大了也不跳绳了，当年的那些绳子一共有四根，就放在女知青家门外走廊的窗台上。当时人们经济条件都不好，过日子也仔细，所以绳子的数量和放的位置，女知青记得是一清二楚（时代的发展也会导致证人证言效力的变化，如果是在当今社会，几根不值钱的绳子还能记得那么清楚，就很值得怀疑了）。

案发后，加上自己的现任丈夫因为癌症入院，女知青忙得焦头烂额。当时已经卧床的丈夫，想要起床都很费劲，就想到把绳子拴在病房的床架子上，这样要想起来的时候，自己可以用手拽着绳子，借一把力使自己坐起来。后来丈夫出院回家静养，绳子也就带了回来，放在了原处。

案发那天，儿子也曾经来找过她。但是当时母子俩关系已经很紧张了，所以女知青一直就给家里的女儿说，如果大哥哥来，你就不要开门，说是我不让你开的。女儿听了妈妈的话，并没有开门，被害人嘀咕了几句就走了，结果这两天收拾屋子才发现，绳子少了一根。

我将卷宗里那根绳子的照片拿给她看，她立刻认出这根绳子就是自己家丢的。为什么呢？因为跳绳的绳子很有特点，里面有一个内芯。于是，我跟着她回到家中发现，剩余的几根绳子，和这个案发现场的绳子一模一样。

拿到类似绳子和女知青的笔录之后，我立刻向法院提交了证据。如果能够认定是被害人将绳子拿上车，并且结合其一贯表现和被告人男知青的供述，可以非常明确地认定案件事实，那就是无论男知青是否构成犯罪并最终处以何种刑罚，案件的起因不排除是被害人意图谋害被告人，而被告人在生命受到威胁时，果断随手操起身边的工具，实施了防卫行为。

九

前面故事我们讲过，在实践中的正当防卫认定难问题，这个案子实事求是地讲，完全认定是正当防卫，还是存在一定问题的。

最终，法院还是以故意杀人罪进行了判决，也没有认定为正当防卫。

为什么？因为如果说前面几锤子属于正当防卫，到小伙子晕倒为止，正在发生的不法侵害行为已经被有效制止，再去实施朝着头部猛烈击打的行为，无疑属于防卫不适时，不属于正当防卫，更不属于防卫过当。

虽然没有被认定为正当防卫，但是，结合案件的实际情况和前因后果，最终法院认定男知青构成故意杀人罪，判处有期徒刑10年。值得庆幸的是，这位男知青在出狱后，还来拜访过我，他的妻子也并没有离开他，而是一起开了一家车辆维修铺，日子过得平淡，但是很幸福。

希望在这个平静的时代，如这次故事讲述的这些孽缘，永远不要再出现。

误读与误解：
我所经历的杨佳案

一

2008 年 7 月 1 日，那天我记得特别清楚，因为在上海发生了一起极为严重的刑事案件：杨佳袭警案。

知道这个案件是在午休时，电脑自动弹出来了一条快讯，播出了一条让我惊讶不已的消息：今天上午有歹徒持刀冲入闸北区公安局刺杀民警，现已导致多人伤亡。这就是在日后轰动全国的杨佳袭警案。

当时的我因为职业敏感性，惊讶于案件的特殊性和严重性，把案件当作热点事件予以关注。除此之外，并没有想到自己会成为这个案件的亲历者，更没有想到因为这个案件，在法庭外又引申出了诸多风波和争议。

案子一出，立刻引起了全国媒体和社会的共同关注，铺天盖地都是关于杨佳案件的报道。当然，作为一名专业的刑辩律师，仅仅是跟风凑热闹就有些太肤浅了，在对该案的关注中，我发现了一个问题。

在案发后的第一时间，一名自称是杨佳律师的同行接受了媒体采访，其所讲的内容很多，整体就是两层意思：第一，他是上海市闸北区区政府的法律顾问；第二，杨佳杀了6名警察，结果肯定是必死无疑。

这是一个专业法律从业者，尤其是自称杨佳辩护律师能够说出的话吗？假设律师为一名被告人提供辩护，却在面对媒体时说，这个案子被告人必死无疑，那么辩护权的设立和规制还有什么意义呢？整个刑事活动不也成了一个已经内定结果的表演吗？作为一个辩护人，发表这样的观点，那么肯定是不专业和不成熟的，也自然引起了轩然大波和口诛笔伐。

我作为一名专业的刑事辩护律师，还算是有一些知名度，因此也成了许多媒体采访的对象。比如被问道：翟建律师，您对于这个案子有什么评论？您有什么预测？对于这些采访要求，我都婉言谢绝了。

首先，案子正在侦办阶段，我认为这个时候不宜发表一些观点来影响侦查机关的侦办和社会舆论，总会有水落石出的一天；其次，毫不客气地说，我冥冥之中有一种感觉，这个案子说不定会落到我的身上，那我就更不能在代理前表达任何观点了。

9月，案件经过两个月的侦办和审查起诉，进入了法院审判阶段。网络和舆论对该案的关注热度丝毫未减，而且评说也各不相同。有的说杨佳是一个“英雄好汉”，有的说杨佳就是为了单纯泄愤报复社会，有的说杨佳是一个精神病人，有的说杨佳是一个恐怖分子和邪教信仰者……五花八门，不一而足。

在所有的版本中，流传最为广泛的则是这样一个故事：案发前一年，也就是2007年，杨佳在马路上骑车，却被几名警察盘查并带回派出所暴打，以至于打伤了他的生殖器，使他丧失了性功能和生育功能。事情发生后，杨佳四处反映、告状，但是没有得到任何回复。因此，在问题得不到解决的情况下，他不得不向警方报复，所以冲到公安局行凶杀人。

二

客观地说，在某些时间点和时间段上，警民之间的关系并不是十分融洽，因为法治建设的欠缺，某些警察的所作所为也引起了百姓的反感；而一个平头百姓和整个警察局相比，人们自然会有倾向性地对传统意义上的弱者抱有同情心。

因此，这个说法一出来之后在全国引起了相当大的反响，老百姓（甚至包括我家邻居）纷纷在各种渠道发言，认为这个警察也太有问题了，居然打得人家一个小伙子丧失了性能力和生育能力！而且杨佳被捕后说的“你不给我一个说法，我就给你一个说法”，也被许多人视为“英雄豪言”，对其推崇至极。

实际上，导致这种舆论偏差的原因有很多，有些是我们无法改变的，但是有些因素，也希望能够引起有关部门的深思。无论如何，网络言论对于舆论导向的影响，进而对于个案司法裁判结果的左右越来越明显。

这个问题我也经常向我们律所的年轻律师讲：你原来办案子，面对的只是有限的人，但是网络时代，你永远不知道下一个热点是什么，有可能就捕捉到你办的案子，因此一定要谨言慎行，不到万不得已，不要引导舆论干扰司法，要智慧地对待舆论。

我个人认为，迄今为止，网络舆论在对热点案件进行讨论时，最重要的正面影响是促使司法部门能够较为公开、透明地查案办案，杜绝一些其他因素可能存在的干扰，在一定程度上对司法机关的活动起到监督作用。当然，舆论参与案件，也存在名义裹挟司法、司法被动应对的负面影响。

在涉及杨佳案的汹汹的舆论风暴中，我注意到，有几位律师接受了杨佳父亲的聘请，来到上海要求替换前面的律师，担任杨佳的辩护人。但是，对于更换律师一事，上海市办案机关专门到看守所征求了杨佳本人的意见，杨佳表示不接受父亲为他请的律师。律师们一听，自然不相信。

于是，他们一起前往办案机关进行交涉，要求当面听取杨佳的意见，但这个要求被上海的警方拒绝了。所以，这几位律师和上海的警方就产生了尖锐的矛盾，一时又成为舆论的热点。

杨佳案发生之后，杨佳的母亲也突然不知去向，所有亲属都不知道她去了哪里，杨佳家人到处寻找无果（后来才知道，杨佳母亲进了精神病院）。接下来，出现了让人啼笑皆非的一幕：北京来的最为积极的一位律师，前往上海公安局报案，说杨佳的母亲是被上海的律师绑架了。

三

律师绑架委托人？

根据杨佳父亲委托的几位律师的逻辑，当时上海的律师是接受杨佳母亲委托成为杨佳的辩护人的，因此，既然大家都找不到杨佳母亲，为什么你能够找到她并让她签字成为杨佳的辩护人？你肯定是把杨佳母亲给劫持了。

杨佳母亲委托的律师和杨佳父亲委托的律师之间，出现了尖锐的矛盾。媒体也立刻划分阵营，为自己支持的一方摇旗呐喊，彼此之间口诛笔伐、争议不断。

在第一次庭审中，一审代理律师曾经要求公开庭审。但是出于某些考虑，上海法院并没有采取公开方式进行审理。不仅没有社会观众前来旁听，就连杨佳的家属和媒体也不允许进庭旁听。因此，许多媒体在网络上开始将矛头指向一审的代理律师，认为他没有争取到公开开庭，辩护内容也缺乏足够的专业水准。

客观地说，这段时间里许多律师的表现，只能用“一地鸡毛”来形容。媒体和舆论成了律师进行个人表演的“舞台”，案件本身则成了次要内容，这种情形对于案件的处理是毫无益处的。

一审结果很快出来，杨佳以故意杀人罪等罪名被判处死刑、立即执行。

看到案件已经出了结果，我也没有太多的精力和时间去过多的关注，尤其是那一幕幕颇具黑色幽默色彩的闹剧，更是对我没有任何吸引力。我开始埋头准备一起在上海比较有影响的某区康姓副军长受贿案的庭审。在最后一次和团队优化了整个案件的辩护策略后，为了第二天的庭审效果，我决定提前下班，晚上出去运动一下，然后回到家早点睡觉。

就在我刚出单位门口、准备前往游泳馆的时候，电话来了。接过来一听，是上海市法律援助中心的电话，当时也没多想，以为是风评电话。因为每位律师每年都可能会有几起法律援助的案子，为几种法定情况下的被告人担任辩护人。因此，当电话中问我是否愿意承担法律援助辩护时，我一口答应了。但是，对方进一步通知我，决定指派我担任杨佳的二审辩护人。

这个消息对我来说有点突然，虽然法律援助是每一个律师的义务，当你接到法律援助中心的指派时，就有提供法律援助的义务，但是我从内心而言，并不愿意接受。

这倒不是因为骄矜，而是这个案件已经被人炒作成一种“英雄”与公权力之间的对抗，而且一审的辩护人受到了极大的压力与诟病，而这种压力与诟病是毫无必要、毫无价值的，再加上场外屡次上演的“好戏”，让我对这个案子不由得心存疑虑。

因此，我向法律援助中心表示，作为律师我愿意接受这个指派并提供法律援助。但是，这个案子影响很大，之前的诸位律师也引起了颇多争议。因此，能不能让我先跟杨佳接触一下，看看杨佳到底愿不愿意让我担任他的二审辩护人。如果他愿意，请他直接委托我，要比法律援助中心的指派更加合适，对外也更有说服力。

很快，电话那头说道，翟律师，我们安排一下，您可以先去看守所和杨佳接触一下，如果他同意自己委托的话，那你就让他来委托您。得知我第二天上午 9 点需要开庭，他们还专门跟看守所协调，让我在早上 7 点钟就可以去会见，这样从看守所赶回法院应该也来得及。

这倒是让我挺意外的，因为和侦查机关随时可以根据办案的需要去提审犯罪嫌疑人不同，律师若想会见犯罪嫌疑人和被告人，必须是在工作时间。因此，在早上 7 点时，除了看守所特殊安排，往往很难得以会见，这也算是在大案要案中给予律师一定的特殊待遇吧！

第二天一早，我直奔看守所。

因为几十年主要承办刑事案件，看守所很多工作人员和我很熟，见到我还跟我开玩笑，翟律师你看，为了你，我们专门起了个大早。寒暄几句后，在法律援助中心工作人员的协助下，办理了会见手续、顺利进入了会见等待区，整个律师会见的区域只有我一个人。

那时候已经是9月，虽然白天依然酷热，早晚已经有了些许凉意。所以见到杨佳，我第一个想法竟然是，这个年轻人不怕冷啊：杨佳穿着一件短袖汗衫和一条休闲的短裤，戴着手铐与脚镣从楼上下来。一般而言，沉重的脚镣往往使犯罪嫌疑人只能小步往前蹭着走，但是杨佳却是一蹦一跳地来到了我的面前。

我也得以近距离审视杨佳。

四

他非常壮实，个子不高，人很内向，这是我第一眼的感受。在会见室中，我俩得以单独进行交流。让我没想到的是，他竟然主动开口说，翟律师，我知道你，你是上海著名的刑事辩护律师。

在核对完身份之后，我很直接地问他，上海市法律援助中心指派我来给你当二审的辩护人，按照法律规定，你有权利拒绝。但是，我有一个想法，你可以考虑一下，假如你希望我作为你的辩护人的话，你就自己委托我作为你的辩护人，我不希望你的辩护人是别人强加给你的，而且如果是指派方式，对下一步辩护工作的开展也是十分不利的。

没想到，杨佳立刻非常爽快地说道，行，没问题，其实我只想要一个普通话讲得好一点、能够跟我无障碍沟通的人，你给我做辩护人，我很认可。但是，我知道你的名气，名气大的律师往往收费都是很高的，我可没那么多钱！

钱都是小事情。说真的，我一开始就预料到，这个案子我肯定是一分钱律师费都不会收到。征得他的同意后，我就拿出了预先准备好的委托书，他在委托人一栏签上了自己的名字。说实话，他的字写得还不错。

我到现在还是有点不明白，一个委托关系的建立其实很简单，完全看杨佳的个人意愿，为何一审甚至会演变成一场大戏呢？当然，我在这次会见中得知，第一位律师为何会在案发后第二天就对外声称，自己是杨佳的律师：当杨佳在公安局被制服后，当然当天要对他进行审讯，他拒绝回答一切问题，并且提出必须要有律师在场（国外影视剧中经常有这样的桥段，但这实际上并不符合我国法律的规定），在这种情况下，公安机关只好临时将自己的法律顾问请到了现场。这种非委托性，甚至只是见证性质的出席讯问，并不违反法律规定，同时也满足了杨佳提出的要求。

之后，讯问顺利进行。当这位律师想要杨佳签字正式进行委托时，杨佳却说，我并不了解这位律师，我让他来只是让他作为证人，我不想被刑讯逼供。现在，需要我的母亲给我请一位律师，而且我只接受我母亲请的律师。

在这种情况下，有关部门就带着这位律师去见了杨佳的母亲。杨佳的母亲签订了委托书和相关手续，最后又返回公安局，让杨佳看了委托书。最后，杨佳如同领导批示一样，签上了“同意”二字。所以说，第一位律师的委托是完全合法的，这也是第一次庭审中对于律师问题争论的始末缘由，根本不存在什么律师"绑架胁迫"杨佳母亲的情况。

关于北京来的律师，我又特地询问了杨佳，你拒绝你父亲给你请律师，到底是不是真的？他毫不犹豫地告诉我，是的，我只接受母亲请的律师，绝不接受父亲请的律师。至于杨佳和父亲之间有什么芥蒂，恐怕已经很难有人知晓了。

这次会见时间很短。因为我 9 点钟还有一个案子要开庭，路上即使不堵车也需要 1 个小时，因此当问题解决后我就告诉杨佳，我今天还要开庭，这次主要就是来听你的个人意见，既然你已经把委托书签了，你愿意请我当你的律师，我一定会尽到辩护人的职责，尽力为你辩护，我今天就先去开庭，很快会再来见你。出门的时候，我还没说什么，司法局的领导笑盈盈地迎上来，也不多问我什么。也许，他们已经知道结果了吧。

五

9 点的庭审完毕之后，我直接去了二审法院，递交了委托手续，从而正式成为杨佳的二审辩护人，随后就开始了阅卷等具体的辩护工作。

在整个二审期间，我一共会见了杨佳 4 次，和杨佳也越来越熟悉，听取了杨佳关于这个案件的介绍，与他就案件的事实进行了深入的交流。我认为，有必要把我从杨佳口中听到的事情，告诉大家。

杨佳很小的时候父母离婚，他生长在一个单亲家庭之中，从小跟着母亲长大，和母亲感情非常深，和父亲关系十分紧张。事实上，我也曾经怀疑他当时拒绝他父亲为他请的律师，是不是受到了一些无法言明的压力，但是通过数次交谈后，我发现的确不是，他就是发自内心地抗拒他父亲请的律师。

从小杨佳的读书成绩就不好，只念到高职毕业。他学的是商业会计，但是根本没有干过相关行业，而是做着一些如超市搬运工之类的活，靠自己的体力挣一些收入。

事发的几年前，他曾经和他的母亲一起去太原火车站。因为买票插队的问题和维持秩序的铁路警察发生了冲突，杨佳一颗门牙被打掉。因为这个事情，杨佳和他的母亲不断上访，最后拿到了几万块钱的赔偿。

单亲家庭的杨佳没什么朋友，但是日子过得很节省，省下来的钱都被他用作旅游经费，他的博客上晒出了很多旅游的照片以及一些感想。

2007 年 10 月，杨佳独自来到上海旅游。当然，他没有什么钱，用现在的话说就是“穷游”。到了上海以后，他租了一辆自行车，按照自己的计划用手机导航，在上海各处游玩。一天晚上，杨佳正骑着这辆无牌无照的自行车在街上溜达，被闸北区芷江西路派出所的民警拦下来盘查，因为杨佳没有带身份证，再加上态度不好（说话当中带有脏字），于是被民警带回了派出所。

到派出所之后，他先是自己坐在大堂里面给他的母亲打了个电话，告诉母亲自己现在被上海的警察抓到派出所；这时几位警察上来和他对话，但是没几句就争吵了起来。于是，几名警察就把杨佳带到了另外一间屋子，双方之间有了肢体冲突。当然，最后经过核实，这辆车子确实是租来的，而杨佳身份证只是没有随身带着，在小旅店已经进行了身份登记。在这个情况下，警察就说，我们查清楚了，你可以走了。

杨佳一听就不干了，认为警察无故对其进行殴打，必须要进行赔偿，于是在派出所就开始给有关部门打电话投诉，闸北区公安局就派一名督察来现场处理。

这个时候已经是三更半夜了。这名督察调查一番后，没有明确地认定是否存在殴打行为，而是让杨佳先回去，并且承诺在经过调查以后，再给他一个答复。

但是杨佳不干，要求警方立刻赔偿 1 万元给他。当时的情况是，且不说这个赔偿应不应该给，即使应给也不可能现场就给。因此，警方也就不再理他，忙自己的工作去了。杨佳自己在大厅里坐了几个小时后，也认为这样不能解决什么问题，于是站起来离开，骑上他那辆自行车，回到了住处。

回到北京后，杨佳不断地向上海的有关部门进行投诉、申诉，要求开除打他的警察，并进行相应的赔偿。一直到案发前一天，杨佳还在不断地投诉。上海的警方经过调查，认为很难认定警察殴打了杨佳。在工作人员出差去北京时，警方也去找过杨佳，希望能够解决这种不断的投诉，并且承诺给杨佳 1000 余元，让杨佳不要再告状了。

对于这个数额，杨佳是坚决不能接受的。他在会见时告诉我，为了投诉上海警方，他专门买了 1000 个信封和 1000 套邮票，向各个媒体邮寄相关的材料。这些支出加上打印之类费用，有 2000 多元，这对于他来说已经不是一个小数目了，所以他坚决拒绝上海警方的提议。

半年后，杨佳又一次来到了上海。和上次一样，还是“穷游”。吸取上次的教训，他专门买了一辆有牌照的自行车，玩了十多天后，就把这辆自行车寄存在火车站，坐车返回了北京。在北京待了一个晚上，又坐车前往上海。

没人知道这两天发生了什么事情，也没人知道为什么杨佳开始选择一种极端的方式去表达自己的诉求。但是，可以肯定的是，到了上海之后，杨佳就为犯罪开始做准备工作。

六

网络购物的发达，让杨佳很轻松地购买到了剔骨刀（杀人时的凶器）、锤子、辣椒水、防狼喷雾、防毒面具、拐杖等犯罪工具。除此之外，他还准备了 8 个啤酒瓶，都灌满了汽油。7 月 1 日上午 9 点多钟，他一个人带着这些装备，直奔闸北区公安分局（也就是闸北区政法大楼）。

到了公安分局门口，杨佳模仿第二次世界大战时期的莫洛托夫鸡尾酒，首先点燃了装满汽油的啤酒瓶直接往院里扔，引起了大范围的混乱。杨佳刺伤了一个意图阻止他的门卫，闯进了办公大楼。

进楼之后，杨佳首先闯入了底层的一间办公室。办公室的监控摄像记录下了作案的全过程：这间办公室里面坐着 4 名警察正在办公，杨佳进去后，不由分说对着每个人都捅了一刀。整个作案的时间也就 7 秒钟，这也是为什么后来许多人都质疑说，为什么那么多警察还能让杨佳如入无人之境。

行刺完 4 个人，杨佳离开了这间办公室。他没有选择乘电梯，而是沿楼梯向上狂奔。路上遇到两人，不由分说他也是一人一刀，但是刀刀都刺中要害，可谓刀刀毙命。

最终，杨佳一路狂奔来到了 21 楼，开始前往办公室继续行凶。为什么是21楼？根据杨佳的说法，当天现场处理的那位督察的办公室就在21楼，因此他想要去找这个督察报仇。

当他到了21楼后，又连续刺伤2人，最终被听到打斗声而来的几位警察合力制服。

听到这，我不禁问道，你一直在说警察打了你，那么究竟打到了什么程度呢？杨佳告诉我，整个过程其实就是拳打脚踢，大概持续了一两分钟，然后他就坐在那儿；当时第一次盘问他的巡警又出现了，朝着杨佳的胸口打了两拳。事后回到宾馆，杨佳脱衣服看了看，大概是胳膊上和背上有些青紫。

那么到底打没打生殖器？生殖器到底被打坏了没有？

杨佳很肯定地说，虽然没有去验伤，也没有去医院，但是确实没有伤及生殖器，生殖器目前也很正常。同时，我也发现了一个细节：从派出所到杨佳所住的宾馆大概有5公里，杨佳离开派出所之后，骑着自行车回宾馆，就说明身体只是受了点皮肉之苦，并没有什么大碍。

最后的一次会见时，我终于忍不住，向杨佳开口问了一个我一直想知道的问题："现在这个事情导致了6名警察死亡，而这些警察实际上和你上次的事情没有任何关联，甚至可以说是素不相识，对吗？你感到愧疚吗？"

"我不愧疚，打我的是警察，我杀的也是警察，有什么可愧疚的呢？"

"那你何必从北京来上海折腾呢？北京不也有警察吗？"

杨佳沉默了。我认为，这种沉默之下，实际上反映出杨佳对自己的行为有时候也无法理解、表述清楚。也就是说，他的精神可能确实是存在一定问题。出于辩护人的责任，我必须要向审判机关指明这一点。

七

开庭前,杨佳的亲属联系到了我,希望在二审开庭时能够让他们进庭旁听。实话说,这个要求完全是合理合法的,杨佳案本身就不属于不公开审理的案件。一审中,可能司法机关考虑其他因素选择不公开审理;但是我认为,二审公开开庭应当完全符合法律的规定,我们应当让案件经得起历史的考验。此外,一审的不公开审理也导致了许多闹剧的发生,我本身办案子就秉承着一个宗旨:对案件能够公开的全部在法律框架下公开,只有公开透明才是制止谣言的不二法门。

因此,我明确向二审法院提出了这个要求,希望法院能够让亲属进行旁听,同时邀请媒体采访和旁听。

但是,树欲静而风不止。虽然我认为公开和透明可以制止谣言和揣测,但是有些闹剧还是让我感到不愉快……

杨佳的父亲来到上海,说有几个媒体想要进行采访。我对此是持欢迎态度的。在我俩约定的时间,很多人拿着摄像机和话筒来到了办公室,拍摄下我接待杨佳父亲的全过程。当时我还问他们,你们是哪个媒体的?他们告诉我,老板是艾某某。艾某某是谁?通过他们的介绍,我才知道艾某某是何人。

无论是谁来了解案情,我都是抱着真诚的态度去应对。但是杨佳父亲接下来的话,让我十分反感。他说,他不相信杨佳会拒绝自己为他请的律师,认为杨佳受到了不正常的压力,要求我作为律师能不能帮忙解决这个事情。

我知道再做任何解释都是徒劳的。前文已经讲过，正是杨佳本人不愿意接受父亲聘请的律师。于是，第二天我专门来到看守所再次会见杨佳，并且仔细地做了笔录，让杨佳说明不愿意接受父亲聘请律师的原因，而后让他每页都签字：

杨佳：我爸给我请律师，我是知道的，拒绝也是我自己的决定。

律师：你爸对你不错，一直供你读书到毕业。

杨佳：是的，在我中专毕业之前，他是给钱的，在毕业以后，半年内也是给钱的，后来就不给了。

律师：没再给过你钱吗？

杨佳：起码我没有拿到过。我妈住院的时候，他给过我妈钱。给多少不清楚。

律师：为什么不要他请的律师呢？

杨佳：原因？我以为他知道，我想他应该知道的。

律师：我后来听说你阿姨也为你请律师，我与她联系过，对此你怎么看？

杨佳：我和你沟通得很好，我是信任你的，没必要另外请律师。

看到这个笔录，杨父和那几位媒体人才放弃了对这个问题的纠缠。想到这儿，我依然感到十分后怕，如果我当时没有去取杨佳本人的签字笔录，不知道在舆论上又会掀起什么样的风波，恐怕我也会成为下一个“涉嫌绑架、胁迫被告人家属”的律师。

当然，在这中间，无数电话、采访、邮件都向我袭来。有的是“要求为英雄杨佳捐款”的，有的是骂我“收钱为坏人辩护”的，有的是同行提出的各种各样的建议、告诉我应当如何不应当如何的，真可谓“车水马龙”，我就像坐上了火山口。

我很少失眠，但是那段时间里，我却再也没有了沾枕头就睡的幸福。

很快，二审就要开庭，二审法院采纳了我的建议，同意让家属和部分媒体进场旁听，但出于安全的考虑，法院还是限定了旁听人数。当然，这种做法是不是很妥当，还是应当仔细考虑一下。

开庭之后我才发现，对面坐的是我的一位老朋友、老相识和老对手，那就是有着上海滩第一公诉人之称的，并且被最高人民检察院评选为首届全国十佳公诉人的上海市人民检察院公诉处处长——季检察官。从20世纪80年代开始，我俩就一直在庭审中以控辩双方的身份进行对抗。

遗憾的是，这个案子结束之后，季检察官就离开检察院，去了一家私营企业工作。

因此，派出这样一名顶级的检察官出庭支持公诉，可见公诉方的重视程度；而我在上海刑事辩护界也有些虚名，因此很多媒体都把这场庭审称为“上海司法界控辩双方的巅峰对决”。

作为杨佳的辩护人，我必须尊重自己的职业道德，依法提出无罪或者罪轻，减轻或者免除杨佳刑事责任的材料和意见。那么本案之中，有什么角度可以切入，对杨佳的行为进行辩护呢？

实事求是地讲，在一个没有废除死刑的国家，一个杀了和他毫不相干的6名警察的人，死刑似乎是唯一选择。但是，法律毕竟不是“以血还血、以牙还牙”的同态复仇，必须要考虑会在定罪量刑中产生影响的因素——我在第一次会见杨佳时，通过和杨佳的对话发现，他的思维较普通人而言有着很大的区别，呈现出一定程度的病态。

八

在一审中，曾经有几个精神病鉴定的专家到看守所，跟他已经谈了两个多小时。第二天，根据《中国精神障碍分类与诊断标准第3版（CCMD－3）》（以下简称《CCMD－3》），专家们作出了杨佳有完全刑事责任能力的鉴定意见。

但是，我在开庭前也专门研究了这个标准，这个标准将精神病分为精神分裂型和精神障碍型两种，精神分裂型就是我们《刑法》中所称的不能控制和不能辨认。

就精神障碍型的精神病人而言，患者是可以分辨和控制自己行为的，却总会作出错误的结论，即一般的人不会作出的决定。

所以，我在最后的辩护词中向合议庭提出，杨佳属于典型的偏执性精神障碍，要求法院重新作出鉴定，但是，该项申请最终没有被法院采纳。

对于这个事情，我认为我有必要提出来，司法机关审判中也应当考虑到这一因素，即使没有被采纳，司法机关也必然会对此进行考虑。唯有如此，才能真正确保裁判结果的正确。

此外，针对“警方是否打人”这一问题，看似已经和本案无关，却可以直接影响案件的量刑。在我的争取下，法院调取了当时派出所一名警察佩戴的执法记录仪的录像，因为没有采集声音的功能，因此无法分辨他们当时都说了什么；从杨佳进派出所开始，一直播放到被那些警察抬手抬脚弄到另外一个办公室里面，画面戛然而止。对此，警方给出的解释是当时执法记录仪恰恰坏了。

对此我当庭指出，无论实际情况警方究竟是否殴打了杨佳，作为行政机关必须证明自己的行政行为合法，举证责任在行政机关，即你要证明自己合法就要提供证据，如果无法提供，你就要承担不利后果。

另外，就常理而言，如果没有殴打杨佳，会导致今天的后果吗？再换个角度，如果警方没有殴打杨佳，或者是殴打得很轻，却依然导致了如此严重的后果，那么恰恰证明了一个问题：杨佳的精神有着严重的问题。

九

整体而言，庭审过程还是比较顺利的，但是，在我向杨佳提问时，他最后的反应和回答却让我记忆深刻：

> 6条鲜活的生命因你而逝去，你现在认为做得过分吗？
>
> 不过分！
>
> 针对此案，你目前的感受是什么？是否愧疚？
>
> 不愧疚！

这是慷慨赴死、视死如归？还是一种错误思维下的混乱？抑或心如死灰？

恐怕谁也无法给出正确的答案了。

开庭当天，上海市高级人民法院门口还有许多人聚集，都穿着“不给我个说法，我就给你们个说法”的T恤；但是从我的角度来说，我一直认为杨佳的人生是一个悲剧，他应当是一个病人，而非英雄。

下了庭，我就询问杨佳的父亲，对我的辩护是否感到满意。他当时非常感谢，并且说，其实自己已经能够预料到案件的最后结果了，这个事情，除了杨佳是精神病人之外，没有一丝活路，要不然他有10个头也得杀下来了。

庭后，就有电话追到我家里了，媒体一直想知道我对这个案子的预判。事实上，我认为，除非重新进行精神状况鉴定，否则推翻原判的可能性几乎为零。我做了自己应当做的事情，尽力了，有些遗憾，又有些期待。

没想到的是，过几天有媒体采访我，告诉我说杨佳的父亲认为你的辩护是没有力度的，家属表示不认同。我感到很奇怪，这庭后不是说得很明确吗？于是，我将杨佳父亲的话告诉了记者，媒体也自然刊登了出来。

第二天，有媒体发表了新闻称：杨佳的父亲准备在北京对翟建提出起诉，因为翟建损害了杨佳父亲的名誉。如何损害呢？因为翟建说杨佳父亲表示了感谢，实际上杨佳父亲根本就没有表示感谢。当天晚上，我就接到了杨佳父亲的电话，他不断地向我道歉，说是某某律师让他这么干的，是某某律师替他写好了这份诉状。这场闹剧着实令我哭笑不得。

可惜的是，这个案子并没有立案进行审理，不然我还真想要到北京去见见杨佳父亲和那位律师，在法庭上过一过招。

下面，就是我在庭审中发表的辩护词。

审判长、审判员：

根据我国《刑事诉讼法》和《律师法》的有关规定，上海市翟建律师事务所和北京市大成律师事务所上海分所接受了本案上诉人杨佳本人的委托，分别指派我和吉剑青律师担任杨佳的二审辩护人。开庭之前，我们曾四次依法会见了上诉人杨佳，查阅了本案从侦查至一审的全部案卷材料，并和其亲属进行沟通，以了解上诉人的相关情况。今天，又参加了二审法庭对本案事实详尽的调查。在此基础上，本辩护人发表辩护意见如下：

一、关于案件的起因

上诉人杨佳在今年7月1日上午携带尖刀、榔头、登山杖、汽油、催泪瓦斯、防毒面具等多种工具，闯入上海市闸北区公安局办公大楼，刺死6名、刺伤4名公安干警及保安人员，制造了一起轰动全国的大案。对其行为一审判决以故意杀人罪定罪，本辩护人不持异议。

但是，杨佳何以会实施如此暴烈的行为？据他本人称是因为去年10月5日晚在上海街头骑自行车遭到巡警盘查，后被带入芷江西路派出所内，遭派出所多名民警殴打，且后来闸北分局的督察到现场后未能作出妥善处理，其回京后多次投诉亦未使问题得到解决，故而这次前来“讨个说法”。

辩护人注意到，今天的法庭上，检察机关宣读了芷江西路派出所有关民警的证言，播放了当天晚上派出所门厅内的监控摄像资料，并据此断言杨佳当晚在派出所并未遭到殴打，辩护人对此表示质疑。

首先，作为产生矛盾的双方——杨佳和芷江西路派出所，杨佳是行政执法行为的相对方。从刑事诉讼的角度上说，双方的说辞都有证据的效力，并不能仅由一方的说法来肯定或否定对方相反的说法。

其次，从行政执法的角度上来说，行政机关（派出所）负有证明自己依法行政的举证义务，而相对方杨佳并不负有证明对方违法的举证义务。现在派出所提供的录像资料，仅仅是杨佳在接待大堂内的画面，而且在画面的最后，是杨佳被几名警察抬出了大堂，抬进了派出所另一处办公室。而杨佳自始至终的说法是，被抬进一间有监控设备的房间后，遭到了那几名警察的殴打。现在派出所要想证明没有殴打过杨佳，一个最为直接、简便、有效的方法，那就是拿出杨佳被抬入另一处办公室内的监控录像资料，如果其画面也确如几名警察所言杨佳并没有被打，那么足以证明警察是清白的。现在警方没有提供进一步的证据，原因无非有二：一是有后面的录像资料而不拿出来，二是后面根本就没有录像资料。假如是第一个原因，那就意味着杨佳的说法是真实的；假如是第二个原因，法庭也应该依法认定警方举证不能，进而推定杨佳的说法是正确的。假如不这样看问题的话，那就无异于让每一个进了派出所的公民必须自备录像设备，以便自行提供警察违法的证据，同时也无异于默认派出所可以留下一块监控录像所看不到的死角，这难道是可以被允许的吗？

最后，假如杨佳在派出所里根本没有被打，而他就如同那些警察所言当场向派出所领导及后来赶到现场的区公安局督察投诉警察打人，乃至离沪之后还要逐级不断投诉警察打人之事，甚至在8个月之后仍不能平息心中不满情绪，犯下了“六死四伤”的惊天大案，那除了证明杨佳的精神不正常之外，还能有什么合理的解释呢？

二、关于杨佳的精神状态

感谢法庭今天当庭播放了巡逻民警去年10月5日晚上从拦下杨佳进行盘查到将杨佳带入派出所继续盘查期间长达34分钟的完整录

音资料。仅就这些公开的视听资料而言，显然可以得到如下信息：一是民警的执法是规范的、耐心的，并无侮辱和谩骂杨佳的任何举动；二是杨佳的情绪是比较冲动的，对警察正常盘查的反应是过激的，并确有大声骂警察的语言。

在今天的庭审中，杨佳对在派出所受到的殴打程度是这样描述的："抬进去以后五六个人将我摁在地上拳打脚踢了两三分钟，后来我坐在那里理包的时候那个巡警又当胸打了我两拳。"当辩护人、检察员问及其当时伤势时，杨佳说"当时两胳膊上有瘀青，后来回去发现背上也有""生殖器没有受伤（说到此时他自己还笑了）""表皮没有擦破""没有去验伤"。

即便如此，那么在这样的问题没有得到公正处理的时候，精神状态正常的人会作出如同杨佳一样的行为和举动吗？答案显然是否定的。这就不得不引起辩护人的思考和观察；杨佳的精神状态是正常的吗？侦查机关在案发后的第四天（今年7月5日），委托有关鉴定机构对杨佳进行精神状况的司法鉴定。有关鉴定人员仅仅依据这天之前的有关杨佳个人及家庭情况少得可怜的几份笔录，以及与杨佳交谈了两个多小时的状况，就在第二天（7月6日）得出杨佳无精神病、具有完全刑事责任能力的鉴定结论，这个结论可靠吗？

一审辩护人显然已充分注意到了这个问题，在一审开庭之前，依法履行辩护人的职责，申请对杨佳的精神状况重新进行司法鉴定。令人遗憾的是，一审法院没有批准辩护人的申请。

本辩护人在接受杨佳委托，担任其二审辩护人之后，通过与杨佳的几次长谈，深感其精神状态和行为举止异于常人：

他与父亲并无任何实质性的冲突，甚至说不出他父亲对他个人有什么对不起之处，但就是坚决不同意接受其父亲为其聘请的辩护律师。

他在今年6月12日左右曾到上海旅游了十几天，其间甚至想都没想到要去公安局或派出所“讨说法”一事，今天在法庭上当辩护人问他为什么这次在上海十几天没想到去有关部门了解一下自己投诉的处理情况时，他的回答是“这次是来旅游的，没想那些事”，辩护人也只能哭笑不得地对答：“哦，你是一心不二用啊。”可是，就当这次愉快的旅游结束后杨佳返回北京仅住了一晚，在没有任何其他外界情形催化的情况下，他又返回上海，购买了他自称的一大堆“装备”，并上演了一场疯狂的杀戮。

他在北京准备向媒体发信投诉上海闸北警方，曾一次购买了1000个信封，1000套邮票(每套三张，面值1.20元)，一整箱复印纸，这对一个没有固定生活来源的人而言绝不是一笔小的支出，但买回来之后一封信也没写，据他今天自己当庭称，这些东西都还放在北京家中。

他对一审的死刑判决表现出一种异乎寻常的不在乎，并称在看守所里非常舒服，“伙食不错，跟单位吃食堂没啥两样”“在看守所和在外面没啥两样，一点儿也不受罪”“你们不要为我争取改变一审判决，要不我在里面待到五十几岁才出来也没意思”。今天在法庭上，我们也看到了杨佳异常轻松的神情，他甚至对自己的行为毫无后悔之意，称那些无辜的受害警察“他们不是无辜的”，当检察员问他此话怎讲时，他居然略加思索后笑眯眯地问：“我可不可以拒绝回答？”

……

根据辩护人在庭前观察到的杨佳的种种“与众不同”的反常表现，结合对原司法鉴定的鉴定依据——《中国精神障碍分类与诊断标准第

3版(CCMD－3)》(以下简称《CCMD－3》)的仔细研究,我们认为杨佳的行为几乎完全符合该标准中有关“偏执型人格障碍”等数种人格障碍的表现,因此在10月6日正式向二审法院递交了对杨佳重新进行鉴定的申请。

在接到二审开庭的通知后,本辩护人再次书面向二审法院提出了邀请部分精神疾病诊疗方面的专家参加本次庭审旁听的建议,并建议合议庭在庭审结束征询这些专家的意见后,作出是否对杨佳重新鉴定的结论。

在今天的法庭调查中,侦查机关传唤了三位鉴定人中的一位鉴定人到庭作证,该鉴定人无非陈述了其所在的鉴定机构有权(或说资格)进行鉴定,并重申了杨佳没有精神病且具有完全刑事责任能力的结论,但根本没有令人信服地说明杨佳为什么如此符合有关偏执型人格障碍的具体表现却又不属于人格障碍类的精神病。

令人遗憾的是,二审合议庭在法庭调查阶段,在该鉴定人退庭之后,就作出了驳回辩护人关于对杨佳重新鉴定的申请。根据本案的相关事实,辩护人在此不得不再次请求法庭考虑同意为杨佳再做一次精神鉴定,并指派一家不受争议的有资格的医院进行重新鉴定。

辩护人屡次提出这一请求的理由是:原鉴定作出杨佳没有精神病的依据:《CCMD－3》中所确定的人格障碍——偏执型人格障碍中的有关病态的描述,几乎全部符合杨佳的表现和情形。

《CCMD－3》中确定人格障碍的症状标准为:

个人的内心体验与行为特征(不限于精神障碍发作期)在整体上与其文化所期望和所接受的范围明显偏离,这种偏离是广泛、稳定和长期的,并至少有下列1项:

(1)认知(感知,及解释人和事物,由此形成对自我及他人的态度和形象的方式)的异常偏离;

(2)情感(范围、强度,及适切的情感唤起和反应)的异常偏离;

(3)控制冲动及对满足个人需要的异常偏离;

(4)人际关系的异常偏离。

杨佳在马路上骑车,遇到巡警正常盘查,便产生如此强烈的对立情绪而不予配合,当属认知的异常偏离吧?

杨佳对其父亲的令人难以理解的态度,当属情感的异常偏离吧?

杨佳所有的袭警行为,当属控制冲动及对满足个人需要的异常偏离吧?

杨佳本人及其母亲都称,杨佳没有贴心的朋友,杨佳本人也认为从来没有一个可以无话不说的朋友,杨母称儿子不和人来往,当属人际关系的异常偏离吧?

何况按《CCMD－3》规定,以上四项中最低只要满足一项症状!

《CCMD－3》中认定的偏执型人格障碍为:以猜疑和偏执为特点,始于成年早期,男性多于女性。

诊断标准:

(1)符合人格障碍的诊断标准;

(2)以猜疑和偏执为特点,并至少有下列3项:

①对挫折和遭遇过度敏感;

②对侮辱和伤害不能宽容,长期耿耿于怀;

③多疑,容易将别人的中性或友好行为误解为敌意或轻视;

④明显超过实际情况所需的好斗,对个人权利执意追求;

⑤易有病理性嫉妒,过分怀疑恋人有新欢或伴侣不忠,但不是

妄想；

⑥过分自负和自我中心的倾向，总感觉受压制、被迫害，甚至上告、上访，不达目的不肯罢休；

⑦具有将其周围或外界事件解释为“阴谋”等的非现实性优势观念，因此过分警惕和抱有敌意。

上述7项表现中，除了第5项杨佳也许不符合，其余6项有什么理由说杨佳不符合？况且只要满足3项就够了！满足这6项的具体表现恕我不一一列举，本案的所有事实和证据都可以予以证实。

辩护人想说的是，本案原司法鉴定机关无论其主体资格、鉴定过程及鉴定结论都备受争议和质疑，而杨佳案又是全国瞩目的重大案件，就凭这一点，也有必要重新对杨佳再做一次司法鉴定，以体现公开、公平、公正的司法原则，以利于社会的和谐稳定。

三、结论

辩护人同意检察官的一个观点，即有精神病并不等于丧失辨认和控制自己行为的刑事责任能力，因此，即便确定行为人有精神病也并不会让一个理应受到刑事追究的人逃脱应受的制裁。这一点，是国内外有关专家在讨论人格障碍类精神病人刑事责任问题时得出的几乎一致的见解。但杨佳有没有病，这是一个需要求证的案件基本事实，假如有病是不是依然具备完全或部分刑事责任能力，则应当由鉴定机关作出相关的结论，而最终是否追究杨佳的刑事责任及追究怎样的刑事责任，则由人民法院依据事实和法律来加以裁判。起码这样的过程才能体现出一个具备了公正程序的过程，而辩护人及所有关注杨佳案件的公民，期盼的就是这样一个具备公正程序的过程。

谢谢审判长，谢谢审判员。

翟　建

2008 年 10 月 13 日

当然，对于这个案子的争议，我十分清楚，恐怕还会一直存在，在一次采访中，我对此作出了回应：

每个人有每个人不同的成长环境、不同的社会阅历、不同的处理问题的方式。

你的方式是拿一把药，拿个刀子顶住这个病人，说你赶紧把药吃了，不吃我就捅你；而我拿杯糖水，拿把药，跟他说，你好好喝下去，喝下去对你有好处。你说你一定是对的吗？我一定是错的吗？说实话，就像一个小孩子吃药，你捏着他鼻子灌是一种方式，你哄他吃也是，你说是哄着他吃下的本事大，还是捏着鼻子灌他的本事大？

法律，尤其是刑法离政治很近，我认为不应该把个案政治化。谈案子咱们就事论事，以事实和法律来谈，为当事人争取利益最大化。法庭固然是一个舞台，但它是展示律师高超、精湛的专业技能的舞台，而不是宣扬律师个人政治抱负的舞台，我们很多律师搞不清楚这一点。

虽然现实中存在各种各样的不足和问题，但是，这个社会总归是会变好的，而且也一直在变好。

不是我救了你：
一张不起眼的住宿登记单

一

很多时候，人们想象中的律师都是西装革履，在法庭上用语言“披盔戴甲”“上阵杀敌”，鼓动如簧之舌说服法官，最终力挽狂澜。

但是，实际上这只是律师辩护工作中很小的一部分。而真正对于案件走向能够起到决定性作用的，在于律师在庭审前所做的大量工作，也就是我常给年轻律师所讲的“开庭前的辩护”。

只要这些前期工作能够做好，就肯定能在个案的辩护和审判中，取得一个符合预期的结果。甚至以一些看似不起眼的细节为契机，扭转整个案件的走向。

我在东北通化办过一个案子。经过努力，为一个一审被判处无期徒刑的被告人争取到二审撤销原判、发回重审，最后只判处 3 年半有期徒刑的结果。算上审判前的羁押期间，这名被告人很快就被刑满释放。

突然有一天，他给我打了一个电话。我一开始还吓了一跳，案子有反复了？但是我立刻就因为自己冒出这个念头笑了：有反复早就羁押进去了，还能给你打电话吗？

电话那头，听得出来他小心翼翼，生怕我不高兴。他告诉我，因为一审被判处无期徒刑，因此他属于重刑犯，和重刑犯一直关押在一起。后来，被宣判3年半后，因为只剩3个月的刑期就没有给他转监，而是继续在原处和那些重刑犯关押在一起。这个时候，就有一名犯人（山东籍，因此外号又叫“小山东”）听说了他从无期改判3年半的消息，找到他，请他出狱后帮忙联系律师来提供辩护。

这位当事人出狱后就颇为仗义地想要联系我。但是，这一举动被他的父母兄弟制止了。他们都知道“小山东”这位重刑犯的案子是很复杂的黑社会案件，不应该给我找麻烦，因此他也就一直没有联系我。没想到，几天后，他在路上遇到了几名“小山东”的兄弟，这些兄弟立刻拉住了他问，你不是答应了“小山东”找上海的律师吗？怎么说话不算话？

这确实很尴尬，也让他左右为难。无可奈何之下，只好拨通了我的电话，并且一个劲儿解释和说好话：翟律师，一方面“小山东”他们非要请您，另一方面我父母兄弟还不让我管，我真的很为难，我就打个电话给您，翟律师您要是愿意来我就告诉他们；如果不愿意来我就说您可能换手机号了，我找不到您了，我也好交差，省得让人感觉我是在骗人一样。

听着这小心翼翼的话语，我脑海中不断想象他这个大汉手足无措的样子，心里顿觉好笑，也没有和他兜圈子，很直接地告诉他：律师就是依靠办理案件来生存的，所以不存在我可不可以接这个案子，也不存在我来不来的问题。唯一的问题是，有没有人为我的工作买单呢？

他松了一口气，仿佛就盼着我问这个问题，立刻回答说：没问题，翟律师，这个人的朋友都很有钱，都想要请您为他辩护。如果您愿意，他们在您方便的时候直接飞到上海和您面谈。

二

第二天，我接到了一个电话。一听东北口音我就知道，这是为了“小山东”的案子来的。电话那头问，您看您明天有没有空，我们明天想飞过来。下午飞机到，安排个地方，我们碰个头。

那个时候我还在我的个人所——上海翟建律师事务所，因此所里也就我一个人说了算。他们下了飞机后，入住了上海一家五星级的酒店，然后打电话告诉我，准备直接在这家酒店里吃晚饭。

下班之后，我就去了那家他们预先订好的五星级酒店的包房。进去一看，有四五个人已经在那等我。寒暄之后，我开始询问案情：案子现在到了哪个阶段了？案子大概是怎么回事？询问之后才知道，案子已经到了法院阶段。

既然到了法院阶段，肯定就有检察院的起诉书。通过起诉书，可以看出整个案子的概貌。

但是，当我询问之后，他们并没有马上把起诉书拿出来。其中，看着是一位老大身份的人开始跟我攀谈起来……

翟律师，先不着急看，我先跟你说说情况。这个被关起来的“小山东”是个苦命人，他6岁没了父母，跟着他的二姐相依为命，二姐就如同母亲一样把他拉扯大。我们和“小山东”都是兄弟，我们这次既然来了，就是因为看到您的水平确实是高，大家坐下来，喝杯酒吃个饭，那么我们也算是完成了我们来找你的第一步。其实就案子来说，我们只请求您上我们那走一趟，开庭的时候，你就坐在法庭上，根据他这个案子，就给他辩护几句，至于这个案子最终怎么判，我们没有任何要求。您看看，需要多少费用？如果说您开的价我们付不起，那也不要紧，我们也心安了，就是说我们朋友让我们来找一个律师，我们也确实来找过你，最后实在是因为付不起你的费用，没能完成他的这个愿望，那么我们认为也对得起他了。

实话实说，就单纯的对于律师创收而言，这无疑是最理想的案子：对结果没要求，只要求你出面，说白了，实际上就是跑了趟腿，我相信每一个律师都愿意做这样的案子。

话虽如此，东北毕竟和上海远隔千里，即使我吃不准具体情况，但是我能确切感知到，这个案子肯定不是一个小案子，不然何苦从东北跑那么老远到上海呢？而且就算是当事人只要求“上去坐着说两句话”，但是我的职业道德也要求我必须对案子研究透彻，形成有效、有针对性的辩护观点，绝对不可能上了庭就是顺嘴胡诌。

考量再三，我给出了一个在当时相当高的价格，有多高呢？比我当时一般案件的收费高了有5倍。这位老大一听，立刻给身边人说，现在上房间把钱拿下来，接着，一捆报纸包着的人民币就放在了我面前的桌子上。紧接着，他拿出来起诉书。

打眼一看，我心里叫苦不迭，心里暗暗埋怨这位老大，因为我发现我被他“套路”了，我明白了他为啥先给我钱后给我看起诉书了：如果我提前看到起诉书，我很有可能拒绝代理这个案子，也很有可能不会收现在的费用。

不是收低了，而是收得太高了，因为我认为，这个案子中，律师能够发挥的余地很小。

起诉书的第一页，用了近一页的篇幅列举了被告人“小山东”的前科劣迹。说句寒碜的话，“小山东”从他成年开始，就一直在监狱进进出出——被判过四五次3年或者5年的有期徒刑，最后一次甚至是无期徒刑。

但是，无期徒刑怎么能够那么快又被起诉了呢？服刑期间发现漏罪或者新罪了？一问之下才知道，原来他还曾经越狱。当时他在上海盗窃数额巨大，被抓捕后判处了无期徒刑（巧的是，审判长是我的大学同学），属于重刑犯，因此由火车押送至新疆服刑，结果刚到新疆没几天，他就越狱脱逃了。

实话实说，这个时候越狱构成的脱逃罪都不是什么大事了。因为脱逃罪最高判处5年有期徒刑，一个无期徒刑的人犯加上5年的有期徒刑，他仍然是无期徒刑。但最让我恼火的是，起诉书指控，在他逃脱期间，还曾两次故意杀人。这种情况下，任何一个律师都不会有太大的作为。这种辩护是为了给他一个程序上的正义，是为了让他获得一个公平的审判。从实体价值来说，这种案子，如果事实成立，基本上是“必死无疑”。

在这种必败，甚至是必死的案子面前，我是绝对不会收一个之前我提出的高价的。一方面，我确实在这个案子中能做的很少，这种程序性的辩护完全可以依靠免费的法律援助律师。另一方面，从做人的角度来说，如果我收了人家很高的律师费，结果该枪毙还是枪毙，那不但会给律师带来很大的压力，而且也违背自己的道德操守。

但是，君子一言，驷马难追。价都报完钱都收了，还能反悔吗？从这个细节也可以看出，当事人的朋友们还是非常有智慧的。

就这样，我开始参与这个案件的辩护工作。

三

之前看过我故事的朋友可能记得，我也经常去东北地区办一些案子。因此，当我拿着手续来到吉林省吉林市中级人民法院，准备阅卷和与法官接洽时，遇到了一名熟人——主审“木材诈骗案”的刘庭长。

刘庭长一见我也很惊讶，翟律师，您怎么又来了？没错，他确实说的是“又”。说明来意后，刘庭长露出很无奈的表情：你居然接了这个案子。你这个案子还能打赢吗？上一个案子你办得真漂亮，我们法院的法官也经常谈起，但是为了这个案子你从上海跑来，真的没什么必要。

当然，刘庭长作为专业法官，还是非常和善地配合我开始阅卷。一般来说，由于国家对于刑事诉讼程序要求比较严格，卷宗中需要大量的程序性文书，刑事诉讼卷宗相对而言往往都比较厚，阅卷也往往成了一个非常繁重的工作。有时候刑事案件卷宗材料多达几万页，复印都需要几位律师忙一整天；而在之前没有复印机需要抄录的时候，更是需要耗费几天的时间。因为你不可能全部抄录，只能在阅读后有选择性地抄写，这样更是加大了工作量。

但是，在拿到本案的卷宗后，我惊讶地发现，这个案子只有一本并不很厚的卷宗，那就赶紧复印吧！

不巧的是，法院的打印机坏了，刘庭长就让我拿着法院的卷宗到法院对面的复印店去复印（现在想想，当时也是关系比较融洽，自己也比较年轻，居然将一个故意杀人、可能会被判处死刑的案件卷宗拿出去复印，还是有点不恰当）。因为复印店是收费的，所以有人在帮忙复印，我就站在打印机边看复印好的材料。

关于脱逃罪我没有怎么看，因为一个判处无期徒刑正在服刑的人，却跑到了外面，那还不是脱逃了吗？总不能说是司法机关私自把你给放了吧？因此，我将主要精力放在了被指控的故意杀人案中，结果一看就发现了问题。

起诉书中指控，“小山东”越狱后的某一天，得知和自己有仇的一位黑社会头目在某一家饭店里面吃饭，于是怀揣猎枪等在饭店外面。黑社会老大吃完饭后和另外一个一起的人叫了一辆出租车离开。“小山东”见状也赶紧拦了一辆出租车跟在前面那辆车后面，慢慢向市区驶去。

实际上，如果仔细分析，这个案子到现在看也是很有问题的：首先，如果说黑社会火并，黑社会也不是傻子，一个人带着把长枪站在饭店门口附近，对方是一群人在吃饭，这难道不是去送死吗？其次，对方两个人坐上了出租车，而你一个人，带着把长枪也拦了一辆出租车紧紧跟随，这符合基本的生活逻辑吗？不仅容易暴露，而且何时、何地、如何下手呢？

起诉书中继续叙述说，“小山东”跟了很久之后，前面出租车停下来，黑社会老大下车去了路边的一个公共厕所，另外一个人则自行离开。“小山东”随即尾随至公共厕所，开枪杀死了黑社会老大，而后逃离了现场。此外，那位和黑社会老大同车先行离开的人也作证称，本来两人打算到市区买点东西，谁知道到了半路，黑社会老大接到女朋友的电话，让他赶紧回家，于是黑社会老大临时决定下车，在上楼前去了趟门口的公共厕所。

是不是有点太巧合了？但是生活中，巧合这个东西是绝对存在的，如果要认定公诉机关的说法，就必须要看有没有相应的证据，而最重要的证据就是那把猎枪。对此，“小山东”供述称，这把枪是从长春一个人那里借来的，但是在卷宗中却看不到这位关键性证人的只言片语（后来才知道，这位证人因为吸毒过量而死）。

也就是说，这把枪从何而来，就成了一个谜，那么这把枪又去了哪里？

“小山东”对此供述说，他用枪杀了人之后，就把枪扔到了一个路过的小区的单元门洞之中。但是，警方经过走访调查，没有发现这把枪，也没有任何人说曾经捡到过一把枪。

换言之，这把枪如何来、如何去，整个来龙去脉，直到现在都是一个谜。

这样看起来，公诉机关公诉“小山东”第一起故意杀人案存在很大的疑问，当时我就感到，这个案子并非铁证如山，而是有点希望和机会。

但是，没等我高兴太久，等我看到第二个案子的卷宗，就如同被当头浇下了一盆凉水。

四

客观地说，第一起杀人案确实在案件过程、证据上存在一定的问题，而公诉机关公诉的第二起故意杀人案，就属于"事实清楚、证据确凿"了。

起诉书中起诉的第二起故意杀人案发生在长春的一家酒店里。当天晚上9点钟，有两位男性客人走到酒店的前台办理住宿登记的手续。当年酒店的设备还非常落后，因此等两人上楼后不久，服务员就拎着两个暖壶去送热水，而后就离开了房间，两人独处一室。

当时已经是东北的冬季，晚上十分寒冷，甚至都能达到零下30℃。而且，下午4点多天就已经黑了。因此，到了晚上9点多，酒店大多数旅客和服务员都进入了梦乡，楼道也陷入一片寂静之中。

砰！一声巨响，让昏昏欲睡的服务员突然惊醒，赶紧到这间二人居住的房间门口敲门询问。敲了两声，就听到房间里有人说道，没事没事，这是我朋友喝高了，我自己来料理，你甭管了！服务员自然不干，要是打碎一个杯子什么的没什么关系，但是如果把电视机、空调什么的打碎了，那可怎么办？

所以，服务员并没有离开，而是告诉客人，得开门进去看看到底把什么东西给打碎了，然后签字确认一下，不然明天结账时怕说不清楚。但是话刚说完，屋里就陷入了沉寂，无论服务员怎么敲门喊话都没有了动静。

难道出事了？服务员赶紧下楼告诉楼下的保安和值班经理，几人聚集到了房间门口不停地敲门。但是，房内依然一片寂静。由于担心出事，经理让保安暴力打开了房门后破门而入，眼前的景象让所有人都惊呆了。

房间里一个男人仰面躺在地板上咽喉被割开，血流了满地，而另外一个客人已经消失得无影无踪。

所有人都吓得尖叫起来。警方也随之赶到，开始了现场勘查。房间衣柜门上的镜子被打碎，碎玻璃落了一地。旁边窗户大开，可以看到床上的床单已经被割成了布条，一头拴在暖气片上，一头拖到窗子外面7楼的一个阳台上，看起来人已经逃跑了。除此之外，警方还发现了一包芙蓉王牌的香烟，在香烟硬包装上找到了两枚清晰的指纹。

经过比对，指纹正是“小山东”的。

五

“小山东”对这个案子是如何供述的呢？他对警方供述称：这位死者是“小山东”曾经盗窃罪的同案犯，两人都被上海法院判刑押往新疆服刑，途中一起脱逃，而后两人一起逃回了原籍，我们姑且称这位男性为难友吧！

这不是难友吗？难友之间又为什么互下杀手呢？“小山东”对此供述称，两人一起逃回吉林后一直躲着。感觉憋闷的难友就找到“小山东”说，待着也是待着，咱们一起到长春玩两天吧。于是，两人一起坐火车（当时火车票没有实名制，就是一张没有任何身份信息的火车票）来到了长春。溜达了一圈后，到了一个小饭店开始喝酒。两人喝得都有点多，回到宾馆时都有醉意。

到了宾馆，难友酒劲就上来了，开始耍酒疯。“小山东”打开电视他就破口大骂，“小山东”想洗澡打开水龙头他也破口大骂，反正就是什么都不能干，干什么都会招来一堆难听至极的骂人话。“小山东”本身就不是那种很和善的性格，自然也不示弱地对骂起来，还拿出来一把刀子来威胁难友。

酒壮怂人胆，难友一见“小山东”拔刀，好像更红眼了，立即就要扑上来抢刀。面对体格比自己强壮许多的难友，慌乱之下，“小山东”就在难友脖子上拉了两下，难友立刻扑通倒地，血从他的脖子里一下子流出来。“小山东”一下慌了神，想赶紧把难友从地上拽起来拖到卫生间先隐藏一下，结果人太沉，一拽反而把自己带倒，把房间衣柜的镜子撞碎，从而招来了服务员。

这一下可麻烦了。只要打开门，一个死人躺在地上，不得立刻报警？因此，“小山东”赶紧打开窗户，把床单撕成布条，顺到7楼的阳台，逃之夭夭。

也就是说，如果按照“小山东”的供述，难友的死亡，其自身也有着一定的过错，那就是一直不停辱骂和殴打的行为。

“小山东”这个行为固然无法认定为正当防卫，但就法律规定而言，会对量刑产生一定影响，至于能够影响多少，谁都无法得出具体的答案。

我看到了一点希望，但同时，更多的是失望。我也突然理解了“小山东”朋友那天去上海找我时的表现，也更理解他们为啥对结果并无苛求——这样的案子如果他们当时就提出了如无罪、免死等要求，我肯定不会接受委托。

阅卷完毕，已经华灯初上。来不及去会见“小山东”，家属带着我一起去饭店吃饭。吃的是东北地区有名的铁锅炖,铁锅里咕嘟咕嘟地炖着排骨和鸡,香味弥漫。但是,面对美食,我的心情却并不愉悦,因为我对案件的进展还是有些悲观。相比起来,家属的情绪却比较好,展现出了发自内心的笑容和快乐。越是这样,我越觉着压力重大。

于是,在快吃完饭时,考虑良久的我决定对家属实话实说:"小山东"这个事非常麻烦,你们要有思想准备,千万不要认为我来了,"小山东"就一定有一个好的结果。尽管我比谁都想争取一个好的结果,但还是要做好最坏的打算。毕竟,在我国现有的法律框架和司法实践中,一个无期徒刑的罪犯在脱逃中又被起诉杀了两个人,基本上都会面临着死刑的结局。

没有想到的是,家属情绪依然非常坦然,尤其是那位抚养弟弟长大的姐姐说的话,到如今也让我记忆犹新:

翟律师,我今天之所以开心和笑,并没有别的意思,也不是受刺激了,是因为我今天回去,起码睡得着觉了。我已经请了中国最好的刑辩律师来做这个案子,我已经尽到全部的力量,我也对得起死去的父母了。而且,我前几天去一个庙里算命,和尚跟我说,你弟弟命中该有这么一劫,不过会有一个肥头大耳的人来救他。一开始说请了个律师,我就怕"头不肥耳不大",今天看到你,我认为你和老和尚说的一样,我起码就能放心了。

听到这些话才让我感到,他们之前的坦然并非伪装,而是在预判了结果后的一种接受,或者说是一种对注定命运的豁达。

但是,不得不说,虽然这个"肥头大耳"很符合我当时的形象,但是听到这个词我还是感到哭笑不得。

晚上到了宾馆,我不由得看看镜子。

呵呵！还真是肥头大耳！

看起来，这个案子也不是一点希望都没有。

六

第二天一早，我直奔看守所，第一次见到了“小山东”。

那个时候，看守所管理没有那么严格，现在看守所会见，为了防止出现意外，都是用栏杆把律师和被告人分开。

那天，刚进会见室，就看见一个长沙发。就这样，我坐这头、他坐那头，完成了会见。当然，虽然是一个沙发，你和被告人绝对不能坐得太近，更不能靠在一起，因为如果发生点意外，你是说不清楚的。

这个看守所虽然管得不严，但是有一个让人哭笑不得的规定：律师到看守所里会见被告人时，需要带一副手铐。这倒不是说把律师铐起来，而是需要在被告人进会见室时，律师拿着自己准备的手铐把被告人铐上；等到会见结束后，再喊看守人员打开手铐，等看守人员铐上后将被告人带走。

哪个律师随身带着手铐办案啊？但是，很让我惊讶的是，在送我进看守所会见时，“小山东”的家属立刻拿出了一副锃光瓦亮的新手铐，而且颇为得意地告诉我：翟律师，您看，我都替您准备好了！看起来，他们也是很熟悉看守所的各项规矩。

见到“小山东”，“小山东”立刻说，你是翟律师吗？我冤枉，你救救我！

你具体告诉我一下，你哪里冤枉了？

翟律师，你要是说我脱逃、盗窃，我都认，这些事都是我做的；但是，我真的没有杀人，检察院说的那俩人，我一个都没杀！

什么？就算是第一个案子到底是不是“小山东”作案存有疑问，第二个我当时认为事实是没有问题的，最多就是个动机和主观恶性的问题，难道这样看似明确的案子也有问题？

“小山东”也冷静了下来，开始给我叙述当时的情况。

那天，他和难友来到长春，闲逛一天后在饭店吃饭。但是喝酒并不是公诉机关说的烂醉，两人一起就喝了两瓶啤酒，彼此都很清醒，然后难友计划和长春两个哥们儿见面谈点事情。恰巧“小山东”发现，饭店附近就是一家咖啡馆，所以两人就在吃完饭后去了咖啡馆，然后难友就打电话招呼朋友前来。

朋友很快赶到。因为难友并没有和“小山东”说自己找朋友什么事，“小山东”也不方便在一旁坐着听，因此就找了个有点距离的桌子坐下来喝咖啡抽烟等着。难友和朋友聊了没几句，就开始吵了起来，双方火气越来越大。“小山东”害怕了，倒不是害怕打架，因为这对他来说就是家常便饭，而是害怕吵架声音太大引来警察，自己和难友逃犯的身份就暴露了。

于是，“小山东”赶紧上前把难友和难友的两位长春朋友拉了出来。并且建议说，这种公共场合吵架和打架对谁都不好，这样，咱们找个宾馆开个房间，一起谈事，谈完事我们哥俩也得睡一觉，然后明天回吉林。就这样，4 个人前往了案发的宾馆，中途难友的一位长春哥们儿接了个电话，称有事先离开了。

是不是有点不对劲？记得当时宾馆服务员说的是两个人开的房间吧？

因为自己没有身份证,“小山东”就让难友和长春朋友去登记,自己在电梯那儿等着。开完房间后三人一起坐电梯上楼,而后“小山东”没有进房间,而是打了个招呼后开始在宾馆到处溜达。

他先溜达到10楼,在10楼的台阶上坐了一会儿,抽了根烟,然后沿着消防通道的楼梯下楼,坐在8楼的楼梯口。这里可以看得到电梯,想等着一会儿看到那位长春朋友坐上电梯了,就知道双方已经谈完事,自己就可以回房间睡觉。

等了一个小时,他看到那位长春朋友上了电梯下楼离开,看起来已经谈完了。于是他就掐灭了烟,回房间睡觉。一开门,看见人死了,脖子上一摊血迹。

“小山东”慌乱不已,下意识想把难友扶起来,结果把玻璃镜子打碎,引来了服务员。这可怎么办?自己是逃犯,被抓住了,说不是自己干的也没人信啊!于是他就赶紧把床单弄成布条逃了出来。

听了这个话,我陷入了沉思,这么说起来,房间里有指纹和香烟就一点不奇怪了。因为“小山东”确实进了房间,而且,之所以他的供述能够和服务员的证言吻合并最终被认定为是杀人凶手,就是因为从发出声响后的一切,双方说的完全一致。

但是,在声响发出前的一切,却有着两个截然不同的版本,而两个版本却恰恰都能解释案发现场的一切!

这不就是一部活生生的罗生门吗?

七

想到这儿,我不禁问道,既然你是冤枉的,你今天跟我讲的这些,你原来在侦查机关侦查时,还有公诉机关审查起诉时,有没有跟他们讲过?

我没有,因为我说了也没有用。我本身就是一个被判处无期徒刑的人,我说了他们肯定不信,而且说了以后他们可能把所有的漏洞都给补上了,最后我就没得活了。所以我必须要找一个像你这样有名气的律师过来,我要讲给你听,你可能救得了我!

那么,枪击案是不是你干的?

不是!

那怎么在笔录上,你的供述还那么详细?

其实我是什么事儿都不知道,反正他们怎么写笔录,我就怎么签字。

笔录!我突然想起来,昨天看到的这个酒店服务员的证言,因为她做笔录的时间仅距离案发不到2个小时,因此客观性还是很强的。在证言中,服务员称,晚上8点多钟来了两个人,在我这里办住宿登记,我就给他们开8楼这个房间,收了费,交给他们钥匙,他们俩就上去了,过了个把小时就听楼上说上面出事了。

等等,最后应该还有一句!我顾不上“小山东”,立刻拿起来复印笔录开始看,最终发现了笔录末尾不起眼一句话:进店后填写住宿登记单的这个人,不是最后在房间里死掉的这个。

那么,“小山东”,你究竟有没有填写住宿登记单?

我绝对没有,我本身就是逃犯,我会到总台去填写这些东西,给自己找麻烦?

那么,死者也是基于这个原因,没有去填写住宿登记单。这样看起来,只可能是长春的那位朋友填写的单据。这个填写单据的人,就可能是真正的杀人凶手,或者说至少是一个重要的犯罪嫌疑人!而且,翻阅几遍卷宗,我也没有发现作为物证的这么一张住宿登记单。这其实很不正规。一般而言,类似的案子,公安机关肯定会做一份笔迹鉴定,证明被告人书写了单据,而后进一步证明被告人在犯罪现场,形成一个完整的证据链。但是这么一份重要的证据,就这样被忽略了?

我严肃地问“小山东”:你没骗我吧?如果住宿登记是你写的,但是你不跟我说实话,我今天来就没有什么辩护的价值了,实际上就成了来送你上路了,你明白吗?

翟律师,如果这个东西是我写的,我死而无憾,绝不怪你!

看起来,如果能够在举证质证阶段充分发挥,这个案子可能会发生一定的转机。距离开庭的时间越来越近,我只好战略性地放弃脱逃罪这类没有什么辩护意义的罪名,辩护的重点应当是枪击案和酒店杀人案。

八

会见完毕,我立刻折回市区,前往法院找到主办法官。与他商量能不能别按照时间顺序，即脱逃—枪击—酒店杀人的顺序去审理。因为脱逃这个案子审理起来没有任何争议，可不可以把有争议的案件放在一开始进行审理呢？也就是按照酒店杀人—枪击—脱逃的顺序进行？此外，由于这个案子太复杂，也需要核实重要事实，我也向法院递交了延期审理的申请。

经过一个月的准备，案件如期开庭。

不出所料，公诉人并没有发现酒店总台服务员最后一句证言中的问题，甚至在举证阶段宣读笔录时，都没有宣读这一句话。

但是，对我而言，这是案件唯一的一个突破点。于是我发言说，由于证言中还有最后一句话没有宣读，因此，申请向法庭补充宣读一下。这个服务员说："在我这里填写住宿登记单的那个人，不是死掉的这个。"这就说明，本案当中应该有一张由凶手，或者说至少是在场人填写的单据，如果这个单据不是"小山东"填写的，那么只有一个可能：现场还有一个人！

这个人是谁？在哪儿？干了什么？这是案件最为基本的事实，但是，目前在所有的证据材料中，都看不到这个人的存在。而且住宿登记单这么重要的证据，为什么卷宗里没有看到？

公诉人也很坦然，说这个东西在我手里（因为那个时候，并不要求公诉机关将全案移送，而只要移送主要证据的复印件），而后公诉人就出示了证据。"小山东"立刻辩解说，这个字条，绝对不是我写的！

我当场提出，对于这个重要证据，我申请进行司法鉴定，因为需要排除第三人在场的可能性。这样的要求理所当然得到了法庭的准许，法庭宣布延期审理，进行司法鉴定。但是令我没有想到的是，这个司法鉴定整整进行了 9 个月。

9个月后再次开庭，法官宣读了鉴定结论：基于目前技术条件，无法判定字迹主人。我自然不满意这个鉴定报告，当庭指出：首先，既然是一个鉴定，书面意见你得给我看一看吧？而且一个活人写的字，居然鉴定不出是不是他写的，怎么可能呢？如果是吉林市公安局鉴定的，你鉴定不出结果，那还有省公安厅；省公安厅鉴定不出，还有公安部；公安部不行，还有司法部的鉴定机构，此外还有各个高校的鉴定机构……大家都可以来鉴定！

其次，就算确实鉴定不出来，那么按照存疑时有利于行为人的解释规则，你也不能认定是我的当事人写的，那么现场必然就存在第三个人！这第三人到底是谁？到底干了什么？直到现在也不清楚。法院无法排除合理性怀疑，这个案子就属于明显的事实不清、证据不足，不应当认定为犯罪并且加以定罪量刑。

对于枪击案，也是同样的问题。连最为基本的物证——猎枪都没有找到，而且来源也不清楚，总不能是“小山东”没事溜达，天上掉下来一支枪让他杀人吧？因此，这个枪击案也是明显的事实不清、证据不足，也不应当认定为犯罪。

看着“小山东”激动的表情和庭下家属眼中的泪光，我认为，无论结果如何，我真的尽力了。

我有预感，“小山东”应该不会被判处死刑。但是，救他的并不是我，而是一个酒店总台服务员最后一段话中十几个字的证言。

九

又过了半年，案件一审才出了结果。

对于枪击案，认为事实不清，证据不足，这节事实不能成立。

除此之外，法院最终还是认定了“小山东”构成脱逃罪和故意杀人罪。判决书写到，被告人脱逃期间故意杀人，情节恶劣，依法应予严惩。但是考虑本案的具体情况，可依法从轻处理，最终判处死刑，缓期二年执行。

命，一条本来认为是不可能保住的命，确确实实是保住了。但是对我而言，酒店持刀杀人案，依然是一个“冤案”。

因此，在征得了“小山东”的同意后，提起了上诉。我向吉林省高级人民法院写了一份“火药味”十足的上诉状：被告人脱逃期间故意杀人，既然你认定了这个事实，那么现在的被告人是什么状况？被告人一不是自首，二没有立功，三直到现在还翻供不认罪。在这样的情况下，法院竟然根据本案的具体情况，认为可从轻处理，这究竟是什么具体情况能够从轻处理？难道不是承认了事实不清、证据不足吗？

所以，本案应该根据疑罪从无的原则，不能认定“小山东”的故意杀人行为。

两年之后，我收到了吉林省高级人民法院的裁定：被告人从死缓被改判为有期徒刑20年。

直到现在，我对这个案子还是记忆犹新，并非其情节跌宕堪称电影，而在于酒店服务员的那句证言，恰好让我在阅卷中捕捉到了；正是因为那一句证言，才拯救了一个人的生命。

令人窒息的母爱：
一个爱吹萨克斯管的男孩和他的母亲

一

某天早上,在家中吃完早饭的我正要出门开始一天忙碌的工作,一条微信消息让我的心情不禁跌落谷底:北京李婷律师突发疾病去世。人的生老病死自然不是人力所能抗拒的,这是人生永远的节奏和归属,我也自认看淡离别。但是,这位优秀女律师的英年早逝却让我从心中发出了对人生苦短的感叹。站在玄关的我,看着镜中的自己,虽然已经两鬓苍白,但是至少经历了丰富多彩的人生,在某种程度上,我已经尽己所能去奋斗,去作出我自己能够作出的最大贡献。相比起来,李婷律师的人生和职业生涯刚刚开始,未曾绽放出绚烂的色彩就溘然而去,着实令我感慨。

在这一天的时间里,我的脑海中都不断回想起和李婷律师的点点滴滴。我俩虽然未曾谋面,但是经常在微信上交流。她不仅性格温柔，而且还有着让人惊叹的智慧和成熟。更让我感叹的是，北京的朋友告诉我，自知要告别这个世界的她，特意在弥留之际告诉家人，不告诉任何人她的讯息，故而她的去世也没有引起任何波澜。

谁道人生无再少？门前流水尚能西。休将白发唱黄鸡。她静静地走，但是这份彼此的友情就如那朵云彩，会永远留在我们每个人的心田。微风拂面的时候，也是对这位朋友的思念之时。想到这里，不禁让我想起承办的一个案件。在这个案件中，一位普通的女性，她有一个爱吹萨克斯管的儿子，母子之爱却让人徒留一声叹息。

二

那是一个冬天。上海的冬天总是让人感觉像是人生的缩影。既有渗透骨髓的寒冷，也有明媚温暖的阳光。冬雨过后的街道总是那么的干净，虽然色彩并不复杂甚至稍显单调，但是当你审视之后，总是会因静谧透露的生机而着迷。故事发生在20世纪80年代的虹桥路。熟悉上海的朋友都知道，虹桥路并非车水马龙的主干道或者商业街，稀疏的行人如同点缀一样，让冬天的道路更加美丽迷人，透露出20世纪80年代特有的气质。

在这条小路上坐落着一家五星级的酒店，安静但不失繁华、静谧却并不偏僻的环境吸引了诸多客人。在这样并不宽敞的道路上兴建的五星级酒店自然没有宽敞的专用停车场。在20世纪80年代，这个狭窄的空间甚至连自行车棚都没有，员工自己的“二八大杠”和女士车都没有地方停车。

那个年代，不仅没有私家车，连公交车都很少，班次间隔也很长，绝大多数员工都是骑着自行车上下班。为了解决员工停车难的问题，酒店专门协调交警部门，在门口马路的人行横道上划定了一个区域专门供员工停车，平时还有一位已经退休的老大爷在这里摇着躺椅、喝着茶来看守这些车辆。与其说是看守，还不如说是在悠闲地度过时光。

一个冬季的下午，虽然气温不高，明朗的阳光却让人感到十分温暖。坐在躺椅上打盹的大爷恐怕不会想到，这一天发生的事，让数个人、数个家庭的命运随之改变……学校放学时分，这个大爷就看到一个穿着中学校服的小男孩走过来四下张望了一下，没有注意到大爷。于是，这位小男孩就从这一排停的自行车里面，挑了一辆没有上锁的自行车推了出来。看到这一幕的大爷自然连忙上前阻止，这个小男孩有点惊慌失措，尤其是听到大爷问他以前这里丢了一辆自行车，是不是你偷的？这个小男孩很紧张地承认了下来。

可能大爷也没有当回事，就把小男孩领进了酒店里，交给了一个保安，告知了情况后又回到躺椅上。保安经理见到这个小男孩，并不相信他会屡次盗窃，还怀疑是大爷和保安把小男孩吓傻了。这位经理警校毕业，在当年包分配的情况下，到这个酒店工作，远比去公安机关要求更高。当然，酒店的待遇在当时也是远远高于公安机关，因此许多优秀学生纷纷报名。自然，高要求和好学生的结合，就使能够担任保安经理的这个年轻人素质特别高。一顿安抚后，小男孩恢复常态，但是给出了同样的答案——上次丢自行车确实是他干的。

保安经理感到非常奇怪。按说穿这个学校校服的学生，都是市里孩子，而且看着鞋和书包也并不便宜，他到底为什么会接二连三去偷自行车呢？

三

答案并没有大家想象的那么复杂，甚至简单到让人啼笑皆非。酒店附近有一个专门收破烂的人，跟小男孩说，如果小男孩拿个自行车过来给他的话，就给小男孩20元。上一次小男孩把车子送过去，很轻松地拿到了20元。在20世纪80年代，20元可不是小数目，甚至是一位成年人10天的工资。小男孩拿着这笔钱着实潇洒了一下，请自己喜爱的女孩吃了顿大菜（旧时上海人对西餐的叫法）。所以，小男孩今天还想弄一辆自行车去卖钱，卖掉钱来自己花。要是按照一般人的思路，这个情况直接就打电话报警，让警方去依法处理。但是那个年代的人都有着颇有时代感的热心肠，这位年轻的保安经理不愿意眼睁睁看着这位年轻的男孩子因为这件事毁掉一生，于是就告诉这位小孩子，要么打电话喊家长来处理，要么就报警。

那当然是选择喊家长。这位小男孩几乎想都没想，就给父亲的单位打电话，让在附近开饭店的父亲前来处理。按照常理而言，这个事情很可能就是爸爸过来，赔礼道歉并赔偿损失，然后回到家中把孩子一顿痛打，也就解决了。但是这位小男孩的父母管教非常严格——父亲从日本打工回来开了餐厅，是一个吃尽苦头、脾气十分暴躁的人；而这位男孩的母亲，则是附近中学的校医，事实上，她是非常有前途的医生，就是为了方便管教孩子，才申请从医院调往了学校做校医。也正是因为父母管教过于严格，小男孩没了零花钱又不敢要，才一时糊涂犯了错。

这位母亲进到屋里就打了男孩一耳光。保安经理连忙拉开，向两人介绍了案情，同时给他们看小朋友自己写的过程和他制作的笔录。然后跟他父母说，现在有两种方案：第一种方案是去派出所处理，把这个交派出所，反正你们父母作为监护人来了，一切按照法律的规定去办。第二种方案就是赔偿，因为酒店最近来了好多新员工，其中一位家境也不富裕的女孩子为上班买了一辆新自行车，结果上班的第一天，这辆新自行车就被偷了。当时的人都比较保守，所以上班第一天就丢车的女孩有点害怕，也有点担心，自己家里本身就不富裕，车子还是积攒了好久才买的，于是当场就号啕大哭，最后还是这个酒店派了车把她送回去的。

听到保安经理的话，男孩的父母立刻表示，不要送派出所了，原来被偷的自行车，我们两口子认赔，可以给酒店赔偿 2000 元。要知道，当时一辆新的自行车，才 300 多元，护子心切的父母只想赶紧把事情了结，带着孩子回家。本来这位保安经理就没有难为这位男孩父母的心思，又见到男孩父母那么积极主动地赔偿，也就和领导汇报后同意了赔偿的方案。

四

一走出酒店，父母就动手打了孩子。所有人都认为这是孩子淘气，父母教训一顿的常事，然而，谁也没有意识到，一出悲剧正在上演。

第二天是周末。正常而言，校医周末是不用上班的，但是这位母亲却说要加班，上午去了医院。而孩子的父亲每到周末更是生意最为繁忙的时候。于是这位小男孩就自己留在家中。小孩子总是“记吃不记打”，很快就把昨天的事不当回事了。母亲下午下班回家走到小区，发现小男孩正在和其他伙伴一起踢足球。邻居家长回忆，这位母亲看到儿子踢球并没有发怒，而是很平静地告诉儿子回家吃饭。

半小时后，强烈的煤气味引起了整个小区骚动。小区居民们纷纷走出家门，循着味道过去，发现是从小男孩家门缝里面散发出来的。大家知道煤气是易燃易爆物品，谁也不敢砸门或者是破门，于是拨打了“119”消防队电话。消防队没有钥匙，也害怕斧劈等暴力破门方式引起爆炸，所以赶紧去酒店将父亲找了回来。实际上，直到现在我也在思考，当时消防队究竟是应当冒着风险立刻破门救人，还是为了安全而错失良机？这个问题真的很难决策，不过站在消防队的角度，他们的选择还是最为稳妥和安全的。

父亲很快赶回来拿钥匙打开门。发现家里煤气被打开，母子两个人都已经躺在床上不省人事，处于煤气中毒的状态。救护车来了后马上把母子两个人都拉去医院。但是很遗憾，在路上，母子两人就不幸去世。

出了人命，警方自然要来勘查现场。现场勘查，没有发现外人进入和故意杀人的痕迹，警方在现场的桌子上找到了一张纸条和一瓶可乐。纸条上面写着两行字：为了不让社会再多一个败类，我们先走了。后面是这位母亲的签名。对可乐进行化验后，发现其中有着很高浓度的安眠药成分。这个事实就非常明了，既简单却也让人感到难以接受：男孩母亲在从学校回来之后，把在外面踢足球的孩子叫到家里面，让男孩喝了可乐睡着，然后打开煤气，陪伴着儿子一起离开了人世。这个结果自然让人难以置信。但是随着警方的进一步调查，越发印证了这个事实。警方去男孩母亲的单位进行取证与调查以后，发现男孩母亲挨个屋去自己熟悉的同事办公室闲聊，叮嘱朋友照顾好身体，而且把平时工作和生活中欠别人的一些钱都还了，同时也告诉欠自己钱的同事把钱还给自己的丈夫。此外，警方还在单位传达室中找到了她当天写给一些亲朋好友还没有被邮政员收走的信。可以看出，这件事情从头到尾并不是这位母亲临时起意，而是经过非常充分的考虑和准备后才进行的。但是，究竟有多大的决心，才能让一位母亲狠心夺走自己亲生儿子的性命呢？

如果这件事发生在现在，必然会在网络上引起轰动，成为百万人热议的一个社会热点事件。虽然在当时没有网络，这件事情也通过老百姓的口口相传在上海市引起了轰动。上海电视台当时有一档节目——《道德法庭》，收视率很高。发生这个案件后，《道德法庭》赶紧制作了一个专题节目，邀请来自各行各业的嘉宾进行讨论，除了专业律师、警官，还有市民、学生等。我也受到了电视台的邀请，而这期《道德法庭》的名字，就是“一个爱吹萨克斯管的男孩和他的母亲”。直到那时我才知道，这位男孩实际上十分优秀，不仅学习成绩不错，而且还非常喜欢吹萨克斯管，他参加了学校的业余乐队，和朋友、同学、老师的相处也非常好，没想到一时糊涂贪图点零花钱结果引出了这么一出悲剧。

在节目的进行过程中，大家在对母子两人的悲剧表示悲痛和同情的同时，均将批判的矛头对准了涉事酒店，尤其是这个保安部的经理，对其行为进行了一番狂轰滥炸。有的时候，就是那么奇怪。事情出了，但是必须要找一个“负责”的人，市民开始轮番采取各种手段去“讨伐”这个酒店和经理，有的直接去酒店“要说法”，有的去公安局要求处置酒店和那位保安经理，有的则写信给电视台、广播台、报纸要求刊登文章。据当时在电视台的一位朋友说，他们收到的信几乎装满了整个麻袋。在这样的一种氛围之下，保安经理成了众矢之的，上海市公安局因他涉嫌非法拘禁而立案侦查。

五

不得不承认，有些时候，一个人一旦融入社会，所有个性都会被这个群体所淹没，个体的思想也立刻就会被群体的思想所席卷；而当所谓的群体性存在时，不可避免地带着情绪化、反自然、反科学等特征，洋溢着“盲目”“冲动”“狂热”“轻信”的氛围。所以，我在管理我们律师事务所时，总是会告诫年轻律师，律师一定要培养自己独立思考、分辨是非和解决矛盾的能力，要坚持批判性思维的习惯，绝对不能盲从。对网络信息的分辨与处理，更要慎之又慎。

对于非法拘禁罪，每个法律从业者都可以非常清晰而准确地说出其概念和定义。此案件中，这位保安经理无疑限制了小男孩的自由，这是无可争辩的。但是他的行为真的构成犯罪吗？在当天的节目中，我对此表示了怀疑的态度。令我感到意外的是，也许看到了这期节目，这位姓徐的保安经理找到我，希望能够委托我为辩护人。当时的他已经被刑事立案，警方认为他没有危害社会的可能而没有逮捕，而是采取取保候审的强制措施，正在等待进一步的处理结果。徐经理见了我第一句就是，翟律师，我没有犯罪，您要帮我证明清白！

这个案子的案情并不复杂，甚至大学法学院的本科生都能准确地从法律的角度对这个案件进行分析。实际上，这件事对我压力最大的并非法律的规定，也不是对这位徐经理是否构成犯罪、构成何种犯罪、判处何种刑罚的分析，而是来自社会，甚至是我身边的舆论压力。

需要承认的是，当时的社会对刑事法律的认识存在一定的缺陷，现在我们看到的新闻报道往往是“某某涉嫌什么罪被立案侦查”，而当年报道的方式往往是“某某因为什么罪被公安局绳之以法”，倾向性极为明显。当事人在没有得到判决前，基本上已经被定罪，“被抓进去的肯定都是犯罪的”，这几乎是社会大众的共识。因此，在报道徐经理被立案侦查的过程中，所有的媒体几乎都采取了“绳之以法”“罪有应得”“投入监狱”“得到惩罚”这样的字眼，几乎所有人都认为他是有罪的。更糟糕的是，不久之后，孩子父亲在接受采访时说的话，更是在这团火苗上又浇上了满满一罐汽油。据孩子父亲叙述，这天孩子回家之后，晚上向夫妻二人哭诉，说他根本没有偷自行车，而是当他走过酒店时看到一辆从来没见过的新款自行车有点好奇，刚要去摸摸就被酒店里的看车大爷抓到酒店里。酒店保安好似凶神恶煞，然后保安部经理就把他关在一个小房间里面，逼他承认，但是他根本没有偷车。男孩父亲声泪俱下的叙述，一时让大众哗然，更是让酒店和徐经理成了“人人得而诛之”的罪人。

六

我认为，当社会都在指责一个人的时候，这个人根本就没有还手之力，只能接受大众加到自己身上的所有压力和指责，他们就是待宰羔羊。这种现象，绝对难以被称作正义，这时更需要体现律师辩护权的价值。因此，无论周围的人多么反对，我没有任何犹豫，接下了这个案子。

当然，理想和现实之间总是存在差距的，也绝非单纯地依靠努力就可以弥补。接受委托后，第一步就是去接洽公安局，争取在侦查阶段以“不构成犯罪”或者“不认为是犯罪”撤销案件，没有成功。第二步是在案件移送检察院审查起诉后去接洽检察院，争取能作出不起诉的决定。但是办案机关依然没有认同我的观点，案件最终走到了法院。现在想起来，虽然当时有些不解和愤慨，但是作为国家司法机关，在万众瞩目之下，如果偏离大众预期，没有将徐经理“绳之以法”，一定会面临巨大的压力与民意反弹。故而，公安机关与检察院的处理结果也就不令人感到奇怪了。

说到这里不禁让人感慨，舆论监督司法活动本身没有任何问题，这也是维护司法正义与监督司法活动合法进行的重要手段。问题在于，采取舆论监督的民众，是否能以一种客观、科学的态度去看待和分析案件，是否能够最大限度地避免心中的偏见？

当然，我并不是说老百姓面对社会热点应当保持沉默；恰恰相反，老百姓的义愤填膺正体现了我国传统道德和社会大众的朴素正义感，对于社会热点问题的大讨论恰恰是社会进步的体现。但是，社会大众的思维往往受到媒体等主流声音的极大影响，如果在对每个事件的报道中，媒体采取的都是如“绳之以法”“罪有应得”“投入监狱”“得到惩罚”这样的字眼，那么，将很难要求每一个普通人都能客观、冷静地思考。而这种未经客观、冷静思考下的发言，对于我国法治建设的进展，无疑也是一把“双刃剑”。

更为不利的一点是，现在大家都知道，在公安局侦查阶段律师就可以介入，发挥自己的价值，利用辩护权来维护当事人的合法权益。但在九七年《刑事诉讼法》大规模修订前，根据规定，律师在案件已经被检察机关提起公诉进入到法院审判阶段后，才能以辩护人的身份参与整个刑事诉讼的流程。也就是说，当时的我还是什么都做不了。

当年的刑辩律师，除了庭审之外，能做的工作也就是通过会见来了解案情，然后在案件移送到法院之后阅卷。因此，辩护律师很难准确了解案情，也很难完整地掌握控方证据做好开庭的准备，往往是以“上有老、下有小、初犯、偶犯、胁从犯、认罪态度好”等套话去辩护，辩护的效果也很难保证。实际上，这是一种“短平快”的处理模式。这个案件中，徐经理没有被羁押，因此，在此之前我就和他聊了很多，基本上已经知晓整个案件的情况。待案件移送法院可以阅卷之后，我就立刻前往法院查阅证据。

直到这时，我才知道，在这个案件中，许多事情还没有浮出水面，不仅媒体没有披露，连我的当事人都不知晓。

七

通过查阅卷宗后发现，首先，这位母亲给自己的丈夫留下了遗书，交代了许多后事，包括欠双方父母多少钱、自己家的水电费去哪儿交等，还有这位母亲同事做的证言笔录，上面列举了母亲事发上午在学校安顿后事、在可乐里投放安眠药的诸多表现。

就媒体对于这些情况都没有披露。因此，作为一个律师，对任何一个案件要做评论的话，绝不能仅根据媒体报道轻率发言。在很多的情况下，媒体的报道是不全面的，也难以称得上客观、准确。这个案件，直到现在我也经常向现在我所的年轻律师讲，作为一名中华人民共和国执业律师，作为中国法治事业的参与者，在处理案件的过程中都知道以事实为依据，那么这个“事实”到底是指什么呢？

就社会大众而言，主流媒体所言即事实；而就律师这种职业法律人而言，所谓的事实必须是由证据体现的事实。换言之，这种事实是被法律抽象性地评价和选择后的事实。

但是不论我在这里如何撰文或者是感叹，当时的客观环境导致案件的办理中存在诸多的压力，尤其是来自媒体的压力。无论是公安机关的侦查、检察院的审查起诉，耗时都远超一般案件。这种不正常的耗时，其根源在于司法人员的过度谨慎，力求在案件的处理中“不出问题”“不出毛病”。虽然本案被告人未被羁押，但高羁押率的情况直到如今仍然存在。如果真正按照法律规定去认定案件的相关证据和事实，慎重地采用剥夺他人自由的强制措施的话，相信又将是我国刑事制度的一次重大进步。

最终，徐经理的案子勉勉强强、拖拖拉拉地到了法院审判阶段。案件既然是法院审判，那肯定是要公开，而不断发酵的舆论热度也使当天开庭显得十分热闹。庭审现场安排在上海市长宁区人民法院最大的法庭里，出庭支持公诉的公诉人是长宁区人民检察院的两位副检察长；男孩的父亲也请了两位律师，代表被害人提起了刑事附带民事诉讼；而坐到辩护人席上的，只有我一人。

开庭时，我赫然发现，这两位作为刑事附带民事诉讼代理人的律师，曾经在电视节目中出现过，而且对酒店和保安经理的行为大为批评，给予有罪的评价。也可能恰恰是因为这个观点，男孩的父亲才请他们来作为自己的代理人。这就比较尴尬了，因为我作为辩护人不仅要应对两位公诉人，而且还需要应对两位律师，而这两位律师不仅在上海颇有名气，而且一位还是我的大学同学，因此我肩上的压力还是蛮大的。

在案件庭审开始的法庭调查阶段，男孩父亲极力否认孩子偷窃的行为，但是就专业角度而言，这一论点无疑是站不住脚的。首先，他的说法没有任何证据加以佐证；其次，就客观实际而言，虽然男孩在当时是未成年人，但毕竟是一个中学生，不仅那个笔录是他自己亲笔书写，而且还辅以看车老人的证言。从社会常理、生活经验来说，其盗窃行为大概率是可以认定的。

当然，最为重要的还是男孩母亲留下的遗言。一般而言，人们在立遗言之时，所流露的多是对世间和家人的留恋，而且迫近死亡的现实也使他们所立遗言往往不够条理清晰，但是这位母亲的遗书却冷静得可怕。在这封遗书之中，仅仅提到了两句话，首先一点是早点把借父母的钱还给父母；其次她提道，为了社会上少一个败类，我们先走了。我们无法也不能评价这位母亲在当时的心态与情绪。但是，至少我们可以从中看出，在这位母亲心中已经确信自己的儿子有偷车的行为。也许她自己对儿子寄予殷切期望，这种“望子成龙”的心态一旦破灭，前后期望值的反差与难以名状的悲哀，让她痛下决心，带着孩子离开这个世界。

但是，这样的刚烈究竟有必要吗？这位母亲带走孩子的行为，到底是如她所言“为了社会”，还是仅仅因为自己心中的“望子成龙梦”

破灭了呢？无论如何，这位母亲的做法，都是令人惋惜、难以理解的。

在庭审中，孩子是不是真的偷了车的事实，始终不是控辩双方争议的焦点。这也从客观上反映出，大家从潜意识里都认为，就未成年人而言，这实在算不上什么严重的错误。当然，控方和原告代理人这样提及，也是有其明确的目的指向，证明孩子没有过错，从而论证这位保安经理对其控制的行为构成犯罪。客观而言，他们对孩子偷车行为的论述我是赞同的，但对于我当事人有罪的论证，我坚决不能同意。

第一，这个案子有非常明显的“未审先判”的情况，能够确定是否构成犯罪、构成何罪、处以何刑，必须也只能是人民法院才有的权力。但是在未宣判前，整个案子的情况都被社会大众和媒体所知，并且形成了一个虚假的前提。这个虚假的前提是什么呢？是所谓的“因为被拘禁，母子二人双双自杀”。可是，这是“双双自杀”吗？实事求是地讲，这是母亲故意杀害了孩子，而后自杀。因此，在法庭上我充分阐述了自己的观点。必须要从根本上研究和正视案件的根本事实，才是能够得出科学、准确、完整的法律判断的前提。导致孩子和母亲双双死亡的事实，其客观上的直接原因，就是母亲有计划地故意杀人行为。

第二，煤气中毒死亡不是一个瞬间的过程，而是缓慢致死。因此，如果当时能够及时进行抢救，那么这对母子就很有可能避免逃脱死亡的悲剧。那么，如果母子都没有死，或者说只去世一个，我们还会不会、能不能去追究保安经理非法拘禁的刑事责任呢？是否就会将目光集中在母亲的行为上呢？难道追究非法拘禁罪的前提是母亲与儿子死亡了吗？因此，如果我们抛去偏见，仅仅用法律人客观的视野去审视这个案件，我们会发现，在这个案件中，还有一个需要被审判的人，那就是这位刚烈的母亲。

第三，这位保安经理作为被告人，其行为究竟有什么错？是否真的触犯了《刑法》的规定？他哪一步的处理是错误的，或者说这种过错可能直接导致这两个人的死亡？就法律的角度而言，他的行为和两人死亡之间，并没有因果关系，甚至可以说，他暂时限制孩子自由的行为反而是尽职尽责的表现。一位保安经理，遇到可能盗窃自己企业员工财物的情况，难道不应该积极地制止和处理吗？而且，即使是暂时地限制了自由，也仅仅是让小男孩做个笔录，同时等待家长前来处理。这就像是一位孩子调皮，将邻居家的玻璃打碎，邻居先不让他走，让他打电话喊家长，这是不是符合最基本的社会常识？

因此，被告人应当无罪。

当然，除了一些纯粹法律技术的分析，在这场庭审之中，为了达到最终效果，我设计的诉讼方向就是不与被害人的两位代理人争辩过多，而是将“火力”集中对准公诉人。为什么？因为，如果我与那两位代理律师过多争辩，那么就会无限度地陷入道德与伦理的争论之中，而母子两命的事实是无法否认的，无论我如何“巧舌如簧”。在这种情况下，只与代表国家进行公诉的公诉人就犯罪构成要件进行交流和争论，一方面避免了我方道德上的负担，另一方面也有效地促进案件诉讼的顺利进行，为法官的最终判决提供帮助。当然，在最后的陈述中，我也对媒体“标题党”“煽情”“噱头”等行为进行了批评，这是一种不负责的表现。

最终，法院得出了判决——那位徐姓保安经理，无罪。

糊涂的人和糊涂的事：“站着”的强奸

一

不可否认，人类作为万物灵长，首先具有动物性，有着最为基本的生理需求，即生存与繁衍。但是，人之所以为人，是人能够采取各种手段，有效地控制自己的欲望。相应地，国家也制定法律，来维护道德底线，维护最基本的社会秩序。

比如，几乎所有的国家都规定有性侵类犯罪。和故意杀人、故意伤害一样，这种行为本身即具有当然的反社会、反道义的性质，即使没有法律规定，也是人类社会所不能允许存在的行为。因此，在法学界，这种犯罪也被称为“自然犯”。可以说，从人类社会诞生起，无论任何时期、任何文明的国家，都会将强奸视为犯罪，这是人类共同体基本道德所决定的。

每个时代都有体现其独特的时代烙印的犯罪行为。换言之，一个时代的社会背景和经济条件决定了当时何种犯罪行为比较高发。

例如，在20世纪八九十年代，入室抢劫尤其是抢劫出租车的犯罪行为屡见不鲜，但是这些年却大幅减少，为什么呢？一是出租车司机都用微信或者支付宝收款了，身上几乎没有多少现金；二是到处都是天网工程和监控录像，犯罪几乎没有逃脱的可能，即便是抢出租车，也会因为GPS定位而在很短的时间里被绳之以法。但是，同时大家可以发现，随着经济的发展和经济活动的日益丰富，尤其是金融这一产物日益被大众所熟知，经济犯罪在近些年大幅度增加。最典型的就是非法吸收公众存款罪，一方面社会流动资金增多，另一方面人们的金融意识和理财意识提高，导致了这一犯罪的发生率不断提高。

当然，有许多犯罪是没有时代背景的，最典型的就是盗窃罪。记得有人类学家研究，在猴子的社会，一些体弱多病的猴子无能力去寻找食物，那怎么办呢？只能去盗窃，偷其他猴子的食物吃。甚至在别的动物社会，这种现象也层出不穷。因此，盗窃罪也被称为生物世界"历史最悠久"的犯罪。

1979年，我们国家公布了第一部《刑法》。在为数不太多的法律条文中，强奸罪虽然只是其中很普通的一个条文。但是，在我的印象里，在当时的司法实践当中，强奸罪占着很大的比例，同类犯罪诸如流氓罪也极为常见。无论是强奸罪还是流氓罪，被判处死刑的概率都很高，甚至在所有死刑案件中"名列前茅"。换言之，强奸罪不仅多，而且判得非常重。

当时社会中的人思维较为保守，婚前不可能发生什么事情。而且就算是有钱，都没有地方去解决，因此才导致当时强奸罪的犯罪率如此之高。也正因为这一犯罪行为给社会带来的危害性极大，量刑也较重。

此外，在犯罪手段上，强奸罪当前和之前，也呈现出极为明显的不同。之前的强奸犯罪是的的确确的强奸，即行为人为了满足性欲望，直接采取暴力手段去压制女性，而后强行完成性行为。

如今的强奸罪却有明显的"变异"倾向。近些年，我国的强奸罪犯罪率不断降低，而且现有的一些强奸案中，很多都是因为情侣纠纷、单方面报复或者泄愤甚至是嫖资纠纷而引起的，单纯为了性刺激而强奸的已经少之又少。这些案件与之前案件的特点具有显著不同，我将它们称作非典型强奸案。

执业生涯中，由于我主办刑事辩护，因此也接触了形形色色的强奸案。有很多案件，直到如今依然让我印象深刻。

二

1993 年的时候，很多家庭还没有电话，电视也不是很普及，那么人们在闲暇时主要的娱乐活动是什么呢？就是没事看看报纸。结果就是这么随意地一看，我看到了一条非常令我感兴趣的信息。当天的《新民晚报》中刊登了一篇文章，里面的内容是对一位年轻的检察官提出表扬，表扬他"火眼金睛""明察秋毫"，抓获了一位诬告他人强奸的女子，避免了一起错案的发生。

当时的我出于职业敏感，饶有兴趣地看完了整篇报道。没想到数天之后，区法院的一位法官打电话告诉我，有一位涉嫌意图使他人受到强奸罪追究的嫌疑人，现在检察院已经起诉到法院。这个被告人是一个从外地到上海来打工的女孩子，在上海也没有什么亲属。但是案子已经要开庭了，根据当时的《刑事诉讼法》规定，被告人只有在案件移送法院进入审判阶段时才能聘请律师。因此，区法院想请我来提供法律援助。我听了以后，立刻想到报纸上的那件案子，于是很快答应下来。

现在大家知道，对于一些家庭经济困难的犯罪嫌疑人，可以前往各个地区的法律援助中心寻求援助。那为什么在这个案件中需要法律援助是法官直接找我呢？因为在当时国家并没有设立法律援助中心，所以往往是当事人提出要求，由主办法院和主办法官来进行选择和指定律师辩护。

根据现行《刑法》规定，捏造事实诬告陷害他人，意图使他人受到错误的刑事追究、情节严重的，构成诬告陷害罪。有意思的是，在 1979 年，当时的《刑法》规定了"诬告反坐"制度，也就是凡捏造事实诬告、陷害他人（包括犯人）的，参照所诬陷的罪行的性质、情节、后果和量刑标准给予刑事处罚。换言之，如果认定这位女孩的诬告罪成立，那么应当认定的是强奸罪。

说实话，这个规定极为不科学，但是在悠久的历史长河中，"诬告反坐"是我国刑法的重要原则，即采用"以其人之道还治其人之身"的方式，以所诬告之罪加于诬告者之身。

实际上，在秦朝"商鞅变法"之后，在法家"罚当其罪"思想的指导下，就正式确立了"诬告反坐"的刑法原则。早在"商鞅变法"时期，由于奖励告奸，告奸者与斩敌首同赏，使告奸之风大行其道。为防止因告奸而产生诬陷、继而导致社会动荡不安，就必须严惩诬告者。统治者通过监察机制监控各级官员，限制甚至严惩诬告行为，以达到"省刑息诬”的目的，“诬告反坐”恰恰体现了这一思想。

换句话说，你若是控告别人有杀人罪，但是经过侦查以后发现系诬告，那么你就会被以故意杀人罪的罪名来追究刑事责任。这就产生了一个问题，即如何甄别你是故意诬告还是检举失实呢？因此容易发生冤假错案。所以，在当今的法治建设中，所有国家基本上抛弃了对于这种诬告陷害罪的“诬告反坐”制度，认为诬告陷害罪是一种独立的罪名，应当有自己相对确定的法定刑。

三

回归案件，一旦最后认定这位女孩是诬告陷害，那么就必然会被定为诬告陷害罪，然后按强奸罪来定刑处罚。而根据当时《刑法》规定，强奸罪的第一档刑罚是 3 ~ 10 年有期徒刑，在当时的大环境下，强奸是一个被重点打击的犯罪，因此往往都会被判处较重刑罚。

所以，这位女孩面临的是一项重罪指控。感到事态严重的我立刻约好法官，第二天去法院阅卷。说起阅卷，这是律师的一项基本功，但是我这些年发现了一个现象：无论是法院整理的案卷还是律师自己归档的案卷，都越来越厚，其中固然有社会发展导致案件越来越复杂的原因，更为重要的是，现在的卷宗都不需要手写，全部打印和复印，很容易就可以整出一本很厚的卷宗。

在当年，阅卷可是一个辛苦的事。连打印机都很少，更不要谈复印机了。因此，那个时候的阅卷就是摘抄，就是拿一支钢笔、一堆纸，去挨个摘抄其中的内容，工作量实际上很大。一些程序化的内容可以不摘抄，但是，动辄数十页的讯问或者辨认笔录，必须要挨个抄写。

说起来很有意思，我也想对年轻律师多说几句：现代科技的发展极大地改变和方便了我们的工作，一部手机可以代替大部分的法律书籍；但是在当年，所有的法律文书都是手写的，每位律师也练出来了在白纸上把字写成直线的本领。此外，在当时的社会，人情味还是很浓的，许多事情的处理并不是如现在一样特别正规，我们可以经常到法官的办公室去边讨论、边阅卷，而在如今这几乎是不可想象的，这可谓我们这一代律师的"时代烙印"。

到了法官办公室之后，我发现除了法官，屋里还有一位我不认识的警官。经过介绍我才知道，这位是主办该案的某区公安分局的副局长。我感到十分奇怪，调卷怎么还需要一位公安局的副局长亲临呢？

这位副局长一见我情绪就十分激动地说道，"翟律师你知道吗？现在检察院认为犯罪嫌疑人是诬告陷害，虚构一名男性强奸自己的事实，现在这名男性还依然被关押在看守所。但是，直到今日，我们公安机关依然认为，在这个案件的侦办过程中，事实清楚且证据充分。我们也多少次向检察院反映了这个情况，但是检察院依然强硬地要求追究这位女孩的刑事责任。此外，这位男性并不是公安机关抓获的，而是主动到派出所投案自首的，因为他的姓氏（冒）很少见，也非常特别，因此我（副局长）的印象非常深刻"。

"冒某在投案之后，对于强奸行为做了全面的交代，也交代了女孩的工作地点和姓名。公安机关根据供述，第二天找到了这位女孩。因为当时社会风气还比较保守，因此她羞于报警，直到警方找到她后，她才把事情向我们公安干警叙述了一遍，而且叙述的内容和冒某供述的内容完全一致。看起来这个案子应该没有什么问题。因此,我们将冒某逮捕并且羁押在看守所,最后按照法律的规定,在案子侦查终结之后,应移送给检察机关审查起诉。但是,令我们想不到的事情发生了,检察院认定女孩子诬陷,让我们逮捕女孩子。同时检察院让我们释放冒某,我们没有同意。”

听完这位副局长的讲述,我感到难以置信。很难想象,在一个案件中,公检两家会有如此南辕北辙的看法。也许,在这种情况下,法院也备受压力,对案情也是一头雾水。出于查清案件事实和排解某些压力等原因,才打电话找我来进行法律援助。

听到这儿,任何一位刑辩律师估计都会对案件产生极高的兴趣。但是无论处理过程和情节如何曲折、令人难以置信,刑事辩护绝对不是演戏,而是必须要建立在事实和证据的基础之上。公安机关与检察院的分歧令我警觉起来,必须要从事实与证据入手,谨慎形成辩护意见。这位副局长结合卷宗,开始向我讲解案件的具体情节。

四

女孩子在上海一家招待所做服务员。冒某则是来自温州的一个个体户,想趁着改革开放的春风,来十里洋场寻找机遇。但是因为在上海没有熟人也没有家,他就包了这家招待所二楼的一间房间,长期在这个房间里居住和办公。这个冒某不仅年轻,而且人长得挺帅,口才还好,因此和这个招待所的年轻女服务员们混得很熟。有时候,年轻男女在一起难免打打闹闹,或者说不可避免有一些调情和暧昧的行为；晚上回到招待所时，冒某也经常请服务员去吃夜宵。

这天晚上，冒某在外奔波回到招待所，看了一会儿电视。那时候没有手机和电脑，他觉得非常无聊，就想找二楼的服务员聊聊天打发打发时间，结果二楼的服务员也不知道到哪里去了。就在这时，他看到了本应在一楼服务的女孩上到了二楼。两人很熟，聊了两句之后冒某就回屋洗澡，女孩在二楼的吧台值班。

不一会儿，女孩看见冒某披着毛巾走了出来，一边走一边抱怨洗澡间的水龙头不出热水。女孩也没想那么多就到冒某的房间里帮忙查看水龙头。没想到的是，女孩进入卫生间后，冒某就把门反锁住，开始对弯腰查看水龙头的女孩动手动脚，意图强奸她。女孩拼命反抗，但是还是抵不过身体强壮的冒某，就在卫生间里站着被冒某强奸了。

结束之后，正在低头清理的冒某一下子惊呆了。他赫然发现，这位女孩竟然还是一位黄花大闺女。情急之下，冒某竟然脱口埋怨女孩，为什么不早说？这位女孩也傻了，脑袋感觉一片空白，就赶紧向经理请假，回到了宿舍。回到宿舍的她和同事说了这事。有的人劝她赶紧报警；有的人却说，事已经这样了，报警也改变不了被强奸的事实，而且对自己的名声也不好，还不如去找冒某私聊，要点钱出来。

这个女孩也是比较单纯，第二天就这么糊里糊涂地去找冒某"谈谈"，要冒某拿点钱来赔偿。结果没想到，冒某又拖着女孩进行了一次性行为，这次女孩没有反抗。完事之后，在冒某给钱的时候，女孩一下子清醒过来，我这是在干什么，怎么又来了一次？心乱如麻的她不知何去何从，只好离开招待所，前往嫁给了一位上海工人的姐姐家。

到了她姐姐家之后，出于羞耻心，这位女孩只敢讲头一天的事情，没敢讲第二天的事情。姐姐一听自然不答应，但是有点法律意识的她知道，现在没有什么证据，要想能够告赢恐怕很难。因此，这位姐姐带着女孩又回到招待所，找到她的同事，问问他们能不能出来作证。可能在这个过程中，有的服务员就把这个事情告诉了冒某，所以冒某就赶紧先到了公安局投案自首，女孩也根据法定的程序去公安局做了证言，这个案子看着基本上没有什么问题了。

但是，令人啼笑皆非的事来了……

五

在案件移送检察院进行审查起诉后，那位受到表扬的年轻检察官成了负责该案的办案人。但是，没有想到的是，他竟然在审核后告诉公安机关，这个不可能是强奸，其理由是：站着是不可能强奸的！

说到这儿，我也不知道做何评价。可能是当时这位未婚的男青年对很多事有自己的理解，也无法获取相应的信息，因此才用这样一个逻辑作出了独立的判断。在这种主观判断之下，检察官将女孩叫到检察院，并且非常严厉地进行了询问，其中有大量的“不老实就怎么怎么”的语言，结果女孩子一害怕，就把第二天早上的事情也告诉了检察官。

这样，本来就认为站着不可能强奸的检察官更加确信，他们两个人就是自愿发生的性关系，于是便认为是这个女孩子涉嫌诬告陷害，最后决定对这个女孩进行立案侦查。客观地说，当时的公安机关对于这一立案要求十分抗拒，但是禁不住这位检察官的强硬要求，最后还是拘留、逮捕了这位女孩，最后到了法院的审判阶段。

听完副局长对这件案件的详细叙述，我和这位副局长、法官都面面相觑,感到哭笑不得。此外,副局长还说了一个更为紧迫的情况："检察机关命令我们放人,作为公安机关,根据法律的规定是必须放人的。但是我们心里很清楚,一旦冒某被放出去,必然会出现口供的变化,这个案子到时候就真的说不清楚了。"因此,副局长一方面申请上级检察院进行复议来拖延时间,另一方面希望在没有把冒某放走之前,法官亲自对冒某进行提审,看看他现在到底是怎么说的,把这些供述先固定下来。

现在的刑事辩护实践中,法官很少会主动地去看守所提审犯罪嫌疑人,其状态更像是一个居中的裁判者,很少会主动地采取措施推动案件的处理,这也是"以庭审为中心"的司法制度改革的发展方向。但是,当时的刑事案件的处理流程,是以纠问制为核心建立起来的,庭审中绝大多数的内容是法官对被告人进行提问,公诉人和辩护人都较少发言;即使是提问,其内容也是在补充和完善法官提出的问题,法官在庭审中有不可替代的权威性。

为了确保案件庭审的顺利进行,取得一个理想的诉讼效果,在当时纠问制的庭审模式下,法官会经常性地组织调查,如去案发现场进行复查、去看守所进行提审、去找证人调查取证等,与现在的办案思路与方法截然不同。

六

这次提审,我之前并不知情。但是后来听法官叙说,我才知晓当时提审过程的刺激、紧张,几乎像是演电影一般。法官和副局长一起前往看守所提审冒某(现在看起来,侦查人员和审判人员一起提审,确实违规)。就在两人刚刚踏进审讯室的时候,得到消息的公诉人突然出现,想阻止副局长和法官进去,说对冒某我们已经决定释放,你们无权提审。更为重要的是,也不知道是故意还是因为平时嗓门就大,这位公诉人说这段话的时候很大声,正在提审室里坐着的冒某听得一清二楚。

但是,这位法官态度非常坚决,说明自己目前有权提审,并带着书记员一起对冒某进行了一系列的讯问。

冒某并没有对事实进行更改,也没有出现虚假陈述和翻供的情况,而是原原本本讲出了事情的经过,并且承认第一次发生性关系的时候,女孩确确实实不愿意,一直在反抗,是他在身后压着女孩才站着完成了强奸;而且女孩确实是处女,这一直让他十分后悔。

怎么说呢,现在看起来,冒某的行为固然不检点和可恨,但是至少还没有堕落到违背自己的底线、良知和道德。

在法官和公安机关的共同努力下,这起诬告陷害案很快开庭审理。在庭审质证阶段,我就向公诉人表达了自身的观点。这个女孩子要是想诬告陷害冒某强奸是不可能的:女孩是处女,其根本没有性生活的体验,也没有了解和接触性行为的机会;因此,假设她诬告强奸,那么直接按照符合常理的说法,宾馆屋里有张床,把我按到床上强奸了不就可以了吗?有什么必要和意义去编一个这么复杂的情节,说站着被强奸了?而且公诉人有什么事实和理由认为不可能站着强奸呢?

庭审中,法官依法向各方出示了对冒某的讯问笔录。这么一来,事实就变得非常清楚了。我在心里拿定结果的时候,公诉人突然在法庭上举手说,鉴于这份证据的出现,公诉机关需要调查核实,所以公诉人现在申请本庭延期审理。我到现在还记得，公诉人这句话说出口时法官诧异的表情。

我担心法官真的给了延期时间，中间又会出现别的变数，于是立刻举手要求发言：公诉人为什么要求延期呢？是因为出现了这个新证据让你主张的事实出现了动摇是吗？那么，定罪的基本要求——事实清楚、证据确凿充分，是不是意味着目前无法满足这一条件？

此外，根据当时《刑事诉讼法》的规定，逮捕的条件还是比较严格的。因此我认为这位女孩已经不满足被逮捕的条件；公诉人既然要求本案延期审理，那么我作为辩护人，依法也可以向合议庭申请，对被告人变更强制措施。

法官马上宣布，休庭半小时后继续开庭。其实这个休庭持续了两个半小时，这也是我执业生涯中所经历的最长一次休庭。

后来，我才听法官说起这两个半小时里发生的故事：休庭后，合议庭成员立刻一起向院长汇报。院长也不好直接做决定，立马打电话喊来了检察长一起进行商议。经过几方不停地磋商最终得出了结论：在宣布本案延期审理的同时，被告人被批准取保候审。

强奸案涉及个人隐私，属于不公开审理的案件，所以当时女孩的家属并没有到场。可能读者会问，不能进去听庭审，还不能在审判庭外面等着吗？由于女孩的姐姐嫁给了一位残疾人，家住在宝山区，路程太远，就没有来到庭审现场。因此，法院宣布取保候审后就出现了一个问题：没有保证人。

怎么办？法官就对我说，翟律师，没有保证人，那只能你来做保证人。你把她领走，签一个保证书，保证她到时候能来接受审判。这一天，我记得很清楚是 12 月 9 日，我不仅经历了我执业生涯中最长时间的休庭,而且也第一次当了被告人的保证人。

实际上,这一天也是我一位亲人的生日。本来我们一家人已经约好,等我这次庭审完成后一起去庆祝生日,所以那天我就领着一位被我保出来的女孩回到了家。那个时候居住条件都差,我家里面也是非常小的,根本不可能也不方便让外人居住。

苦恼之下我突然想起,有一位朋友开了一家小饭店。于是,我带着小女孩来到这个饭店去找这位朋友。然后对他叮嘱道,就让这个女孩子在你的店里面当服务员,千万不能让她离开上海,或者你就稍微多给她点儿工资,这个差价我给你补。说实在的,作为保证人还是有一定责任的,因此,我必须要想方设法把这个女孩留在上海。

事实证明我多虑了。第二天我就接到了法官的电话,检察院向法院提出了撤诉申请。根据当时的《刑事诉讼法》,需要说明不起诉的理由,要么是罪行轻微不起诉,要么是更为直接的无罪不起诉。

听到这个消息后,我下意识认为,这个案子应当是检察院发现了自己的错误而作出的无罪不起诉,但是后来接到检察院的文书,其结果是免予起诉。也就是说,检察院依然认定这位女孩的行为构成诬告陷害罪;但是,由于情节较为轻微,因此检察院作出了免予起诉的定论。

七

这么看起来,是不是这个辩护已经很成功了？女孩没有被追究任何刑事责任。但是说真的,我是十分不服这个判决的,甚至感到十分愤怒，这哪里有一点儿诬告陷害的犯罪行为？这位女孩没有向司法机关作出虚假陈述，所讲全为事实，只不过在遭受强暴之后，措施失当。我们能苛求这样一个女孩完全严格地按照法律去行使自己的权利吗？固然，事后她想要些许补偿确实存在一定程度的不当，但是，这个行为和诬告陷害有关系吗？

因此，检察机关虽然没有起诉，但是作出了一个有罪的决定，从内心来说，我是十分气愤的。

于是，一方面，我按照法律的规定，向上级人民检察院提出申诉，要求作出彻底无罪的不起诉决定；另一方面，血气方刚的我也作出了一个在如今看起来明显有些不妥的举动：我写了一篇名为《公诉人指鹿为马，检察长欲盖弥彰》的文章和另一篇名为《某某区人民检察院蓄意制造冤案》的材料，火药味十足，将矛头直接指向承办案件的检察长。

而后，我将该份材料寄给了媒体、区的人民代表大会和政协，还有区的党委和政法委，以及上一级的检察机关等。也许是这个冲动的举动引起了有关方面的关注，也许是办案机关也发现了这个案子存在的问题，上海市人民检察院分院作出了最终的决定，撤销了区检察院的免予起诉的决定，直接作出了无罪的决定。

这位女孩在案件结束之后并没有离开上海，而是在朋友的店里当了好几年的服务员，最后嫁给了同样来上海工作的年轻人，开始了新的生活。那么，冒某这位小老板呢？

在 1984 年，最高人民法院、最高人民检察院、公安部颁布了一部名为《最高人民法院、最高人民检察院、公安部关于当前办理强奸案件中具体应用法律的若干问题的解答》的司法解释，其中规定：“第一次性行为违背妇女的意志,但事后并未告发,后来女方又多次自愿与该男子发生性行为的,一般不宜以强奸罪论处。”案发时,这一规定依然有效,是法院裁判相关案件的重要依据。(后来在 2013 年失效)。

因此,根据这一规定,结合当时的情况,第一天的强奸基本上可以认定。但是第二天的行为,就无法确定地认定到底是强奸还是自愿的性行为,根据“存疑时做有利于犯罪嫌疑人的解释”这一原则,最终没有认定其构成犯罪。

现在想起来,这个案子怎么评价呢?两个糊涂的人,做了糊涂的事。但是,好歹两人都并不是罪大恶极的坏人,希望他们在今后都能够有幸福的生活,希望这个小插曲不会影响两人的未来。

情不自禁：
对同处醉态的男性与女性的不同评价

一

之前在这本书中讲到的故事，都相对较为久远，多发生在20世纪八九十年代，但是接下来给大家讲的这个案子，则是我近期接手的案子。

之所以那么快就想分享给大家，是因为这个故事直接展现了辩护律师的价值和作用，也体现了辩护律师对当事人命运的决定性作用，让我感慨颇多。

这个案子是一个二审案件。在案件的一审中，辩护律师坚持进行无罪辩护。客观而言，这位律师的确非常努力，等到一审判决下来的时候，被告人已经被羁押一年半，而这位律师在一审中所作的无罪的辩护意见，并没有被法院采纳。最终，法院以强奸罪判处了被告人有期徒刑3年6个月。

被告人和家属对该案的判决结果非常不满意。因此，经过一审辩护律师（也是我的朋友）的介绍，最终找到了我。实事求是地讲，这位律师水平非常出色，因此他告诉我这个案件的时候，我非常诧异。但是，他电话里的语气充满着疲惫，告诉我自己已经因为这个案子精疲力尽，而且也非常愤慨，这明明是一个应当无罪的案子，但是辩护意见却没有被采纳。

可能是认为我在刑事辩护中经验比较丰富，他也想要为当事人争取一个比较好的结果，因此向家属推荐了我。客观而言，我认为并不是我的水平比这位一审律师要高，很多时候案子的审理需要一种思路，有时候你的思路再有道理，但法院就是不接受，这个时候即使表面上在维护你的辩护权，实际上还有多少价值呢？

这个时候最为有效的方法就是及时撤手，换人处理，有时候思路的转换，往往会起到意想不到的效果。

二

令我意外的是，来找我的家属是被告人的太太。一般而言，强奸罪受伤害最深的除了作为被害人的女性，还有被告人的配偶。毕竟自己的丈夫去强奸别人，还因此被抓，恐怕任何配偶都接受不了，因此我数十年的实践中办理的大量的强奸案件，来委托的往往是被告人的父母子女或兄弟姐妹，很少有太太。

因此，这位太太到来之后，我感到十分惊讶。坦率地说，一个女人为自己的丈夫请律师来辩护丈夫的强奸案，我想这位太太心里面肯定和一般的当事人家属有不一样的滋味。

接下来，这位太太开始向我介绍案件的基本情况：她的丈夫，也就是本案的被告人是国企的一名高管，担任某银行驻上海办事处一个部门的主任，相当有实权且年轻有为，前途不可限量。案发当天，银行总部的几位领导一起到上海来视察，视察完成后，被告人等人就作为东道主在陆家嘴附近的饭店尽地主之谊。

当然了，每个人喝醉后的待遇也完全不一样。领导喝醉了有人照顾，而我们的被告人和一位女中层因为级别并不是很高，所以只能自己照顾自己。怎么照顾呢？酒桌上的领导让这位被告人送女中层回家。

下面的故事大家可能都可以猜到：第二天女中层醒来，发现自己衣衫不整地躺在床上，旁边是自己的同事，然后疯狂地哭泣、报警，是不是？其实，如果真的是这样，一审的刑辩律师就绝对不会主张无罪辩护了，事实很明确了还做无罪辩护有什么意义和必要呢？

根据被告人的太太讲，被告人带着同事准备去酒店马路对面打一辆车，然后送女同事回家。但是这个女同事实在是喝得有点多了，走过马路后就醉得躺在地上睡着了，被告人想要拉她起来，反而被拽得也躺在了地上，竟然也呼呼地睡了过去。

陆家嘴可是上海的闹市区，行人很多。过路群众看到躺在地上的两人，立刻拨打了“110”报警。警察很快赶到，发现地上躺着的两个人，虽然穿着体面却衣冠不整、酒气熏天。由于经常出警处置类似的案件，警方对此情况也非常熟悉，没当回事。女同事已经醉得不省人事，于是警方开始问当时还能回答问题的被告人，你怎么回事啊？被告人回答：和同事一起聚会，喝多了。

当然了，这种情况下，喝多了也就是喝多了，不是醉驾也没有犯罪。警察了解了这个情况之后，问被告人，你需不需要帮助？有没有什么问题？被告人说没什么问题，一会儿我的朋友会来接我的。

其实在人们报警之前，他就打电话给一位身为企业老总的朋友，意思就是我现在喝多了，领导还要我送一个女同事回家，这位女同事现在也不能走路了，躺在地上，所以说想请你帮帮忙。两人关系非常不错，老总单位也在陆家嘴，因此老总很快就派自己的驾驶员开车赶到。

事情到了这里，就开始失控了，而刚才警方出警的记录，也为未来埋下了“祸根”。

三

驾驶员开车赶到后，忙把女同事搀到车上，然后就问家庭住址在哪儿，被告人自然说不清楚，女同事还是醉得不省人事。

这位老总还比较周到，听到自己的驾驶员打电话汇报这个情况，告诉自己的驾驶员说陆家嘴那边有一家不错的酒店，让驾驶员现在用自己的身份证到那个酒店里去开一个房间。驾驶员把被告人和女同事他们一起送过去，让他们在里面休息，自己也就离开了。

之后房间里发生了什么？说真的，到现在都没有人知道。但是，酒店里的视频拍摄到的镜头是：在驾驶员离开房间两个多小时后，房门开了，女同事一个人提着包和自己的高跟鞋，歪歪扭扭地从房间里走出来；而后被告人跟着走了出来，但是上身赤裸，下身只穿了一条短裤。

然后，被告人跟女同事站在门口说了些什么。女同事显然仍有些醉，结果，在被告人搀扶之下，两个人又进了这间房间。需要注意的是，女方全程没有任何反抗和抗拒的动作。

第二天一早，女同事一觉醒来，酒已经全醒了，就问被告人，你对我干了什么？被告人也很直接地就承认了，两人发生了性行为。但是，女同事当天并没有选择报警，而是不断给被告人发微信，问被告人想要怎么处理这件事。被告人一方面在微信里不断地赔礼道歉，另一方面也提醒女方要去买紧急避孕药吃一下。很可能是这句话刺激了女同事，被告人说了这句话之后两人再无交流，最终女同事还是选择了报警，事情走向了司法程序。

无论是面对侦查机关，还是面对公诉机关，被告人对于两人发生性关系的事实没有丝毫的否认，自始至终是承认有性行为；但是，他并不认为自己是强奸，而是认为性行为是双方情愿的。

首先，根据他的说法，当时把女同事送到房间里以后，女同事酒已经醒得差不多了，还跟他谈了许多工作上的事，谈着谈着他就有了感觉与想法，而女同事从始至终根本没有反抗。

其次，对于监控录像，他解释道，完事之后女方想要回家就出门要走，我看她走路还是有些不稳，就出去劝了几句；她想了想就回来了，回到屋里之后，又发生了一次性行为。

因此，他在承认性行为的同时，不断地强调这件事是彼此自愿的，根本不存在所谓的强奸。

听到这样的案情之后，是不是认为这个被告人应当是无罪的？实际上，我认为这样的案件如果做无罪辩护，并不会取得好的效果。

无论是从法律还是从司法实践进行考量，我们可以看出，如果认定强奸罪，最为核心的问题并不是评价是否存在暴力，而是需要对女性发生性行为时的意志进行客观的评价，即发生性行为时，女性到底是不是自愿的，是不是违背了她真实的个人意志。

那么，在这个案子中，被告人发生性行为的举动，到底有没有违背女同事的意志呢？在无法证明房间里到底发生过什么的情况下，只有通过被告人供述、被害人陈述和客观的分析，才能查清事实的真相。

四

一般而言，除了为谋得经济回报或者其他利益之外，发生性行为的前提是彼此之间存在感情基础，如情侣、恋人，或者至少相互间有好感，否则，很难相信女性会毫无基础的与行为人发生性关系。分析这个案子，还是有许多不利因素的：

首先，被告人和女同事是一个单位的，而且都是中层以上的干部，颇有些竞争对手的味道。两人都是负责风控方面的工作，而两人的上司最近也将退休，两人之间必定有一个升职，成为另一人的领导。因此，较劲的两人很难说有什么感情基础的存在。

其次，就算是两人有一定的感情基础，不可否认的是，被告人和女同事当时均处于醉酒状态之下。这是案件最为棘手之处。

我们知道，喝酒的人无论醉成什么样，只要不是病理性醉酒，就必须负刑事责任。因为你在喝酒前，已经预料到自己的判断力和控制力会因此受到影响，就法律而言，属于“原因自由行为”，和吸毒以后不影响刑事责任能力是一个道理。

所以，醉态不属于责任阻却事由，对于男性来说，定罪和量刑不会受到任何影响，不会因此脱罪，也不会被从宽处理。但是，对于女性来说，可就完全不是这么一回事了：女性喝醉之后通常会被认为是丧失了分辨能力，如果男性在此时与其发生了性行为，这就是对女性意志的违背，应当认定为强奸。换言之，即使女性在醉酒后有发生性关系的意愿，亦极易将对方与之发生关系的行为，认定为强奸。

听完被告人太太讲述案情，我立刻感觉到，这个案子的辩护并没有意义和实际的价值，因为事实很清楚。被告人的理由，通过上面的讲述，大家也可以看到，在当前的法律规定下，是根本不可能被采纳的，哪怕是第二次性行为真的是两人自愿，也不能完全否定第一次强奸的行为。而且实事求是地说，有期徒刑 3 年零 6 个月的判决已经算是比较理想，一审法院应该也考虑了双方醉酒、后期女同事又进屋二次发生性关系的情节。因为根据法律的规定，强奸罪的法定量刑是 3 ~ 10 年有期徒刑，那给你判个 5 年，你不能说重，判个 7 年，也没有问题。

因此，我直截了当地告诉这位太太，你不用请我，我可以明确地告诉你，二审百分之百会维持原判。你也不用去花冤枉钱了，因为你请我进行辩护的话，一般的收费也得几十万元，没有那个意义。我认为自己虽然靠律师费生活，但是也不能让你将钱扔在水里。

五

但是，这位太太的反应出乎我的意料。她告诉我，她非常信任一审律师，虽然一审律师没有成功地达到无罪的辩护目标，但是过程中表现出的用心和专业让她对这位律师非常信任，一审律师的推荐肯定没错。而且被告人自己也从看守所带出话来，一直听到许多同样被羁押的人提到我，他认为自己非常冤枉，指名让我进行辩护。

看得出，这位女士对自己丈夫的感情很深。她对我说，他们夫妻俩是真的十分恩爱，结婚十来年没吵过架，出了这事她也很难过。但是，她认为丈夫也是喝多了酒，要是不喝酒的话，可能根本不会做这个事。这位丈夫平时对她也不错，所以虽然从心底里很生气，但是在这样的时候，作为他的老婆还是要救他，否则她的公公婆婆也会怨恨她。

女士的讲述让我非常感动，也让我从心底里对这位在这种艰难情况下依然坚持的女士充满好感，这种情况下再一味地拒接就显得不是十分合适，也显得十分矫情。于是，我思考再三后就告诉她，这个案子相对比较简单，而且结果我也能够预料得到，你不要抱太大的期望，我可以出个庭去讲讲自己的辩护观点，虽然这个辩护观点我认为也不会起到多大的作用。我就只收你 5 万元费用吧，就当是交通和办公费了。

结果第二天我正在外地出差，我的助理就打来了电话，告诉我被告人的太太来办手续，一定要付 10 万元，说 5 万元不行。从事律师职业这些年来，我见到的均是想办法少交律师费的当事人，这也都可以理解，但是这却是我第一次见到想要主动往上涨律师费的当事人。说实话，我当时心里还是认为“事出反常必有妖”，有点怀疑这位太太的目的。

接着，这位太太的电话就打来了，她在电话里说道：“我回去左想右想，我不能只付 5 万元。一审的律师收的都比你多，你名气比较大，如果说我只付 5 万元来请你的话，他们会认为我根本不想帮他办这个事，不想花钱。到时候维持原判，还认为我给律师付的钱太少了。所以你一定要收我 10 万元，要不然，我又会像昨天跟你讲的那样陷入为难的境地了。”说真的，我当时确实有点哭笑不得。

但是，受人之托、忠人之事，当事人的信任是律师的立身之本。像这种结果已经可以说是注定的案子，很多同行往往是在收钱之后让助理或者年轻律师去练练手，抑或自己出庭说几句话敷衍了事，因为结果已经注定，当事人也说不出什么不是。但是，我一直认为，这种做法是砸自己牌子。对于奔着我来的当事人，我都是亲力亲为地进行研究和代理，哪怕是必败的案子，也要争取败得别那么惨、败得明明白白而不是糊里糊涂。

因此，在很短的上诉期内，我必须尽可能地拿出一个优质的方案。经过讨论，我们认为，在二审中做无罪辩护无疑是不现实的，只能采取有效的辩护手段去尽可能地减轻刑期。若想在二审中减轻刑罚，就必须要求被告人认罪，只有确立认罪这个大前提，才能跟法院讲之前不认罪是因为不了解法律的规定，并非态度不好，而是我确实没有使用暴力，好像也是两情相悦。现在，经过法院的庭审和律师的讲解，我真正地明白了，我的行为确实属于强奸。这个时候，我作为辩护律师，会从有认罪悔罪态度表现、无使用暴力等角度发表辩护意见，请求法院对刑期进行相应的调整。

六

说真的，在去看守所会见被告人，向他交代这个思路之前，我心里还是有点打鼓的。毕竟在一审中做的是无罪辩护，被告人也的的确确认为自己的行为是无罪的。说白了，这就是表现出的一种态度。

的确，对法律的无知与误解并不能成为免罪和从轻、减轻的理由，否则任何人都可以在杀人之后说自己不知道这是犯罪。但是，人在遇到事情，尤其是自己不能接受的事情时往往会钻牛角尖，这位被告人能接受我这个和一审时截然不同的辩护观点吗？

令我没想到的是，这位被告人并不像我想象的那么固执，而且很快地接受了我新的辩护观点。直到那时我才突然想到，如果是在一审的时候就根据实际，客观采取这样的辩护策略去摆出应有的姿态，是不是会得到一个不一样的结果呢？回到所里，大家讨论后都认为，如果有认罪认罚的态度，再通过积极地赔偿被害人获得谅解，缓刑的可能性还是比较高的；而以不认罪为基础进行的无罪辩护，虽然可能会成功，但是如果不成功，审判机关在量刑方面就不会进行从轻或者减轻的处理。

二审很快开庭并下达了判决，结果已经在意料之中：驳回上诉，维持原判。没有做任何的改动。说实话，即使法院考虑我发表的被告人有认罪悔罪态度表现、无使用暴力等辩护意见，在一个应判 3～10 年的案件中，维持了三年半的判决，我个人认为也是非常正常的。在实践中，只要不是一审法院量刑畸重或者畸轻，二审对刑期进行更改的可能性极低。

所以说，这个案子的当事人并不冤枉，但是律师选择不同的辩护角度，极易导致不同的处理结果。值得我们每一位从业者深思的是：我们律师进行刑事辩护的目的到底是什么？是单纯的无罪，还是从客观实际上最大限度地维护被告人的合法权益？

相信每位律师都知道答案所在。而且我国很多法学家，也都对动辄无罪辩护的现状表达了自己的观点。

遗憾的是，很多律师并不愿意走出固有的思路。

就我个人而言，什么样的辩护才是真正的辩护呢？我认为，一名优秀的律师不仅是被告人的代言人，更是法律的代言人。因此，其根本价值所在是确保法律能够正确实施，不能将“无罪”作为考量一切的目的，而是应当将可能存在的被告人无罪、罪轻或者应当从轻、减轻、免予处罚的事实与证据，以及相应的法律评价与司法机关进行有效对话、公平博弈，避免冤假错案发生，真正地实现社会的公平和正义。换句话说，辩护人需要协助司法机关做到这一点，无论当事人有罪还是无罪，司法机关最后给出的理由都应当清清楚楚、明明白白。

清清楚楚、明明白白，看起来很简单，但是要实现，却非常难。

虚虚实实：
一起蹊跷的强奸案

一

强奸案在任何时代都是存在的，只不过是犯罪率的高低各有不同，这也是所谓“自然犯”的重要特征。而且，强奸案还存在一个非常显著的特征：定罪宽泛化。罪刑法定是刑法中最为重要的原则之一，刑法的谦抑性也是法学界的共识，刑法打击面过宽与刑事法律的立法宗旨可背道而驰。

我前面讲到的案例中，大家可以发现，司法机关在进行处理的过程中会存在一定程度的问题和不足。这并不是因为司法机关水平差，而是因为在很多时候，强奸案往往仅依靠陈述和口供进行定罪处罚，产生变数的可能性太大，而且也往往和真实情况存在偏差。

十年前，我前往外地办案时，一通电话打了进来。一接通就听到一位中年男人急躁的声音，请求我一定要代理一起强奸案。那个时候，强奸案的发案率已经大大降低了，这种传统型犯罪往往事实清楚、证据确凿，寻求律师帮助的意义并不大。

因此，我对于强奸、杀人这种事实较为清楚的传统型刑事案件一般是不接的。但是这位男性显得非常焦急，说你要多少律师费都没有问题，我儿子现在就因为强奸罪正在看守所关着呢！当时我想，舐犊情深，父亲为了儿子的事，往往会不惜一切代价去救自己的孩子。

我刚回到律所，当事人父亲就赶了过来，向我叙述案件的大体经过。

事情发生在大年初五。那一年上海的冬天特别寒冷，大年初五气温更是降到了零下四五度。可能北方的朋友觉得零下四五度不是个事，但是对于上海来说，这几乎是寒冷的极限了。因此，酷寒加上过年，大批人都回到了自己的家乡，没走的人也因为寒冷待在家里，城市显得空荡荡的。下午的时候，一位司机来到了自己小区的停车位，因为车窗上有霜冻，于是在那里擦车子，小区路上只有他一个人，有一种莫名诡异的安静。

突然，一位女孩赤身裸体，一丝不挂地从一个单元门洞跑出，而且嘴里大喊大叫，跑到了司机面前，司机立刻就蒙了。直到女孩开门进车穿上司机的大衣后，回过神的司机才赶忙问道，这是怎么了？女孩歇斯底里地喊道，自己被强奸了，让司机赶紧报警。

很快，警方赶到了现场。在询问时，女孩告诉警方，她在几楼几零几，而且强奸她的男性还在楼上。这也很少见，因为对于传统型犯罪，行为人一般会在实施行为后就离开，也就是我们俗话说的“犯了事就跑”。

在这个案子中，行为人根本就没有跑，甚至是“等着”警察找上门。现在想想，有这种情况无外乎三种原因：第一种就是这个犯罪嫌疑人胆子特别大，甚至是“视死如归”；第二种是犯罪嫌疑人脑子有问题；第三种是犯罪嫌疑人认为自己根本没有强奸。

很快，警察上了楼。一开门吓了一跳，一位男性非常痛苦地用手捂着下身，而溅出来的血满地都是。警察赶紧问这位男性怎么回事，这个小伙子说报警的女孩咬了我，赶紧送我上医院！于是，警察没有把这个小伙子带去派出所，而是直接送到了医院。

这咬得有多狠呢？医生说差不多将生殖器全部咬掉了，只剩下一层皮。最终，动手术进行缝合，但是以后还能不能恢复正常的功能就不得而知了。做完手术之后，警察为躺在病床上的小伙子做了笔录。

二

实事求是地讲，两人的笔录内容几乎没有什么区别。小伙子前几个月刚刚大学毕业，毕业后去到一家 KTV 里做音响师，也就是我们常说的“DJ”。不过，这位小伙子人还是很帅的，一米八几，眼睛大大的、鼻梁高高的，很受女孩喜欢，也经常在业余时间去做男模，是一个型男帅哥。

两人是通过网络认识的。男孩的网名非常具有诱惑性，叫作“有钱的男模”，女孩的网名呢，叫作“漂亮妹妹出台”。是的，你没看错，最后的俩字确实是“出台”。这样一个“你懂得”的名字，男孩自然非常感兴趣。两人在网上聊了一晚上，彼此感觉都还不错，于是约定第二天一早到女孩家门口的一家咖啡店见面。

就这样，两人晚上一直聊到凌晨四五点。第二天约定时间到了，小伙子竟然还没起床。女孩就打了电话问，你怎么还没到？男孩很不好意思，约会竟然还迟到了。因此，男孩赶紧赶到了约会的地方，结果发现那天是大年初五，咖啡店根本没开门，于是又给女孩打电话。

女孩也看到了咖啡店没开门，于是在电话上说，我就住在隔壁小区几栋几号，你到了以后就按几零几的门铃，我在上面给你开门就行了。不去咖啡店，而是去家里，这小伙子更高兴了，于是如约上了楼。进门以后发现这个屋子是一个群租屋，女孩就跟他说，她住在这里，是想参加复旦大学的研究生考试。过年了其他人都回家了，但是自己觉得回家来回太折腾，就不太想回家，想要利用这个时间好好看看书，正好过完年就开始考试。

两人原本已经聊了一晚上，加上些青年男女的暧昧，彼此之间已经非常熟悉了，聊着聊着就到中午。男孩自然要表现得大方一点，提议说，要不咱们出去吃点东西？想不到女孩很贤惠，说出去吃饭又贵又不好吃，你去买菜回来，我给你做饭吧。男孩感觉这个女孩真不错。

男孩买菜回来之后发现女孩竟然上床睡觉了，而且已经脱到一丝不挂。这么一看，不是明摆着的事吗？谁知道他跟着上床之后，面对他的动手动脚，女孩十分不情愿。女孩一直说："我还是处女，你不可以这样子，你摸摸我就算了。"但是七弄八弄，这个时候年轻人的"火气"已经不是那么容易下去了，就想要"霸王硬上弓"。

这个时候，女孩真的害怕了，于是跟他说，你别这样，你要是实在憋不住，我用嘴巴来帮你解决这个问题，可以吧？

这个男孩信以为真，就把下身放到了这女孩的嘴里面。谁知道一放进去，这女孩就给他狠狠地一口，血一下子就溅出来了。然后，这女孩一丝不挂地夺门而出，就出现了开头那十分惊悚的一幕。

三

这个案件从接手到了解案情后,说实话,我对女孩还是心存怀疑的。

首先,一丝不挂是一个容易让异性产生性冲动、认为作出了性承诺的行为。而且这种一丝不挂,也并非男孩强迫,内衣、衣裤都没有丝毫的拉扯痕迹。而且在男孩进屋前,女孩是自由的,男孩没有房间钥匙,女孩完全可以将男孩拒之门外。

其次,女孩被警方询问时,警方也同样产生了相应的怀疑。对此,女孩给出了一个让人无法理解的回答:因为她和之前的男友也是如此,只让男友抚摸,或者是让男友某个部位触碰自己的身体;但是,如果她要停,男朋友从来就是可以立刻停下来的。这次遇到这个男孩,无论自己怎么说,男孩都没有停下来,所以认为自己就要被强奸了,因此进行了反抗。

实际上,时至今日,我依然不认为这个案件应该是一个刑事案件。

大致了解和分析了案情之后,我立刻前往看守所会见刚刚出院就被羁押的男孩。看着他一点点拖着走的脚步和佝偻着的腰,我立刻询问他恢复的情况——得知已经没有了晨勃,这也意味着性能力受到了极大的影响,对于一个二十来岁的小伙子的未来来说,无疑是致命的打击。

因此,如果这个案子无法认定是强奸,这个女孩的行为至少应当是造成了重伤的故意伤害。这样看来,这个案子就出现了法律上的博弈：如果男孩不构成强奸，女孩就要因为故意伤害致人重伤而承担10年左右的刑事责任；如果女孩不构成故意伤害，那么男孩就肯定要因为强奸而承担3～10年的刑事责任。

换言之，一次荒唐的约会，让两个年轻的男女，陷入了一种事实上的“你死我亡”的境地。

可能到这里，许多朋友会问，这个女孩的名字不是叫“漂亮妹妹出台”吗？这就证明这个女孩平时可能不怎么本分，也可能经常会有这种约会发生性关系的事情，为什么不去调查呢？

这就涉及一个经常被提及的问题：强奸修女和强奸妓女哪个危害更大？

在之前很长时间的司法实践中，对于强奸案的侦办和处理往往陷入“贞操判断”之中，人们总是以异样的眼光去审视女性。我们不要忘记，婚前性行为，曾经会被认为是“通奸”“私通”，甚至会被以“流氓罪”追究刑事责任。可能像我这个岁数的读者还有记忆，在20世纪80年代，现在看起来比较正常的“黑灯舞会”和非婚姻性行为，往往会招致大祸。

四

开庭前在法院阅卷，我愈加发现这个案件的不合理之处。大家知道，公诉机关的证据中，现场勘验笔录是一个重要的内容，可以证明案发现场客观、真实的情况，从而展现案件的基本事实，而这种现场勘验笔录必须且只能由公安机关作出。

但是，在公诉机关提举有关案发现场的证据时，我发现这一现场勘验笔录竟然不是公安机关的侦查人员所作。这说明什么？说明公安机关在接到报案去现场后，没有发现现场有任何有价值的痕迹，因此也就没有进行勘验，所有关于案件事实的认定，只有双方当事人的供述、陈述的笔录。

仅仅是这个笔录，在仔细对照以后，也能发现其中细微的区别：在公安机关做的陈述中，女孩如实地说了“自己脱了衣服上床等着他回来”“自己提出用嘴解决”等内容；但是到了检察院阶段，这个笔录内容变成了“他意图强奸，但是我奋力反抗，直到他的生殖器强行插入我的嘴内后，我不得已采取了防卫措施”，不仅叙述非常专业，而且前后内容迥异。

在庭审中，我毫不客气地指出，如果公诉机关这种做法可以被容忍，那么，我国刑事诉讼法律制度为什么还要将侦查和审查起诉分为两个阶段呢？直接叫这个侦查人员上庭当公诉人，或者直接让检察官去现场办案不就行了吗？

诚然，检察院是有权力对案件双方进行询问和讯问，以此来获取相关笔录。但是，为何两个机关作出的笔录内容完全不同？又为何明明存在两份笔录，在庭审中只提举公诉机关制作的笔录？

由于强奸案涉及个人隐私，该案属于法定不公开审理，我也少了许多顾忌，少有地在法庭上直接指出了公诉机关存在的错误，并且从证据和常理角度发表了辩护观点：被害人作为一个正常的成年女性，对于性活动有着正确的认识。一个女孩把自己脱到一丝不挂，还给男孩开门，但是最后说自己并没有想和这个男孩发生性行为的意图，是难以让人相信的，是不符合社会大众基本常识的。换言之，如果女孩真的那么想,这种想法绝对是不正常的,其思维存在正常人所不能理解之处。

当然,这个时候,作为刑事辩护律师,要避免“自己把自己辩死”的陷阱,就是不能过多地提到女孩这一不正常的思维,论述其行为不能被正常人所理解。如果你非常努力地证明了女孩的思维不正常,那么可能她就是一个精神病患者,是一个无法辨认自己行为的无民事行为能力人,男孩再和她发生关系,同样会被认定为强奸。

因此,对于这一问题,要遵循“点到为止”的辩护原则,不要过于火力全开,辩护达到让法官能够相信,女孩有着明确的发生性行为的意思表示就足够了。

结果同样让人很遗憾:法院认定男孩构成强奸罪,但是未达到既遂标准,认定未遂,因此判处被告人有期徒刑 1 年、缓刑 1 年。

这个结果,明显看得出审判机关一种“和稀泥”的态度:判实刑,男孩确实冤,因为该案确实很难构成强奸罪;判无罪,不仅侦查机关和公诉机关会因此面对国家赔偿,而且女孩的行为也会丧失正当防卫的合理性,会因为致人重伤而面临严重的刑罚。因此,有期徒刑 1 年缓刑 1 年就从某种程度上“解决”了这一困境——被判缓刑的男孩不会被关进去,女孩因为正当防卫也不会被关进去。

噩梦醒来是早晨：两封老教授的意见书

一

今早到了单位，助理迎上来询问，您的脸色那么不好，是不是没休息好？的确，我做了一个很可怕的噩梦：因为与别人起了争论，我竟然拿着枪（也不知道梦里从哪里拿出来的），把人杀了。

完了，我杀人了！猛然惊醒，发现身处自家卧室，旁边爱人酣睡未醒，心瞬间放了下来。还好，我没杀人，我还在自己的家中陪着我的家人，我还有幸福的生活！

但是，有的噩梦可就比较糟糕了。因为这种噩梦，就发生在现实生活中，哪怕你再不愿接受，也逃脱不了这个恐怖的旋涡。本案的主人公，就正在遭遇人生中的一次噩梦。

陶鑫良是上海地区知名的代理知识产权案件的律师，在全国范围内也有着广泛的影响力，之前也是我们大成律所知识产权部的首席律师。早在数十年前，我俩就在一个学校工作，一个是法学院教师，一位是知识产权学院教师，彼此十分熟悉。

一天下午，我正在办公室阅卷，接到了陶律师的电话。在电话中他告诉我，想要介绍一个刑事案件给我。约定好时间后，他就带着当事人来到了我的办公室。这令我感到很奇怪，因为刑事案件一般都是家属前来谈案子，当事人往往已经被采取了强制措施。当时我就想，这肯定事不大，因为如果是一个严重的刑事案件，当事人很大概率已经被采取了强制措施，很难自由地在外面活动。

大概谈了谈案件后我才知道，我把这件事想简单了，来自南方某省的警方已经找到了这位当事人。当事人认为自己的事情已经过去4年，应该没事了，但是没想到警方直接找到了他在上海的居住地，由于没有携带相关手续，在要求当事人不得离开上海后，暂时离开了。也就是说，可能是第二天，也可能是今天晚上，甚至在我们谈话的过程中，警方都有可能随时出现，将他带走。

那么，究竟是什么事情呢？

4年前，这位当事人是福建省一家大型企业派驻到上海分部的总经理。因为总公司要求，回到了福建省总公司参加会议。会议结束后回到老家，和朋友一起吃饭，也多喝了点酒。男人在一起，喝完酒之后总是会找点乐子，但是他们找乐子的方法就不是那么让人赞同了：找了一家KTV，叫了几个陪酒小姐，一直玩到了半夜。

老总出门回家，一位小姐也跟着走了出来。那个点已经没有出租车了。闲聊中，这位老总知道小姐所住的地方和他正好顺道，因此老总就提议送小姐回家。现在看起来，这位老总的行为是酒驾无疑了，但是那个时候酒驾根本就没人当回事。因此，老总就醉醺醺地开着车，带着这位小姐出发了。

谁也不会想到，这趟行车，奔向的却是一场难以醒来的噩梦。

二

车行还不到一百米，就有一辆警车闪着警灯从后面超上来了，然后将车逼停。两名警察走了下来。当时老总还以为自己存在超速等违规行为，但是警察一看车上坐着一位衣着暴露、浓妆艳抹的女孩，不由分说地把他拽了下来，铐上了手铐，告诉老总因为嫖娼需要接受调查。

更让老总想不到的是，铐上手铐之后，警察还拿了两个黑色垃圾袋做的头套，套在了两人头上，把两人摁到车里就开车带走了。不知道开了多久，老总跌跌撞撞地被带到了一幢建筑物里面，感觉是类似于一个没有竣工的别墅，然后被铐到一根管子上。一晚上没有吃喝，也没有人来询问，就这么生生地被铐到了下半夜。

下半夜，迷迷糊糊之中，满嘴酒气的几个人身穿警服来到了他面前，一看就是刚刚喝完了酒。他们上来就对老总说："你不用狡辩了，女孩已经交代了，你送那个女孩回家就是要带她出去，约好开房，你这个就属于卖淫嫖娼！"

他刚要辩解一下，警察就打了他一耳光。然后说，因为你属于嫖娼，现在只有两条路，一条路就是按照规定通知你家属和你单位，然后进行罚款和拘留。

这自然是不行的，老总作为老江湖实际上已经隐约地明白了这些人的真正目的，于是他慌忙地问警察，我知道我知道，还有一条路，是什么呢？

警察很直白地告诉他，知道你是大老板，就拿30万元来赞助我们派出所的办公费用，这事就拉倒了。虽然数字大了一点，但是这样我们也可以不通知你的单位和家人了。

完了，这肯定是一个局，自己来的时候有些招摇，估计当时已经被盯上了，再加上自己的行为，算是直接撞到枪口上了。

30万元对于这位老总来说虽然不是小数目，但是毕竟不会倾家荡产，和妻离子散、事业颠覆甚至生命垂危相比，任何人都会很快作出选择。因此，老总立刻向这些人表示，哥儿几个想要点钱就直说，干啥这样呢？没问题，30万元我能够找我的朋友给凑上，你们千万不要告诉我的单位和家属。

接下来，这几个人就开着一辆警车，带着老总满城溜达，用手机和朋友、同事联系借钱。这几个警察就在旁边听着，约好后就随着老总一起去取钱。老总事业很成功，人缘好，朋友们也很有钱，所以30万元数额，仅找了一两个朋友就凑齐了。

钱已经有了，老总松了口气。他问车上的警察，哥儿几个，我是不是可以走了？以后你们缺钱随时找我。但是，这些人并没有履行承诺把他放掉，而是又给他套上袋子，开车回到了关他的别墅区。

本来还比较冷静、一心想着花钱消灾的老总，一下冷汗就下来了。

完蛋了，这是要灭口！

三

这一段时间在车上，通过打电话和聊天，老总才观察到，劫持他的一共有四个人，一个是身穿警服，为了区别，我们就把这个穿警服的称为老大，剩下的就是老二、老三和老四吧。

到了地方，还是老一套，戴手铐、铐在水管上。然后老大和老二就出门离开，剩下老三和老四看守老总。老总一看，这肯定不是警察正常办案子，而是一个黑警察领着一伙同案犯作案。现在老大离开，机会来了，老总立刻尝试与老三和老四进行沟通。

哥儿几个，你得让我整个明白啊，你们到底是干啥的？

我们是当地派出所联防队的，刚才那位大哥是我们派出所的所长。

老总一想，干这事无非就是为了钱，而且老三老四也就是小弟，老大能给他们俩分多少钱呢？俗话说清酒红人面，财帛动人心，小人总是会被钱收买。因此，老总开始诱导说，听你们的口音不是本地人，何苦为了大哥冒这个风险呢？你们也不能分多少钱。这样吧，咱们四个人(别忘了还有那个 KTV 里的女孩)一起走，今天你们也看到了，我借钱很容易，我给你俩 60 万元，怎么样？

没想到，这俩人真是愣头儿青，直接恶狠狠地说，你老实点，别胡说八道的，你老老实实的，要不然待会儿所长回来我们跟他报告了以后，你没好果子吃。看起来，所长找这俩小子是绝对有目的的，就是因为他俩的“愣”。

那么这个时候,老大和老二呢？作为直接策划者和指挥者,两人开着车寻找新的目标去了,而且这个目标很明确——老二的哥哥。是的,你没看错,就是老二的哥哥。能够向自己的亲人下手,可见两人当时已经穷凶极恶,为了钱丧心病狂到了何种程度。老大带着老二开始开着车溜达着购买作案工具:电锯、刀、钢筋绳、垃圾袋等。

老二很奇怪,问老大,你身上穿着的这个衣服可以很快地把新目标抓起来,为啥还要这些东西,不是给自己增加麻烦吗？老大很干脆地告诉他,你傻,我们把钱拿到了,这人还能留着？留着以后哪一天出事都不知道,必须要除掉。身为“警察”的老大,还是“经验丰富”的,告诉老二,埋掉很容易被发现,如果沉尸呢,会因为体内的空气漂起来。因此,咱们就用电锯分成几块,不但不会漂起来,而且还能被鱼吃鳖咬,很难发现。

后来老二供述说,他自己听见很害怕。他一开始认为就是单纯的挣点钱,不是大罪(实际上他也是法盲,绑架罪也是重罪),但是这个时候已经无法阻止和回头,只能继续跟着老大回到别墅。

俩人一回来,老三和老四这俩愣小子就把刚才老总跟他们说的话和盘托出,说没想到这个人那么不老实,想给我们 60 万元,让我们放他走,我们没理他这一套。

他俩不信,但是老二却听到了心里。

60 万元,又不需要杀人,不比这种刀头舐血去挣 30 万元要合算得多？

四

老二回到老总身边，看了看老总。因为一直跟着老总出去借钱，所以，老二对老总的经济实力还是很有信心。因此，他点了点头就走了出去。

没过多久，老总就听到外面的房间里，女孩拼命地喊叫。坏了！这是要灭口了！老总不由得紧张起来，隐隐约约地听到有人上楼，而后是更大的搏斗声和咒骂声。

屋里老总紧张得发抖，屋外一片兵荒马乱。

不久之后，屋外所有声音都归于沉寂，恐怖一般的寂静。没过一会儿，老二一身血迹地进了屋。完蛋了，老总绝望地闭上了眼睛。

但没想到的是，老二拿着手铐的钥匙，打开了手铐，把他带到了附近的房间中，在那里躺着老大的尸体。还没有回过劲儿，老二就拿着一把刀递到老总手中，并且告诉他，为了防止你去举报，你现在必须要在他身上狠狠捅一刀。

老总自然不敢，也不愿这样去做。但是，看到老二、老三和老四这3个人在那儿像杀红了眼一样，他根本不敢反抗，再加上老大看起来人好像已经死了，因此就下定决心捅了一刀，然后丢掉刀崩溃地大哭起来。老二看到老总动手了，终于感到放心，让老总到另外一个房间。

走出门后，老总听到了电锯的声音，他不敢听，也不敢想象到底发生了什么。当时的他不知道，恶有恶报，老大是被他的兄弟们用自己准备分尸的工具肢解了，最终被丢到了海里。那个女孩其实并没有被杀害，但是却被数人惨无人道地轮奸，而老总听到的女孩的叫声恰恰是那个时候发出的。

五

又是一个可怕的夜晚。

第二天一早，老二带着老三、老四、老总和女孩一起离开了别墅，然后带着老总去取钱。收到钱后，老二分给了女孩 5 万元，叮嘱女孩千万不要在外面乱说，然后就带着老三、老四在平分了 60 万元之后前往飞机场。

老总本以为可以松口气，结束这场噩梦。但是三人下车时将一个用报纸裹着的东西交给了他，让他找个地方丢掉。

这是什么？

老大的手枪。

老总吓得碰都不敢碰，也怕枪上沾上自己的指纹，就让老二直接扔到车辆的后备厢里，也没有去报警。时间一长，感觉事情也就慢慢快要被遗忘了。

几个月后，老二突然打电话，问手枪在哪里？老总实话实说，这个枪还在老地方，一直没敢动。老二告诉他，你赶紧带着枪来福州。老总仍然没有动那支枪，而是直接开着后备厢装着枪的车子到福州，手枪就被老二拿走了。

而后，老总就回到了上海，在上海上班工作，直到遇到警方之后，才来到我的办公室见到了我。

当时听完他的讲述，我的第一反应是，老总可能并没有完全地告诉我实话。整个案件中，最为重要和核心的无疑就是对老总持刀去刺老大行为的评价。

实际上，之所以老二、老三、老四会逼着老总去刺一刀，是因为老大还活着，只有这样才能让老总手上沾血，达到“投名状”的目的，合乎逻辑和社会生活经验。但是，这个时候再纠结这些已经没有了意义。

我直入主题地问他，你刚才说的到底是不是真的？

当然是真的，我骗你有意义吗?!

如果你说的是实话，那么你就是无罪的，不需要负刑事责任。你从我办公室走出去后，无论任何人问你，你必须要实话实说！更为重要的是，每一份笔录都必须看清楚。在你没有看清楚笔录之前，或者说哪怕审讯到半夜让你看，你实在坚持不住了，你就说我明天再看，我要睡觉。你绝对不能说好吧，反正你们不会乱记的，我就给你们签字。如果实在不行，有人逼着你签，你就说，我去咨询过上海的一个叫翟建的律师，这是他告诉我的。你不用害怕，这句话我来承担责任！总而言之，没有给你看清楚笔录之前，如果记录的内容和你说的不一样，你千万不能签字，这就是你要做的事情。剩下的你就别管了，而且你随时可能被逮捕，所以要把我的电话告诉你的家人，以防万一。

第二天，福建的警方就赶到上海，将老总带回了福建。不久之后，家属找到我办理了委托手续，我也正式开始了该案件的辩护工作。

六

根据当时的《刑事诉讼法》规定，虽然侦查阶段律师已经可以会见，但是依然需要通知办案机关，在办案机关的陪同下才能进行会见。

由于之前已经非常了解案情，所以会见中我直接单刀直入地问道，你是不是在接受讯问时如实供述，并且仔细地看了笔录之后才签的字？老总给了我肯定的答复。并且告诉我，可能自己身份地位还算可以，所以警察对他还比较客气，也没有非要逼着说什么，反正这么说了就这么记，记完了以后老总看记的都对，最后才签的字。

过了一段时间，我收到了公诉机关的起诉书。才发现老二、老三、老四和老总都被公诉为被告人，其中老二、老三、老四还有许多其他罪名，这里就不再赘述；就老总而言，被公诉的主要有三个罪名：故意杀人罪，包庇罪，私藏枪支、弹药罪。

客观而言，后两项包庇罪和私藏枪支、弹药罪的认定先不去说它，就故意杀人罪而言，存在许多疑问：公诉机关称，老大被老二、老三和老四制服在现场之后，已经完全丧失了加害的能力，老总持刀进行刺杀，无疑构成故意杀人罪。看起来，这个案子好像没有什么问题吧？但是实际上还是很牵强的。

最大的问题在于，老大尸体到现在还没有被找到，要是认定故意杀人，至少有一个被杀的人存在吧？固然这个团伙因“火并”导致人死亡是一个事实，但是若希望用刑事法律进行制裁，就必须要找到相应的证据，而不是单纯地推测。所以说，在无法彻底否认的客观情况下，如何从法律的角度去解读并且适用相应的法律，就需要做一番工作。

于是，接到公诉书之后，我就开始联系办案检察官。首先提出了一个建议和要求，就是必须要承认，我的这位当事人当时是处于被绑架的状态，而后再去分析其他的行为和最终的处理，这是一个大的原则和基本前提。

办案人仿佛也感受到了案件的棘手，因此让我在当地等了几天，向领导进行了汇报。最终，决定召开检察委员会来对该案进行讨论，并且邀请我一同参加。

这是我第一次、也是唯一一次有幸参加检察委员会会议。说真的，律师参加检察委员会、审判委员会的机会很少，就算参加，也往往是谈完自己的观点就退席，无法全程参加会议，所以能够赢得这样宝贵的机会将自己的观点全面地进行阐述，可谓难得。

当时的我顾不上兴奋，而是感到十分紧张，因为这个案子的走向和最终结果，基本上取决于这次会议。

七

会议开始后，检察长就直奔主题：翟律师，您先说说您的辩护观点吧，然后您可以到外面房间休息一下，或者去我们食堂吃点饭，我们再在这里进行讨论。

我不禁深吸一口气，用尽量沉稳但并不缓慢的语调，去讲述自己的观点和依据。

我的当事人是被绑架的，咱们得承认这一客观事实。那么，这个绑架时间段，是从什么时候开始，又到什么时候结束呢？开始的时间很好确认，从被这 4 个人控制住开始；那么又什么时候结束呢？这是案件认定的关键。

恐怕大家已经看出我这个问题的思路：如果认为绑架是从老大被打倒时结束，那么老总的行为就没有被胁迫的依据，其行为就是故意伤害或者故意杀人；但是，如果认为老总在持刀刺向老大时，绑架没有结束，那么老总的行为就属于是被胁迫的行为，甚至可以算作紧急避险，至少应当从轻或减轻，甚至免予刑事处罚。

侦查机关在卷宗中认为，老二、老三、老四把老大制服在地，老大已经失去行动的能力，整个绑架行为就已经结束了。但是，我认为侦查机关的论断是错误的，检察机关在审查起诉中不应当支持，理由如下：

首先，哪怕老二、老三和老四已经把老大制服在地，但是对我的当事人来说，他只是从原来被 4 个人绑架，变成了被 3 个人绑架，他并没有自由，绑架的客观状态一点儿没有改变。

其次，就刑法而言，只要行为人将绑架他人的行为实施完毕，就构成绑架罪的既遂。因此，从 4 个人将老总和女孩控制上车的一瞬间，这个绑架行为就既遂，一直持续到 3 个人最后下车乘飞机离开。

最后，根据《刑法》中“对正在进行行凶、杀人、抢劫、强奸、绑架以及其他严重危及人身安全的暴力犯罪，采取防卫行为，造成不法侵害人伤亡的，不属于防卫过当，不负刑事责任”的规定，在被绑架中的被害人享有无限防卫的权利。那么，根据上述《刑法》的规定，老总在被持枪的歹徒绑架的情况下，当然可以无限防卫。

还有，警方认为，买机票、给钱的行为构成包庇罪，这其实更不客观,因为当时老总依然处于被绑架的状态,实际上他是为了自己的性命而去交赎金,是为了早点儿脱离险境。在这种情况下,一个刚刚遭到绑架,而且还经历了恐怖的两个夜晚的人,我们还能苛求他的所作所为必须要完全地符合法律的要求,或者用“事后诸葛亮”的视角看待他吗?

看得出来,在座的检察官都听了进去。检察长最终也开口说道:翟律师,你讲的是很有道理。但是,你能不能找到一些刑法学界的权威专家,让他们对这件事情发表一些观点,最后形成书面性的材料,我们可以去给领导汇报?

如果想让法官或者检察官接受我们的观点,我们必须要帮助法官和检察官找到接受我们观点的依据。否则,即便是法官和检察官内心已经接受了我们的观点,也往往因为各种因素的影响无法真正地实现。

八

庆幸的是,我曾经当过几年大学的老师,当时的刑事法学界马克昌、高铭暄、王作富等诸位权威专家、教授,我还是比较熟悉的,他们分别在不同的学校任教。因此,我赶紧电话联系,之后登上了火车,四处去拜访这些权威学者,来回跑了足足半个月。

第一站是在武汉大学的马克昌教授。他的名字可能每位律师都很熟悉,是当时我国刑事法学界权威,“北高南马”中的“南马”,指的就是马克昌教授。

马老师虽然是以理论研究为主,但是对生活中发生的案例非常感兴趣,他的研究结果也往往是通过对现实案例的分析和研究所得出的。马克昌老师听我讲完这件案件后,没有做任何推辞,直接回复道,你的观点是对的,这是典型的正当防卫。然后自己亲自动笔(不是用打印机打的),写了3页关于这件事情的意见,签上名字,盖上自己的私章,给了我。

我非常感动,既然马克昌老师签字了,下一步事情就比较好办了,我紧接着跑到北京去找“北高”——高铭暄教授,但高铭暄教授出国参会了。

于是,我又找到同在北京的王作富老师。他也认为是正当防卫,也亲自执笔写了3页的法律意见,表达他对这个案子的看法,最后也是非常郑重地签名、盖章。

案件不等人,我马不停蹄地从北京直下福建,把这两份东西的原件交给了福州市人民检察院的办案人员。(说实话,我当时真的舍不得把原件交给检察院,因为太珍贵了,但是没有办法,我只好复印了两份留在了自己的卷宗中。)

最终,这几份书面材料可能起到了一定的作用,公诉机关也接受了上述观点,最终作出不起诉的决定。

就老总而言,这个噩梦,总算是结束了。

对于这个案子,我也是经常向年轻律师说起,我认为这个案子至少应当有以下两点值得我们在未来工作中注意和提高:

第一,一定要重视理论学习,实践中经常看到许多年轻律师由于急功近利,往往变成了“买卖型”的律师。把案子当作买卖去干,律师变成商人,以挣钱为主要目标,现买现卖现批发,忘记了对基础理论的夯实和提高，这样无疑是无根之木、无源之水，执业标准无法达到高度。

第二，一定要注意工作方法，不要动辄将“争辩”甚至是“争吵”当作工作方式，而是要学着去说服办案人，甚至去帮助办案人接受自己的观点。

一声叹息：
为一桩毒品案件辩护

一

人的什么东西最宝贵？自然是生命，没有了生命，人的所有智慧、财富、地位、名气、能力都会失去依托。

“寄蜉蝣于天地，渺沧海之一粟。哀吾生之须臾，羡长江之无穷。”最宝贵的东西也必然有失去的一天，有些时候是正常的生老病死，有些时候是天降横祸，而有些时候，却是因为人祸。

2006年春节，我接到上海的一位知名律师，同时也是我好友打来的电话，说想要给我介绍一个珠海的毒品案件。

毒品？具体什么情况？多大数量？

大约200千克。

再三确定了他说的是200千克不是200克之后，我本有意回绝。倒不是骄矜，而是因为这个案子实在没有什么太大的意义去辩护。按照《刑法》的规定,50 克以上就有可能判死刑,而且我国对于毒品犯罪的量刑往往非常重,200 千克基本上可以判十几次死刑了。

记得我在前面也讲过,律师存在的部分意义是保证审判的程序正义,但是像这种必死无疑的案件,我一听就不想接。

可能是听出来我语气中的不情愿,也可能是了解我的思路,这位律师朋友赶紧说,这个案子看数量基本上也是必死无疑了,但是看案情应该还有一点辩护的余地,因为毒品是在香港特区被查获,而这个被告人是在深圳被捕,因此,他并非被抓了现行。其实,只要侦查工作科学、有序、合法地进行,查找出充分、靠得住的证据,是否当场抓获基本不会对案件的最后结果产生本质的影响,但是这位朋友却说得极为诚恳,“拜托”我至少先去了解一下案情。

大家知道,区别于民事诉讼律师,刑事辩护律师的特征之一就是没有“回头客”,所以我的案件多是其他律师介绍过来的。因此,对于同行介绍来的案子,我都往往认为难以拒绝。因为大家都是律师,人家把案子介绍给你是对你的信任,而对于别人的信任是不能辜负的。因此,虽然我认为这个案子没有太大的希望,但还是决定先去珠海看看情况。

没想到,这个案子一接手,就处理了整整 5 年。

二

当事人的名字叫作单某眉。实际上,你到现在如果在百度上搜索一下相关的毒品案,还可以看到许多相关新闻报道,并且是 2005 年公安部督办案件。为此，公安部还多次召集了涉案的广东、福建、香港特区、澳门特区等有关省区的警方进行集体研究。2006年6月22日，在国务院新闻办召开的新闻发布会上，将该案作为“国家近期侦破的比较典型、比较大的涉毒案件”及“2005年公安部禁毒局直接指挥的八起禁毒案件”进行介绍。

在新闻报道中，对于该案的介绍是这样的③：

2001年11月底，福建省公安厅禁毒总队在工作中获悉，我国台湾地区居民吴某长期以厦门为据点，利用前来大陆进行小额贸易的船只，在中国与菲律宾、日本、缅甸、泰国等东南亚国家之间进行走私运输冰毒的犯罪活动。2002年5月中旬，福建禁毒总队获悉，台湾人阿某长期在东南亚进行制贩冰毒的犯罪活动，后由于犯罪团伙之间未能谈妥相关的条件，犯罪活动中止。2004年5月初，福建禁毒总队再次获悉，阿某又纠集严某等台湾人在东南亚设厂制造冰毒，该制贩毒的集团已经产出成品冰毒一吨多，尚未售出。

后来经过调查属实后，福建禁毒总队于2004年9月初将阿某和严某作为重点目标立案侦查。这个案件代号是“007”，经长期的精心经营和缜密侦控，福建禁毒总队基本掌握了该贩毒集团的人员情况和规律，发现该贩毒集团涉及泰国、马来西亚、菲律宾等东南亚国家。2005年年初，公安部禁毒局将此案列为公安部案件。

经侦查发现，该犯罪团伙一个成员叫“单哥”，后来侦查发现叫单

③ 参见《新闻办就近期破获一批毒品大案等举行新闻发布会》，载中国政府网，http://www.gov.cn/xwfb/2006-06/22/content_317174.htm。

某眉，为了全面推动此案工作的开展，2005 年公安部禁毒局两次召集涉案的广东、福建、香港特区、澳门特区等有关省区的警方进行研究，明确各自的侦控任务和重点。专案组经过大量分析研判工作，进一步确认该贩毒团伙是内部分工明确、组织严密，具有较高反侦查意识的国际贩毒团伙。这一贩毒团伙的主要犯罪嫌疑人单某眉主要负责寻找毒品来源，连某庆负责走私毒品出境，另一伙犯罪嫌疑人负责在菲律宾销售毒品。

侦查中发现，2005 年 10 月底以来，该团伙成员一直在准备运输一批冰毒前往菲律宾销售，并称欲赶上圣诞节销售。11 月 20 日，工作中发现，该贩毒团伙准备在圣诞节来临前将毒品运到菲律宾，12 月 4 日上午，专案组获悉犯罪嫌疑人连某庆已将货柜封上，当晚装载上船起航。这是准备在广东珠海装上集装箱起航，途经香港特区运往菲律宾。连某庆本人也将于 12 月 5 日经澳门特区回我国台湾地区。这个连某庆也是台湾人，他在珠海做完事以后，准备第二天就飞回我国台湾地区。

专案组经过缜密地分析，决定实施收网行动。2005 年 12 月 4 日晚，专案组在广东珠海抓获犯罪嫌疑人连某庆和叶某群等人。5 日上午，赴港的工作组在香港特区的昂船洲码头查扣了一个可疑的集装箱。6 日上午，香港特区警方对查扣的集装箱进行搜查，从中缴获冰毒 192 千克。

此后，专案组经过深挖，先后在深圳、广州抓获犯罪嫌疑人单某眉、梁某成等骨干分子，在梁某成的住处搜出成品冰毒 63.57 千克，制毒原料 212.49 千克，毒资人民币 240 余万元，54 式手枪一支，子弹七发，制毒设备一批，扣押运毒汽车三辆。

这起案件一个显著的特点是境内外的犯罪分子相互勾结，毒枭往往不入境，进行遥控指挥。这起案件幕后的毒枭在境外，这与近年来中国破获的案件中发现的一些特点是一致的。2005 年公安部禁毒局直接指挥的八起禁毒案件中均有境外人员参与，他们或者坐镇境外进行遥控指挥，或者入境直接参与制毒，充当“幕后老板”或者组织毒品走私、销售等重要角色，发挥着中坚和核心的作用。

当然，这都是后话。前往珠海时的我根本没有想到这个案子会引起那么多波澜，落地后抓紧前往看守所进行会见。

令我惊讶的是，一见到单某眉，他就告诉我，他没有参与这些涉案行为。

“那你为什么在公安机关讯问时承认呢？”

“因为当时在深圳抓住我的时候，连我的老婆和我只有三四岁的儿子都一起抓了。我看到我太太和小儿子关在了一个房间里面，就在水泥地上，他们坐在那儿，我很心疼他们。所以，我想这个事情反正总是搞得清的，所以我跟公安机关承认是我参与的，但我承认的前提是他们必须把我老婆和我儿子给放了。而且，翟律师，这个案子我也知道最后是一个什么结果，因此，我觉得我承认与否，其实影响也不大了。”

的确，这个案子的法律后果是一个常识，只要是成年的中国人都知道，这种案件的法律后果是什么。

三

外界总是将我们刑辩律师视为“帮助脱罪者”。实事求是地讲，对于刑事案件，我作为一名法律从业者，也希望能够做成“铁案”。当然，这句话当我说出来时总是会被公诉人嘲笑：你们都是为了被告人的利益，你说的铁案，到底什么叫作铁案？

其实，就我而言，铁案的标准也十分简单：只要把案件里面所有的主观证据或者说言词证据去掉，只依靠客观证据，如果即可排除合理怀疑、认定案件事实，那么这种案子就是铁案。相应地，所谓的冤假错案，往往是案件事实需要用主观证据去组合证明，甚至全部依靠主观证据去拼凑，如果将被告人的供述或相关证人的证言拿掉、甚至只拿掉一小部分，整个案子都无法认定事实。

为什么？因为主观证据，无论是证人证言，还是被告人供述、被害人陈述，都是基于主观能动性的表述，其中不仅会掺杂大量的主观倾向，还随时都有可能改变。所以，在审判中，只有拿掉这些主观证据后，依然能够定案的案件，才能称为真正的铁案。

根据单某眉跟我的叙述，整个案子发生在 2005 年年底。当时有一条船，这条船是从内地珠海开出来的集装箱货轮，目的地是香港特区的葵涌码头，而后通过国际邮轮将船上的货物运往世界各地。

在葵涌码头，得到内线消息的警方扣押了船只，将其中一个货柜打开，发现里面是一包包白色粉末。

毒品？

结果检查后发现,里面全是味精。

但是警方很快发现,这个集装箱里还有个夹板。夹板打开后里面是一个又一个的洞,洞中有一整排的包装袋,包装着白色粉末,这次一检验发现是冰毒,总量达到 192 千克。

经过调查发现,这批味精是通过一位叫连某庆的台商的厂子发出。但是他对于冰毒的来源一问三不知,只供认说夹板是一个广州人准备好了以后送到他们厂里。在逮捕了这位广州人之后,整个案子的事实开始浮出水面,团伙囊括了海峡两岸暨香港特区、澳门特区等地的居民,而我的当事人单某眉参与其中,自然也最终被捕。

那么,本案的证据都有哪些呢?

第一份证据是香港特区警方给广东警方的一份公函。这份公函上称,2005 年 12 月某日,在香港特区的葵涌码头,在编号为某某号的货柜当中,起获了 192 千克的冰毒。这艘船是从珠海派出来的,这是一份证据。

第二份证据是一组照片,就是现场勘查时拍摄的照片,密密麻麻排列着的冰毒也确实足够“震撼”。但是很奇怪,不知为何,这个集装箱在其中的冰毒被缴获之后,依然能正常发货出关,也就是其中的味精正常发往了海外。这实在不符合常理,那么大数量的冰毒以货物夹带的方式进行贩卖,整个集装箱都应该作为罪证、物证扣留下来;但是,不知道什么原因,第二天,这个集装箱就正式装船,最终发往了菲律宾。

第三份证据,是由香港特区警方提供的一份英文毒品检验报告,后面还附有一份繁体中文的翻译本。

所有的客观证据就是这些。那么,案件的突破口,应该是犯罪嫌疑人的口供。

对于首先被抓捕的台商，他供认说，他其实心里知道广州人给的夹板中可能藏着什么东西，因为台商每运一次货柜，他们就给20万港元。供货还得给钱？如果不是趁机夹带走私，那肯定没人相信。

对广州人进行审讯后，他供认称，他和单某眉两个人是合伙做生意，两个人各拿出几百万元，由他在广东地区收购毒品，并且雇用工人将木板打孔，把毒品放入其内，然后再将木板运到味精厂。

这个案件，该如何辩护？说实话，当时的我有点摸不着头绪。

四

无论任何案件的辩护，刑辩律师必须明确一个原则：只有证据证明的才是事实，才是我们应当分析、判断和评价的法律事实；至于客观上发生过什么，并不是我们最关心的，因为我们是法律人，我们应当从专业的角度来看问题。

那么，从专业角度来说，这个案子的瑕疵还是很明显的：

首先，冰毒的检验报告（或者说鉴定结论）并不符合内地《刑事诉讼法》对于鉴定结论的要求，也无从得知这个鉴定机构的资质是否符合相关规定，是否得到了司法部的授权，当然，具体的鉴定人是否具有资质也无从知晓。

其次，按照内地鉴定类证据的相关规定，鉴定人至少两人以上，而在本案当中，根据签名（因为签名也是英文的）可知鉴定人只有一位。而且英文签名，没有得到相关部门的认证，我认为这都存在一定疑问。

进一步极端化假设：鉴定人到底是谁我都不知道，是不是和本案有利害关系？是否需要回避？

可能有人会说，这是不是过于吹毛求疵了？其实，死刑案件的证据规则不仅要求律师吹毛求疵，而且还要求侦查机关、公诉机关、审判机关都应当吹毛求疵。因为死刑案件关乎人的生命，只有在吹毛求疵后依然能够认定犯罪事实清楚、证据确实充分，才能使我们在要剥夺一个人生命的时候，有信心、不后悔，找不出任何遗漏，也真正才能避免冤错案件的悲剧再次上演。

实际上，这些观点如今也得到了国家层面的规范确认，在顶层设计上得到了体现。2013 年《中央政法委关于切实防止冤假错案的规定》规定：“严格执行法定的证明标准。只有被告人供述，没有其他证据的，不能认定被告人有罪和处以刑罚。对于定罪证据不足的案件，应当坚持疑罪从无原则，依法宣告被告人无罪，不能降格作出‘留有余地’的判决。对于定罪证据确实、充分，但影响量刑的证据存在疑点的案件，应当在量刑时作出有利于被告人的处理。”

无论在任何时期、任何国家、任何制度下的刑事审判，如果脱离了证据，就必然不会得出正确的判决。因此，我决定将辩护的重点放在证据上。

开庭时，我就旗帜鲜明地向审理此案的珠海市中级人民法院刑事审判庭提出，申请鉴定人出庭。但是由于鉴定人是香港特区警方中的一员，因此无法到场。

于是，我进一步向法院提出，这个案子由于鉴定报告无法采信而明显存在证据不足。因为在毒品犯罪的案件当中，如果证据由于各种瑕疵无法确切地证明那些被查获的物品是毒品，那么整个案件的客观事实不清楚,法律评价的客观基础亦不再存在。

说到这里,我还是想多说一句,虽然我并不会评价其他律师的工作,因为每个律师都有着自己不同的办案思路。但是在本案的庭审中,我对于其他几名同案犯的辩护人的辩护策略和方向,还是有很大的不理解:他们的辩点均是说自己的当事人是从犯,确实,从犯是可以从轻的,但是也不是必须从轻的。而且更为重要的是,在一个 192 千克冰毒的贩毒案件当中,你说你是从犯,就能逃过一死吗?

更加令我难以理解的是,当我提出这个重大的证据漏洞时,诸多辩护人中,没有一人对此呼应。

五

一审开庭后,将近一年的时间里,我都没有接到法院的判决结果。只能一边和主审法官联系,一边每隔三四个月去看守所看一下单某眉。本来以为判决会马上下达,但令我意外的是,我又收到了一封珠海市中级人民法院的出庭通知。

难道要宣判了?满怀疑问的我联系了珠海市中级人民法院,得知原来是要重新进行开庭,对新证据进行举证和质证。

于是,我立刻赶到了珠海,下了飞机就直奔法院去看看到底是什么“新证据”。所谓的“新证据”,是公安机关出具的,除了单某眉以外,其他所有同案犯被告人均有立功表现的证明。这种情况下,开庭自然很短,不到五分钟就结束了,但是对于我来说,心头开始涌上了不好的预感。

相信看本书的许多律师同行，都能理解我的心情。

又过了几个月，我正在参加我们区政治协商会议，结果接到了法院的通知，告诉我要对该案进行宣判，我只好派我的助手去参加宣判。结果让我十分喜悦：珠海市中级人民法院一审以走私、贩卖毒品罪，判处单某眉无期徒刑，剩下的三个人分别判处死缓和刑期不等的有期徒刑。

虽然说这个案子中证据有着重大的瑕疵，但是结合案件的实际情况，能够做到“疑罪从轻”把命保住，就已经很理想了。而且实话实说，这件事其实无论如何辩护，他们走私大量毒品也是不争的事实。

单某眉的家属对于这个案件的结果自然也是十分满意，不过很快有一个选择摆在我们面前：是不是提起上诉？说实话，这种案子上诉确实有点多余，无法解决问题；但是从证据裁判原则的角度来说，判决是没有合法证据加以支撑的，所以上诉也应该是可选的，因为毕竟判处的是无期徒刑。

几位被告人都提出了上诉。没有想到，发生了一件让人觉得比较奇怪的事情：按照《刑事诉讼法》的规定，被告人在接到判决书第二天起 10 日之内提起上诉；同样，检察机关的抗诉也是在这个期限之内要提出。如果超过了规定的期限再提出，那么无论是上诉，抑或抗诉，都应该无效。

但是，在本案中，检察机关从收到判决书第二天起，没有在 10 日之内提出抗诉，而是在第 11 天，也就是超过了法定期限后，才提出抗诉。我自然向检察机关提出异议，但是检察机关咬死说没有超期，二审法院也认可了这个说法。这种情况下作为刑事辩护律师还能说些什么呢？

那么，检察机关抗诉抗的理由是什么呢？理由是我的这个被告人和另外一个被判处15年有期徒刑的同案犯量刑畸轻，应当被判处死刑。

根据法律的规定，如果一审的检察机关提出抗诉，案子就到了二审，二审审判机关对应的检察机关要对一审的抗诉提出一个是否支持抗诉的书面意见，这是必经的法律程序。不久，广东省人民检察院出具一份支持珠海市人民检察院的抗诉意见书，而且这份支持抗诉的意见书里只支持对于单某眉的抗诉。也就是说，珠海市人民检察院认为两个人判轻了，但是广东省人民检察院只认为单某眉判轻了。

二审中，我提出，这个抗诉存在许多程序上无法解释的漏洞，抗诉应当无效；故而，只能去审理被告人的上诉，根据上诉不加刑的基本原则，是绝对不可以加刑的。

广东省高级人民法院二审经历了一年多的时间，将此案撤销原判，发回重审。那么抗诉是否有效呢？二审法院没有发表任何评论的观点，只是说事实不清、证据不足，撤销原判，发回重审。

我当时预感就非常不好。按理说，一审的法院在没有新证据出现的时候，案件依然是事实不清、证据不足的，是没有理由来加重被告人刑罚的。但是通过这个案子的进展，我感受到了一丝危险的气息。

六

很快，案件发回重审，并作出了判决，包括单某眉在内的三名被告人被判处死刑。仔细分析起来，这个案子的结果并不合理：

首先,公诉机关曾经举证证明,除了单某眉以外的其他被告人有立功表现,但是在抗诉中却认为这个立功认定是错误的,因此才会导致一审没有判决死刑立即执行。

其次,只有在一审抗诉生效的前提下,上级人民法院才可以撤销原判发回重审,下级人民法院才可以加重对被告人的判处。如果抗诉无效,那么从现行《刑事诉讼法》的角度上来讲,上级人民法院是不可以认为下级人民法院判轻,然后以撤销原判的方式发回重审,加重刑罚。

最后,省检察院只对单某眉的抗诉提出支持,不支持对其他被告人量刑的抗诉意见。在这种情况下,再将其他两位被告人处以死刑,更加没有法律依据。

但是,无论如何,在广东这样一个高度发达的地区,在 2009 年我国刑事诉讼法律制度已经非常成熟和完善的情况下,判决最终落地。

本案中还有一个事实,台商的妻子写了一封给当时香港特首的信,询问为什么在香港特区查到了近 200 千克的冰毒,当地的媒体没有一丝一毫的披露?而且当这个案子告破之后,在这个案子当中还有香港特区公民的情况下,为什么香港特区的媒体依然没有做任何披露?

随后,香港特区的警察总署回了这位妻子一封公函。妻子接到公函,履行律师见证程序后,寄给省法院,里面赫然写道:“之前该案中举证的公函,即称在 2005 年 12 月,在香港的葵涌码头上编号为 ×× 号的货柜当中,起获了 192 千克的冰毒。经过查阅档案发现,香港警方当日并没有查到任何冰毒。”

这就不仅仅是量刑的问题了,整个案件的基本事实都会存在问题。但是，最终省高院还是驳回上诉，维持了对单某眉的死刑判决。那么，对于香港警方的那份公函如何论证的呢？答案是香港警方搞错了。

所以，有些时候，刑事辩护律师在特定情势面前，也会十分无力。

来自蜜橘故乡的被告人：走出上海“第一战”

一

今天刚来到单位，就看到门口堆放的大量盒装橘子，我一见到就笑了，这位老朋友还记得我。旁边的年轻律师很好奇地问，翟老师，你怎么每年都能收到那么多橘子啊？你认识卖橘子的当事人吗？

我不禁哈哈大笑，让助手将这些橘子分给所里的同事，尤其是年轻人。在给这些年轻人分享橘子的清甜时，我也给他们分享了一个故事，或者说，分享了一下我个人的成长经历。

律师都有地域性，都在一个特定的地域或者行业拥有特定的资源，可以赢得一份稳定的收入和受人尊重的社会地位。

对我来说，我的家在上海，各项业务也自然主要来自上海。之后随着各种因素的影响，我也得以走出上海，逐渐开始在全国开展刑事辩护工作。走出上海的“第一战”，在我脑海中至今记忆犹新。

那时我刚留校任教不到两年，主要从事刑法的教学工作，同时也是一名兼职律师。那个时候律师是社会极为缺乏的人才，国家对于律师的待遇也是相当高的。根据八零年《律师暂行条例》(已失效)的规定，律师都属于公务员或者事业单位编制，定义也是“国家的法律工作者”。

因为人少，门槛自然也比较低，连一个成型的考试制度都没有确立。根据条例的规定，受过大专以上的法律教育，经过法律的培训，有法律培训证明，就可以申请律师执业。

我那时才二十来岁，虽然教学任务也比较繁重，但是我将更多的精力放在了刑事辩护业务上。得益于大学老师不用坐班的优势，我办了许多案件，也参加了诸多社会活动。

现在回忆起来，那段日子固然清贫，却是我最快乐的时光。

一天中午，当刚刚上完课的我准备收拾东西，下午前往法院办事时，我的系主任推门来到了我的办公室。虽说我这个人大大咧咧的，但是总不能当着领导的面收拾东西出去办事吧？因此赶紧坐好，装模作样地要翻开教案。

系主任当时就笑了，“行了，你干啥我也不管，但是今天我找你是有事。我们这有个学员，他说想介绍一个刑事案子给你去辩护，但是他有一个请求，就是他要跟着你学习，帮着你一起来办这个案子，然后积攒点经验，以后也想做律师，你看看可不可以”？

系主任开口了，我怎么能说不行？况且那个时候收费是非常低的，十几块钱、二十几块钱的案子比比皆是。由于律师是国家的法律工作者，律师都是由国家发工资，所以办案收入与个人的经济效益并无太大关联。到了后来可能一个案子拿上几块钱的奖金，但总体来说，基本上也是可以忽略不计的。

所以，当时对我来说，其实动力并不是很足，主要还是因为系主任的面子。

这位学员是哪儿的呢？他是上海市第八建筑工程公司办公室总经理的秘书，毕业于华东师范大学中文系。我当时根本没有想到，他日后会成为我的重要搭档，和我一起承办了“贵州盗窃死刑案”等诸多案件，最终成为中华全国律师协会民事业务委员会主任。他就是上海市建纬律师事务所主任——朱树英律师。

我曾经对人讲过，朱树英最大的优点是放弃娱乐、认真工作；最大的缺点也是只知工作、不知娱乐。虽然已经年近古稀，依然笔耕不辍，文笔也十分优秀，比我是强太多。我也建议看我书的读者看看他的一系列代表作。

二

这是一个什么样的案子呢？朱律师当时是上海市第八建筑工程公司办公室的秘书。当时在上海的建筑市场上，国企往往都是雇用的外地工人，根据每个劳动力一天多少钱据实结算。

时间长了，就诞生了一些包工头，专门负责向各个企业工地介绍和管理外地工人。企业也乐于这样带来的管理便利，往往也都直接和包工头进行对接，一有工程就给包工头打电话——给某工地提供几名瓦工、几名木工，省心省力且不会耽误事。

后来，来自浙江黄岩的一位黄姓包工头越干越大，几乎垄断了上海市第八建筑工程公司所有的外包工的业务。但是，不知道为什么，他被黄岩司法机关逮捕了，也没有告知具体的罪名和情况。这一下家里人都慌了神，而黄姓包工头的女婿恰恰是朱树英的同事，就这么一来二去地找到了我。

从上海到黄岩有530多公里，要是有高速公路不到6个小时也就到了。但是在当时不仅没有高速公路，甚至连隧道也没有，需要走很长的盘山道。因此，当时家属找了一辆面包车和两个司机，两个司机轮流开，整整开了12个小时才抵达黄岩。

顾不得休息，我们立刻去会见被告人。

老黄到底犯了什么事呢？他在当地为了给上海一些大的公司提供外包工，专门开设了一家民营的建筑公司，但是由于当时国家政策使然，这些企业都有着集体所有制的身份。

公司的主业就是造房子。当时黄岩路桥区有6位干部，聘请老黄的公司建造一个六套房屋的联排私人住宅，每家最后结算的时候，老黄都少收了几千元。就因为少收的几千元。被司法机关认定构成行贿。除了老黄，还有其他两位包工头也因为在该工程中少收钱被认定为行贿，同样已经被逮捕。

根据七九年《刑事诉讼法》的规定，律师只能在法庭审判阶段介入刑事案件中并提供辩护，所以我没有权利去找公诉机关和侦查机关，只能直奔法院进行阅卷。令我惊奇的是，刚从法院阅卷结束，门口等待的家属就告诉我，黄岩县（1989年撤县设市，1994年黄岩市改为台州市黄岩区）的县长想要见我一面。

说实话，路上我还是很纠结的。因为当时诸多原因的影响，律师的地位和权益有时候确实无法得到有效的保护。但是见到县长后，他的话更令我吃惊：翟律师，你得救救老黄他们三个人！劳务外包是我们当地的三个支柱产业之一，这三个人现在都被抓了，你救出这三个人，就等于救了我们黄岩的经济，黄岩人民将会永远记得你！你开庭的时候，我将会去旁听。

我到现在都不明白，既然这三人没有什么大错，也有着县长的鼎力支持，为什么还会发展成这种状况。

三

开庭时，县长果然不食言，坐到旁听席正中间。整个法庭已经是水泄不通、满满当当，很多人都在法庭的窗户外面，站着不走。我也按照提前准备的方案，为老黄做无罪辩护。

为什么呢？

行贿罪的构成要件必须有谋取不正当利益，但是本案中老黄究竟有没有利用少收钱来谋取不正当利益呢？没有，因为他的利益实际上是受损的，等于是“政府打他的秋风”。之所以追究他们，无外乎几个造房子的领导都被抓了，有受贿的必须有行贿的对向犯，因此才使三个民营企业家承受无妄之灾。

像这样的案子，拿到今天来说，我相信不会发生争议，但是每个年代有其特殊性，确实有时候让人无能为力。

一审没有采纳我的辩护意见，以行贿罪判处被告人有期徒刑2年。但是，整个庭审效果还是非常不错的，听完了之后县长再次找到我，对辩护进行了肯定，虽然法庭没有采纳，但是庭审给人家留下了非常深刻的印象。

当天晚上,可能是听说了我的庭审,一名姓叶的老板来找我,而他被定的罪名是偷税罪(现在罪名已经改为“逃税罪”)。

叶老板相比黄老板而言,虽然也同样是乡镇企业家,但是企业规模却比黄老板大得多。叶老板的企业主要是在上海做市政工程,包括路面整修、下水道、排水管道等,一年营收 3000 多万元。这可是 20 世纪 80 年代初的一年 3000 多万元！放在现在基本上算是一年营收三四亿元。

他怎么逃税了呢？叶老板企业里的会计是他一个远方的亲戚,也姓叶,曾经向警方称:我们的财务制度是我们老板当初跟我说的,并且叮嘱我能不缴税的就尽量不要缴税。换言之,整个案子定罪的依据,就是依靠这个会计所做的口供。

当然,我也找到了会计,问他为何做这样的叙述,会计的回答简直让我哭笑不得。

他是大队的会计出身,业务水平不怎么高,往往是依靠经验去处理账目和税目。有一天,来了一个老板,跟叶老板是同行,两人在一起聊着聊着就谈到了税收问题,彼此交流了自己缴纳的税款,结果发现同等规模下,叶老板企业缴纳的税要多得多。

两人很快达成了共识,让两个企业的会计碰一碰面,彼此交流纳税的经验,老板就坐在旁边听着。对方会计是科班出身,立刻指出了这位叶会计存在的问题。

等两个人走了之后,叶老板就有点火了,然后说道:不懂你就去问问人家,你这样缴了那么多“冤枉税”,今后记得,能不缴税的,尽量不要缴税。这句话就是这么来的。

叶老板的案子我做无罪辩护。

第一,所有的证据仅仅是这么一句话。但是,这句话究竟是指示偷税漏税还是不要交冤枉钱,其实很难确定,按照存疑时有利于行为人的原则,应当作出有利于行为人的解释;甚至即便是指示去偷税漏税,也仅是一种犯意表示,根本没有真实的偷税漏税行为。

第二,无论是侦查机关还是公诉机关,都没有证据证明有偷税漏税的犯罪行为,没有发生的事情怎么能够去处罚?

但是,这个地方的一审法院依然没有采纳我的辩护观点,还是以偷税罪判处被告人7年有期徒刑。

四

当年的我也是年轻气盛,感到这种案子明显不是单纯法律或者案件的问题,因此就写了很多的信寄给省高级人民法院和省里面的有关领导,希望他们关注这一类有关民营企业和“红帽子”的案子,真正地保护民营企业的健康成长。实际上,浙江发达的经济正是得益于当地开放、务实、法治的环境和政策。

案件到了中院以后,我要求证人也就是叶会计出庭作证。这么做的目的,是真正地让法官去了解叶老板说这句话时的语境和环境,让法官真正地理解叶老板说这句话时的意思,也让法官知晓,这种成本分摊法实际上就是一种会计手段,是一种合理避税的方法,而绝非偷税漏税。

最终,叶老板这个案子在二审时改为免予刑事处罚,但是黄老板二审却维持了原判。我一直认为这样的判决是不公平的,于是一直为黄老板进行申诉。

6个月后，黄岩法院突然从监狱中把黄老板提了出来，黄老板紧张得不得了，结果等到的是一张无罪的判决。更让人感到意外的是，黄岩法院的改造工程仍交给黄老板完成。

后来，黄老板和叶老板的企业都发展得非常好，叶老板的企业更是成为浙江第一家自然人投资的上市企业。

到现在为止，叶老板每年都会给我送来200多盒黄岩蜜橘。他们的橘子，确实非常地甜，每次吃到这些橘子，我的脑海就会回忆起许多往事。

在这几个案子当中，朱树英律师始终作为我的助手，和我一起办理。因为他是1949年出生的，比我整整大了8岁，所以，有时去外地办事，每当我俩一起时，第一次见我们的人总是会先迎向他，认为他是师父、我是徒弟。

说起来，我有一个习惯还是不太好，就是如果我带着助手出庭，我是不大愿意让助手在庭上发言。因为我认为，一个人的逻辑思维是一贯的，如果说两个人都发言，那么可能出现一些逻辑上不一致的地方。

因此，一直到1992年，朱树英律师都同我办理各种刑事案件；在办案的过程当中，总是我一个人在讲，朱树英律师往往不讲话。所以，那些旁听的群众就说了：上海来了两个律师，一个师父一个徒弟，你们去看看吧，人家那个师父坐在那儿一句话都没说，徒弟就把你讲得无言以对了！

一波三折：
协议变诈骗

一

市场经济的发展总是会掀起社会的变革，社会的变革也往往早于立法。只有社会产生了新的事物，法律才会进行规制，这也是法律的滞后性所决定的。

但是，在很多时候，社会的变革结果往往超出人的预期，也极大地影响了每个人的命运。比如接下来这个案子。

2002 年，某市还没有实现煤气管道直接提供燃气。可是，无论是新开发的小区，还是老旧小区，都需要依靠燃气来保障生活。因此，这里的人们都使用了大家非常熟悉的东西——煤气罐，为日常的生活提供燃料。但是，煤气罐不仅不安全，还非常沉重，如果楼道没有电梯，要是从一楼扛到六楼，那可真不是个轻松的活儿。

当时的某个区政府为了改善老百姓的生活，希望引进一家能够提供管道燃气的企业，建设城市供气管道，从而让每个居民都能用得上清洁、卫生且方便的管道燃气。

这个时候，一家有着外资背景和股权架构的家族企业——某燃气公司被选中，在享受各项税收优惠政策的同时，开始从事这项工作，成为当地的明星企业。项目不仅提高了居民的生活品质，也获利颇丰，公司的实际控制者就是这个案子的主角罗先生。

公司成立之时，这家公司和区政府签署了一项协议，而这个协议也成为日后一切矛盾的根源。根据协议约定，投资人在本地进行投资之后，区政府不能再引进第二家做管道燃气的公司进入这个区。总的来说，就是我花钱为你建设，但是建设完毕后要排他性地占有整个市场。

好日子没过多久，这个区负责人更新换代，新上任的区委书记和另外一家燃气公司达成了协议。看着协议没有得到履行，自己投资的巨大市场被他人分食，罗先生的公司作为原告，立刻向某市中级人民法院提起了对区政府的行政诉讼，要求区政府撤销对另外一家燃气公司进入该地市场的行政许可。

很快，某市中级人民法院作出一审判决，区政府败诉。区政府不服，向省高级人民法院提出上诉，省高级人民法院经过审理后，驳回了区政府的上诉，维持原判。

在这个背景下，罗先生被卷入了一起诈骗案。

二

据区公安机关称,有许多群众对罗先生进行举报。举报什么呢?在 2006 年的时候,罗先生曾经给区物价局打过一次书面报告,内容是以前他们将管道铺到每一个小区的门口,这个费用是由他们公司来承担,最终依靠收取燃气费的方式来消化这一部分成本。

但是随着成本物价的提高,从小区的门口到接入每一个住户这一段的管道的施工,也就是入户线路的成本到底是由谁承担,没有明确约定,法律也没有明确的规定。因此,罗先生的公司申请区物价局允许公司向开发商和用户收取这部分施工以及配套的费用。很快,区物价局下达了批文,允许公司收取这部分入户建设成本的费用。

最后,这笔钱总共收了差不多两千六七百万元。

警方经过侦查后认为,罗先生在当时给区物价局的请示中,还提交了一份 2004 年区政府发的一个文件的复印件,区物价局正是依据这个文件作出了批准收费的决定。但是目前发现,2004 年区政府发的文件中根本没有允许项目收费的条款,是公司采取手段伪造和变造的。

按说,侦查机关认为的罗先生提供的这个文件的复印件是可以查询到的,只不过经办人已经退休前往外地,不愿再配合调查。在办公室查找后发现,这份复印件被孤零零地扔在一个柜子的角落,没有按照规定附档。更难以理解的是,这份所谓的复印件,已经被撕成了好几片,而后用透明胶又粘了起来。

因此，罗先生涉嫌骗取物价局的批文，以此进行收费，应当认定为诈骗罪。一审罗先生被判处有期徒刑 14 年。

三

我在二审开庭前才接手该案，立刻前往法院阅卷并且会见罗先生。他一直否认自己递交了这份所谓的复印件，他递交的仅是一个成本测算表和一个报告。更为重要的是，通过查阅档案后，发现在这份所谓的文件中，罗先生的公司并不是这份文件的收件单位，恰恰相反，物价局才是这份文件的收文单位之一。

在这种情况下，财政局作出收费决定据以依据的文件（复印件）是由被告人罗先生提供的说法，并不符合经验法则：

首先，指控被告人打了一个报告、附了一个假的批文提交财政局，而这个批文原本就是政府发给物价局的，如何证明物价局作出决定所依据的不是原件而是所谓的复印件？

其次，假设复印件确实是假的，物价局有真实的文件，却将被告人的一份假文件作为依据，是不是存在重大过失？

气愤至极的我在法庭上对法官和公诉人做了一段并不客气的陈述：假设明天开庭审理，你们不按照《刑法》的规定，而是根据我这个辩护人给你提供的一份“假刑法”“复印件”；而且我这个复印件里面，我自己还给它增加了内容，并以此为依据为被告人辩护。你们没有去看《刑法》，没有去核对，最后依据我提供的“假刑法”作出判决，这个责任到底是应该你来负，还是我来负？

此外，被告人依据物价局的批文实施收费的行为，是与这些施工单位签订了施工合同并且真正地完成了这些工程，双方验收以后，被告人才收取的费用。这种以自己提供劳务而获得报酬的行为，怎么能和虚构事实、隐瞒真相的诈骗罪混为一谈？

更为重要的是，根据我国《刑事诉讼法》的规定，可能被判处无期徒刑、死刑的案件，一般由中级人民法院进行管辖，一个区基层人民法院审理当事人可能判处无期徒刑的案件？这直接违反了级别管辖的规定。上级法院可以提审下级法院管辖的案件，但是下级法院不能审理应当由上级法院审理的案件。

对此，公诉人是怎么回应的呢？

公诉人：这个案子不可能判无期徒刑。

辩护人：你们认定了2700万元的诈骗既遂，而且省里有明确的量刑指导意见，为什么不可能被判无期？我要求本案移送中级人民法院审理。

公诉人：这个案子跟他们单位的行为有关，实际上是他们单位的行为。

辩护人：即便是单位的行为，那么作为主要负责人的被告人，如果由他一手控制操作了这个2700万元的诈骗，追究个人责任的话也不可能说不能判无期徒刑。

公诉人：你们作为辩护人，是为被告人减轻刑罚的，中级人民法院一审是无期徒刑起步，在区人民法院审理最多是有期徒刑，你这样要求到中级人民法院去一审，岂不是要加重被告人的刑事责任吗？你这不是违反了你辩护人的职责吗？

辩护人：你以为到了中级人民法院就不可能宣告无罪了吗？你以为到了中级人民法院就意味着必须判无期徒刑吗？级别管辖是级别管辖的问题，罪与非罪是罪与非罪的问题，不要偷换概念，也不要混淆概念。

四

客观地说，整个案件庭审进行得非常精彩。但是很遗憾，并没有起到应有的作用，一审法院的判决书中对我的辩护意见避而不谈。实际上，程序正义是实体正义的前提，先程序后实体，这应当是一个永恒的原则。

因此，我在法庭上对审判长说，即便贵院宣告被告人无罪，也是非法的，为什么？因为对于这个案件你没有管辖权，你作出的任何对被告人有利或者对被告人不利的判决都是违法的。

当然了，退一万步说，即使真是伪造文件，被告人依然不构成诈骗罪，而是可能涉嫌伪造国家机关公文罪。否则，你永远无法解释，为什么一份被篡改的文件，居然能够让原本的收文单位（物价局）轻易将其作为依据进行适用，继而作出一纸批文。

令人遗憾的是，本案二审结果是驳回上诉，维持原判。

自制的防弹衣：
由短信段子引发的血案

一

2000年，上海一些律师去北京参加中国律师大会。在去往北京的火车上，我们都聚集在卧铺车厢，互相交流。当时没有微信，手机能够上网的也极少，大家都通过短信传递信息，分享一些短篇文章。

车厢里，漫长的旅途中，大家就在一起分享着当时流行的短信笑话，每个人都笑得前仰后合。

这个案件源自两个下岗工人之间的短信。在国企改革的浪潮中，有一些国企经营不善而陷入困境，甚至是破产倒闭（尤其是在上海，一方面，是为了消除污染；另一方面，也是为了腾出宝贵的土地，许多对环境有所污染的国有企业纷纷倒闭，从而产生了一大批下岗工人）。

对于这些下岗工人，有的是给你一笔钱，买断工龄，让你自谋生路；有的则是提前待退休，每个月给你发点生活费，等到你真正退休了就按照社保给你发退休金；还有一种就是转岗，即政府出面帮你联系另外一个单位的其他岗位，继续工作。

有一位纺织厂的工人，单位在市场经济的浪潮中倒闭，由于还年轻，就选择了转岗，由政府出面安排其在一家小的超市里当营业员。除了他，还有一位女同事也同样被安排在这家超市。初到一个陌生的地方，两个原先熟悉的人自然更为亲近一些，免不了经常互相照顾。慢慢地，这位男同事就开始对女同事暗生情愫。

工作之余，男同事经常用手机发送一些黄段子给女同事看；女同事貌似也很乐意看这些黄段子。有的时候一边看一边跟他回话，甚至有时候还会动手打闹两下。时间一长，两个人在短信上聊得一片火热。

但是，这位男同事沉浸于爱河中，忘记了女同事还有老公。而这位女同事的老公不仅和他们都是同事，而且属于那种比较强势、凶狠的人，在单位也经常被人称为“流氓头子”。时间长了，这种事情没有不露馅儿的。这天回来，早就对自己老婆天天抱着手机有所怀疑的老公突然将手机拿走，发现其和男同事之间非常暧昧，甚至非常露骨的黄段子也全部被他看到了。

老公很冷静，但是这种冷静，往往是非常可怕的。

二

看到这些短信后，这位老公就跟他老婆说了一句话，“你带信给他，我会去找他谈谈”。

当这句话被带到时,男同事吓得魂飞魄散,为什么?

第一,大家都是认识的,原来都在一个单位,他了解这个男人是什么样的。

第二,从道理上说,你给一个女同事发了这么多露骨的黄段子,不说别的,调戏是肯定可以成立的,而且你们之间还有那么多暧昧的对话,怎么说也是你不对,无论如何也是你理亏。

思来想去,男同事决定自己主动一点,去找这位女同事的老公澄清一下,赔个罪。于是他主动给女同事的老公打了电话:“对不起对不起,我可能就是开玩笑开过了,没想太多,我确实给你老婆发了很多这种外面看到的黄段子。这个是我不对,所以我向你赔罪,请你不要生气”。

对方的反应让他更害怕了。女同事老公只是冷冷地说:“我这两天没空,过两天,我有空的时候,我们出来谈谈”,就把电话挂了。

这可怎么办?调戏了别人的老婆被男人找上门算账,这个事儿肯定是跑得了和尚跑不了庙的,无论如何也得让人把心中的气发了吧?于是他就提前做好了计划——你再狠,也就是扎我两刀吧?扎我两刀你也就能够发泄了吧?但是扎归扎,也不能因为你发火就把我弄死吧?

于是,这位男同事决定自己制作一个“防弹马甲”。他跑到外面买了一种孔比较密的菱形的钢丝网,按照自己衣服胸前的这些部位把它裁成了两片,最后缝在了自己准备当天穿的一件衣服里。不放心的他还拿刀子刺了下,发现如果拿刀狠狠捅,也只能从网眼里漏出来不到一厘米,但是绝对捅不穿的。

不久,女同事老公打来电话,约他到上海的苏州河乍浦路桥见一面。男同事小心翼翼地穿上"防弹马甲"去了,去之前还专门叫了两个朋友,让他们远远地看着,即使自己被打也不要管;但是,如果男人动手将自己往死里打,就赶紧出来救自己。为了平息怒火,他甚至还准备了一把刀,想让对方先拿刀捅他几下出出气。

也不知道这位男同事到底是胆大还是胆小。

三

在乍浦路桥上,一看到女同事老公走过来,男同事首先把烟掏出来,然后就上前跟他道歉:"对不起,对不起,你就消消气,这个是我不对,我发些乱七八糟黄段子给你老婆看,但是我跟你老婆之间真的是没有任何问题,所以你千万不要误会,你千万消消气"。

男同事一边说着,一边把口袋里准备好的香烟拿出来,递给对方抽。女同事老公一看这个架势,俗话说,伸手不打笑脸人,这都恨不得给自己磕头了,还能找到合适的理由动手吗?因此,也有点迟疑,把这根烟拿过来抽着。

于是,两人就抽着烟,聊着这件事,气氛开始慢慢地缓和下来。

不怕没好事,就怕没好人。恰好这位女同事的老公也带了两个人去帮忙,也在远处看着,看着两人越来越随意就觉得怎么聊上天了?是不是没机会动手?

这么想着,这两个人就从桥下面气势汹汹地走过来了,准备上去直接就开打。男同事看到两人围过来,立刻就紧张了,下意识地把自己准备好的刀拿了出来,说"你们不要动,要不然你们拿刀,捅我一刀”。

来帮忙的一个人一看，哎呀，你还那么嚣张？还敢把刀拿出来？于是，上来就给他一个大嘴巴子，一下子就把他的眼镜给打飞了。

这位男同事眼看着大嘴巴子啪啪打来，三人都开始动手了，就下意识地拿出刀来拼命地一顿乱捅。

结果，男同事自己挨了几个大嘴巴子，对方三个人却当场均被刀刺倒在地，导致一人死亡、两人重伤。

这不是荒郊野外，而是一个交通便利、比较繁华的地方，边上有很多围观者走到这儿驻足观看，也有人拿出电话拨打“110”报警。男同事站在那儿好像愣了，加上高度近视眼镜被打掉，于是站在那儿动都不动。警方很快赶到了现场，将他带离。

这个案件一时间在上海的坊间引起极大的轰动，成了一个因为短信段子而引起的人命案子，在被人们广泛议论的同时，也引起诸多媒体的报道。

四

最终，这位男同事因故意伤害罪（一个故意伤害致死、两个重伤）被提起公诉，案件由上海市第二中级人民法院开庭审理。在接受家属的委托介入这个案件后，我直觉认为，这个案子的辩护切入点应当是被告人的防卫行为。

但是，说起正当防卫，本案中的理由其实也不是很充分：首先，女同事老公一行三人没有带任何凶器；其次，所谓的加害也就是给了几个大嘴巴子；最后，通过案件的事实可以非常清楚地判断出这三个人动手的目的，无非是想打男同事一顿出出气。

反观这位男同事呢？拿着预先准备好的很尖锐的匕首，自己又穿上了自制的“防弹马甲”，出手又那么重，把对方的三个人捅成了一个死亡、两个重伤，在这样的一种前提下，能否构成正当防卫？

在这种情况下，如果盲目地以正当防卫作为辩护观点，就有点违背案件的事实，也忽视了我国司法实践的基本情况了。反复思考下，我提出如下的辩护观点：

第一，这个案子固然不能成立正当防卫，但是，其中不可否认的是，行为具有防卫性质。

第二，被告人实施了这个行为之后，虽然自己没有报警，但是他在知道别人报警的前提下，并没有离开现场，而是原地等待公安机关前来，因此应当被认定为主动投案。

第三，在警方第一次讯问时，他立刻承认了所有事实并且交出刀具，没有任何反抗地被带到公安机关，可以被评价为如实供述罪行。综合第二项，被告人主动归案、如实交代，满足自首条件，应当在量刑中给予考虑。

最终，一审判决书中采纳了我的观点，被告人构成故意伤害罪（致人死亡），但是认定了自首的情节，被判处无期徒刑。就我内心而言，已经达到了预期中最为理想的效果。

案件判决以后，被告人表示服从判决，没有提出上诉。但是，上海市人民检察院第二分院向上海市高级人民法院提出了抗诉，认为被告人没有自首的情节。因此，在二审中，能否认定自首就成为一个至关重要的焦点。

五

公诉机关认为,他虽然留在了案发现场,那是因为边上有很多围观的群众——他是因为跑不了了,而不是主动投案。

但是,跑不了只是公诉机关的一种猜测和判断,而且当场阻拦持刀凶手也并不是法律所提倡的。所以说,按照存疑时有利于行为人的解释规则,应当将行为人的行为认定为自首。

退一万步来讲,如果说,非要让他自己去公安机关投案自首,而不是留在现场等待公安人员来到,才能认定为自首,那么法律上就会形成一个很大的漏洞:以后有人在公共场所作案,明明是选择逃跑,为了清除障碍,可以在现场对群众高喊,你们谁也不要拦着我,我现在是去自首。即使他最终被抓住,也会有群众证明他是亲口说了要去投案自首。

这就会导致一个悖论:行为人离开现场逃跑,跑成功了就是成功了;但是如果他没成功,还得认定他自首,这个法律上的漏洞简直太大了。(有意思的是,虽然公诉人和我进行了十分激烈的辩论。但是在庭审结束后,公诉人专门找到我说:翟律师,就我个人而言我是同意你这个观点的,但是我今天来不是代表我个人,而是代表我们的公诉处,集体研究的结果我在庭上是必须坚持的。)

最终,该案经过审理后,检察机关撤回了抗诉,这位男同事也受到了与其罪责相适应的刑罚。

通化五年：
“任性”的公权力

一

今天这个故事的主人公姓沈，是一位来自江苏宜兴的做钢铁贸易的商人。他的公司在上海，生意做得非常大，可谓是商界的精英，家庭生活也非常幸福。但是，恐怕所有人都不会想到，他的噩梦即将来临。

一天早上，沈老板按照往常的习惯来到了公司，即将开始一天繁忙的工作。秘书刚刚端来香气四溢的咖啡，几位警察突然来到他的面前。沈老板也没当回事，因为钢铁贸易中，经常会与各地的警方打交道。刚要开口寒暄，冰凉的手铐就戴到了他的手上。同时，这些警察告诉沈老板，他们来自吉林通化，因为涉嫌诈骗罪，沈老板需要跟他们走一趟。

这怎么回事？沈老板立刻慌了神，央求给自己的律师和几位上海市公安局的领导打个电话。但是这些警察不由分说地将他带走，直接押往通化，还作出了一个对其收容审查的决定（直到后来孙某刚案，我国的收容审查制度才慢慢地被废止）。

接受审讯时，沈老板才隐约地明白了事情的原委：他有一个老乡也是做钢铁贸易的。这个老乡和通化市的某家公司做了一笔交易，但是做生意的过程当中可能欺骗了对方，就被通化市公安局抓回通化。老乡必须还钱或者还货，但是这位老乡拿不出钱，于是供出沈老板。

这个时候，说什么都没有用了，识时务者为俊杰，虽然万般无奈，但沈老板还是积极地凑钱。可一下子谁也拿不出那么多现金，于是沈老板就商量了一下，现金不够的部分，用钢材来抵账，折腾了几个月才得以出来。

回到上海后，沈老板越想越生气，这和我有什么关系？平白地损失了几百万元，就感觉被抢劫了一样。后来通过一些关系打听后才知道，时任通化市公安局刑警大队的队长是一个官二代，做事情时颇少顾忌，也不知道因为什么对这起案子的追赃十分上心，最终成功地把这笔款项拿到了手。

气愤不已的沈老板回来没几天，就向虹口区人民法院提起了针对通化市公安局的行政诉讼：第一，要求撤销对他收容审查的决定；第二，要求撤销罚没钢材和财产的决定，并返还财产。

二

经过人民法院的审理，一审中，虹口区法院判沈老板胜诉，撤销了通化市公安局的收容审查和罚没财产的决定。通化市公安局不服，上诉到上海市第二中级人民法院，上海市第二中级人民法院经过开庭审理，作出终审判决：驳回上诉、维持原判。

即使败诉，通化市公安局依然拒不返还财物。于是，沈老板向上海市第二中级人民法院申请强制执行。当沈老板以为自己正在一步一步地走向胜利的时候，他没有想到，更大的厄运降临到他的头上。

通化市公安局第二次来到上海，再一次把他抓到了通化，而当时的刑警队队长现在已经是公安局局长。为什么通化市公安局会采取这样一种可以说是完全置法律于不顾的方式来处理这个问题呢？因为当时被罚没的钢材，已经被用在了施工之中的公安局大楼。

不久，这位沈老板在疏通之下被取保候审，一回到上海就哭哭啼啼地直奔我办公室，请求我来做他的律师。

说心里话，听到这样的案件，我非常震惊，立刻到上海市第二中级人民法院请求法院对此事进行干涉。本来就是一个行政诉讼，现在败诉的被告利用国家的公权力把胜诉的原告反复抓捕，那么，这无疑是对人民法院和生效判决的极度藐视。

此后，我还联系了诸多律师，共同向最高人民法院、最高人民检察院和上海、吉林的法院与检察院写信投诉，要求他们出手干预。遗憾的是，诸多努力，最终也没有阻止这件案子继续往下进行。

通化市位于吉林省东南部，和辽宁省接壤，但是没有飞机。如果坐飞机前往长春和沈阳，还需要坐一夜的火车才能到达通化，这实在是过于漫长。

案子从通化公安局到了检察院，最后到了法院。虽然这个案子公诉机关认定的诈骗金额已经达到了几百万元,理应由中级人民法院管辖,但是和我前面讲到的"协议变诈骗"的案件一样,基于各种考虑,这个案件被安排到了区人民法院审理。也就是说,无论是一审还是二审,这个案子都不会离开通化。

无奈归无奈,案件已经马上要开庭,再抱怨也没有任何意义,只能潜心进行准备。

三

一审开庭前,我就向法院提出管辖异议:第一,这个案子你不够级别管辖,根本不归你管;第二,这个案子就地域管辖而言,应当放在上海地区的法院进行审理,正常做法应当是移送到中级人民法院,然后由中级人民法院移送到上海。

所以,我在开庭前跟法官交流,程序问题没有解决之前,我拒绝就实体问题发表辩护意见。根据我国《刑事诉讼法》和《人民法院组织法》的规定,人民法院有义务保障被告人获得辩护。如果没有针对实体发表辩护意见,法院作出判决的话,就属于没有依法保障被告人获得辩护的权利。

为了避免该要求和沟通再次石沉大海,我找到了最高人民检察院下属媒体《检察日报》。报社一听说这个案子,立刻引起了重视,决定派记者前往现场参与庭审活动。

有时候,媒体比律师管用得多,舆论监督确实有利于司法公正。很快,法院将案件移送到了通化市中级人民法院进行一审审理。

我当时心情不错,在启程前往中级人民法院的过程中,还饶有兴致地到一个路边有名的农家乐饭店吃了顿让我难忘的饭。这家饭店开在山里的公路边(通化属于长白山余脉,山路很多,景色特别漂亮),有一道很贵的菜叫小鸡炖蘑菇,这也是东北名菜,但是为什么那么贵呢?我好奇地问老板。

因为鸡是山里面散养的。

但是我也没看见有鸡场啊!鸡在哪儿呢?怎么才能抓回来?

老板拍了拍身边的笼子,你看见这条猎狗了吗?我把它放出去,它就知道到山上去抓一只鸡下来。说着,老板把狗放了出去,还让我一起在门口坐着等。果然十来分钟之后,这条狗从路边的丛林中闪出,嘴里叼着一只鸡。

不得不说,这只鸡炖得是真好吃,直到现在,我对这顿别开生面的饭还有着极为深刻的印象。

言归正传。级别管辖仅仅是第一步,下一步还有地域管辖。因此,在通化市中级人民法院开庭时,我就向法院提出,通化市中级人民法院对这个案子没有地域管辖权,应该将这个案子移送到有管辖权的上海的法院管辖。之前我就已经计划好,这个案子确实应当移送到上海,而如果移送也必然会移送到中级人民法院,也就是上海市第二中级人民法院,总不见得法院用刑庭的一个判决来否定行政庭的判决吧?

第一次开庭中,我也是采取了相同的战术,只谈程序,不谈实体。结果,第二次法院开庭,法院明确要求说,你关于程序的问题我们知道了,如果我们有管辖权,我们也希望你就实体的问题发表意见,让我们法庭参考。

说实在的,我是不相信这句话的。但是硬顶下去,如果法院真的判了,就让我失去了一次辩护的机会,因此在这次庭审中我也就发表了我的实体辩护意见。至于内容,这个案子确实是个笑话,我能说出什么话来,相信大家也都能猜得到。

到这个时候,沈老板的案子已经进行了 5 年,原本非常具有前景的公司也因此濒临倒闭。

四

不久之后判决下达,通化市中级人民法院认定了检察机关所指控的诈骗罪,最终判处沈老板 10 年有期徒刑。

这个判决无疑是晴天霹雳。

我在吉林省高级人民法院办理过诸多案件,所以相对于东北其他地方还是较为了解的。在提起上诉的同时,我也前往吉林省人民检察院,找到了这个案子的检察员,和他交换意见。

吉林省高级人民法院很快作出了二审判决:撤销吉林省通化市中级人民法院对本案所作的一审判决,将本案移送上海市有关部门处理和管辖。

判决作出半年后,沈老板才从通化被移送到上海,整个案子最终在上海市第二中级人民法院开庭审理。

让人遗憾的是,我本以为这个案子会宣告无罪,但是多少让我觉得有些意外的是,沈老板已经在里面呆了 5 年多了,最终判处了沈先生 5 年 6 个月的有期徒刑。这个时候,他已经心灰意冷,认为能够出来已经是大吉,所以接受了这个判决。

每当想起东北地区那洁白的落雪,我不禁一声叹息。每当想起多年前的这个案子,我总是感慨万千。

熟悉的陌生人：
凶手从海外归来

一

2005 年 8 月，上海浦东国际机场的出境大厅里面一片繁忙，人们行色匆匆，奔向一个又一个目的地。有的低头不语，有的满面含笑，有的依依不舍地告别，人生百态汇聚于此。

这时，一架从美国飞到上海浦东国际机场的航班降落了。其中有一名旅客，虽然长的是中国人的面容，但是实际上持有一张美国护照。护照上的身份是男性，但是这位乘客长得眉清目秀、身材瘦小，怎么看都像是一位女士。于是，这位旅客被海关扣留。等旅客一开口，果然是一位女士，姓陈，而她持有的护照的真正主人，则是她的老公。

面对边检人员的讯问，她语出惊人：我在美国杀了我的老公，我面临一个刑事案件，因此，我就用我老公的护照，找个人伪造了一下，想要女扮男装混入关内。

此事一出，边检人员立刻联系了公安机关，将陈女士暂时扣留。诸多媒体也纷纷报道，这就是当时著名的海外留学生杀人案。

陈女士父亲找到了我：一方面，希望我接受委托提供辩护；另一方面，也给我讲了一个让人唏嘘不已的故事。

陈女士出生在四川成都，从小父母离异，她跟着母亲一起生活，可能是父母离异的事实给她造成了心理阴影，以至于她成年之后，对于婚姻有着一种天生的不信任感。

中学时，陈女士学习成绩相当优秀，高考时以优异的成绩考上了清华大学化工专业，而后考上了美国普渡大学；随后，丈夫也跟着一起到了美国。第二年，丈夫参加了美国研究生考试，幸运地被录取，夫妻双方都在普渡大学学习。

但是，夫妻俩在理念上有很多不同的地方，尤其是在生活习惯上。据他们身边了解他们的人介绍，陈女士有点像假小子性格，留着男性发型，也不喜欢和女孩玩。那么老公呢？据他们朋友说，性格内向，略微有些极端和偏执。

二

就这样，两个人在日常生活中经常争吵。实际上我们生活中都会和老婆或老公吵架，但是总得分场合，例如，在人前就不宜吵架，保全彼此的面子。陈女士和老公吵架往往不太顾场合。比如，同学请他们到家里去玩，他们会在同学家里发生争执；有的时候说好了去同学家，结果他俩开车过去的时候，半路上两个人就争吵起来，把车子开到同学家门口也不进去,调转车头就回家了,诸如此类。

2004年圣诞节,他们两口子不知道为了什么事情又吵了起来。吵得非常厉害,以至于陈女士摸出尖刀,在自己老公的胸膛上刺了两刀。刺完之后,陈女士就感到后悔了,立即报警,还好这两刀没有捅到致命的地方。

老公还是比较不错的,没有因为这两刀记恨老婆,而是积极地联系警方和律师,想办法营救自己的老婆。不仅主动向法官申请保释,而且还到处凑钱缴纳保释金。虽然人最终出来了,但是,案子该进行下去的还是应当进行下去。

这段时间里,陈女士非常焦虑,因为这件事,学校开除了陈女士。而且从律师那里得到消息,因为是家庭内部矛盾,同时得到了被害人谅解,陈女士大概率会被判处缓刑,而后被驱逐出境。

这个消息更加刺激了陈女士,因为她的老公明确表示,留学一次不容易,要继续完成学业。而后来陈女士说,当时老公还跟她说,我那么优秀,到时候肯定有很多女孩子追我,我是不会拒绝的。这句话到底是赌气,还是陈女士自己杜撰,恐怕已经无法有人知晓。

但是,这种婚姻中的危机,陈女士是切实感受到了,思维也钻了牛角尖。她背着老公买了一把枪和若干子弹。当天晚上,两个人又不知道因为什么争吵起来,吵完后老公躺下睡觉不再理她。而陈女士沉默一会儿后,拿出手枪,对着丈夫的后脑勺就开了一枪。

可悲吗?非常可悲。

可恨吗?非常可恨。

三

她脑海中一片空白,不知如何应对。不知道在房间里呆呆地坐了几天几夜,就那么坐着陪着她老公的尸体。

终于,陈女士清醒过来,有了这样一个想法:必须把她老公的尸体处理掉,不能让美国的警方发现,自己再想办法回国。

护照的伪造是通过网络找的一个所谓中间商,将护照邮寄给他去操作;另外,她在网上联系了一个外国人,到家里帮她把老公的尸体给处理掉,并且支付了1000美元。事实上,这名外国人并没有完全按照约定将尸体"处理掉",而是把人碎成几块,放在了家里的冰箱里。

最后,陈女士在夜晚偷偷地把尸块放在汽车上,开着汽车去机场,然后丢掉汽车,登上了回国的飞机。而尸体直到几个月后由于天热散发出异味,美国警方才发现,并且和中国警方取得联系。

说真的,我还是第一次接触国际司法协助的刑事案件,整个流程要比一般的刑事案件复杂几倍。就拿证据的传递来说,就需要经过很多复杂烦冗的手续与程序,来回邮寄期间都要耗时许久。

仔细研究了整个案子后,实事求是地讲,我认为所有的辩护都应该集中在一个焦点上,那就是如何保命。所以必须解决以下几个问题:

首先,陈女士行为地所属的州,根据法律规定也是有死刑的,也就是说,无论是属人管辖还是属地管辖,死刑判决并非不可能。

其次,陈女士已经不是第一次实施这种对丈夫的暴力行为,无论是否有家庭矛盾，这都是不可否认的事实。美国对杀人是分级的，如美剧中常见的一级谋杀、二级谋杀、三级谋杀，有预谋的谋杀行为均会被从重处罚；虽然我国没有对杀人进行分级，但是数次暴力侵害、提前预谋、杀人碎尸等，也都属于从重情节。

就这个角度而言，其实每个国家的法律都有着某种程度上的共性。

思来想去，由于是配偶之间因情感纠纷婚姻琐事引发的刑事案件，我只能将辩护的重点放在碎尸情节上。如果碎尸情节不能成立，案件情节并非极其恶劣，或许陈女士还有一线生机。

四

这倒不是颠倒黑白。客观地说，陈女士有碎尸的故意吗？

首先，如果说碎尸行为是陈女士单独干的，证据是不是充分？她对预谋杀人一直是供认不讳的，在这种情况下，她也没有必要撒谎。

其次，她雇了一个外国人“处理”尸体。其实她认为“处理掉”的意思很简单，就是你帮我弄走；至于碎尸后冷冻，是陈女士无法预料的。要知道，被告人本人的供述和辩解也是证据，除非其他的证据能否定它，否则至少可以成为一种合理的怀疑。

此外，根据自由心证，大家眼中陈女士这个眉清目秀、身材瘦小的女孩，并非穷凶极恶之徒。

让我印象很深的是，公诉人在庭上表现出难得的友善的一面，对陈女士说道：你说你的家庭、你父母的离异对你造成了心理上的损害，但是实际上经过我们的了解，你父亲对你一直是很好的。就说这一次，你出事了以后，也是你的父亲为你找来了上海专业的刑事辩护律师进行辩护，足以体现出他对你的关心和关怀。有些想法只是你自己的想法，并不代表事实的真相，并不代表你父亲就是不管你、不顾你，且给你造成了心灵伤害。总之，你依然要为自己的行为承担应有的责任。

陈女士听完这些话，第一次在庭审中流下了眼泪。

最终，法院在判决的时候没有认定是由陈女士实施的碎尸行为，一审判处了死刑缓期二年执行。就这样，一条命虽然保住了，但是本应有着辉煌前途的一个高才生，最终因为家庭的琐事，使丈夫失去了生命，使自己失去了自由。

她人生中最美好的那一段时光，将在监狱里度过，让人惋惜不已。

五

隔了没多久，我又接到一起“凶手从海外归来”的案子，这一次的故事发生在加拿大。

大家看电影和美剧时可能会发现，西方人有时候会选择居住在比较僻静的地方。有时候经常看到山里面弯弯曲曲的小路上，有一家人在前不着村、后不着店的地方建了住宅。

在一个比较偏僻的山里住着一户人家。一天夜里，这户人家的主人刚想上床休息，突然听到有人拼命地按门铃。他开门一看，吓了一跳：一个血肉模糊的人，站在他面前。这户人家的主人立马拨打了报警电话，同时也叫来了救护车。

警方来了之后开始勘查现场，发现在这户人家门口还停着一辆汽车，车子的后备厢里面发现了一具同样血肉模糊的尸体，是一个二十多岁的年轻中国男性。受伤的人被救活后，警方立刻开始了询问。

小伙子声称，两人被歹徒绑架，而后拼命地反抗，其间自己的朋友被杀害后，歹徒往后备厢搬运尸体，趁着他们关闭后备厢门的一刹那，小伙子赶紧开车逃跑。因为失血过多感觉已经支撑不住，所以赶紧向路边的住户求救。

警方自然随着小伙子说的信息开始了侦查。但是小伙子没过几天突然离境，坐上了返回国内的班机。加拿大警方经过侦查，才发现这个小伙子有着重大的作案嫌疑，随即开始联系国内警方，最终国内警方在上海将小伙子抓捕。

经过审讯才得知，这两人实际上是好朋友，留学的时候在一起挥霍和享受生活，根本就没有怎么学习。事发当天，两人在小伙子家中喝酒，喝着喝着就因为一次吃饭是谁买单的问题吵了起来，进而动手。两人一个拿啤酒瓶子，一个拿菜刀，双方开始了殊死搏斗。

这个搏斗可不是比比划划，而是真的互相下了死手。要将彼此置于死地。不久之后，同伴被刺身亡，而自己身上也伤痕累累。小伙子慌了神，就开着车子想找一个荒郊野外没有人烟的地方把尸体给抛掉。结果开着开着，因为他自己也失血过多，开始撑不住了，只好在计划好说辞之后敲开了住户的大门，发生了故事开头的一幕。

加拿大该行政区域已经彻底废除了死刑。我在辩护中建议法庭充分考虑这个因素，而且也建议法庭充分考虑实际上他们两个是互殴的性质，其实哪个人能活下来，都是一种侥幸。此外，该案又是发生在喝了酒之后，是一个突发的事件，而非蓄意地杀人。

最终，小伙子被判处无期徒刑。

每个人都以为出国可以改变自己的命运，实际上并非如此。好在这两起案件的凶手都从海外飞回了自己的国家，飞到了上海。他们在国内的法院接受审判，在国内的监狱里服刑，起码还可以看到自己的家人。

春雷行动：
跨越大洋彼岸的双重处罚

一

到了十月，天气已近入秋，昼夜温差极大。清晨四点街道上，只有零星的几个行人，小商贩推着小车准备出门劳作。我站在阳台上，望着他们有些出神，脑海里，浮现出一段回忆。故事的主角是一个美国人，姑且称他小顾吧。

小顾在没有成为我的当事人之前，就因为一场官司，成为彼时的“话题人物”。这场官司的特别之处是一般的人很难经历的。

起初，小顾在上海买了一套商品房，这个商品房位于29楼，是一个高层建筑的顶楼。在后面装修的过程中，他突发奇想，跟物业商量，希望物业配合他装一个大的浴缸。而要实现这个想法，就得找来巨型吊车，把这个浴缸吊装到他的房间里去。

物业了解情况以后吓了一跳。因为这个浴缸实在太大了，大到什么程度呢？一般的浴缸上面这个口径稍微大一点，下面稍微小一点。以小顾的浴缸来说，仅上面浴缸口径的面积，就有 9 平方米有余，长有 4 米多，这么大个浴缸，如果装满水的话，可以装下 4.1 吨水。

所以，当他准备把这个浴缸弄到房间里去的时候，物业提出了不同的意见，认为这个浴缸太大，如果吊装上去，光浴缸的面积就有近 10 平方米，而他那个房子有 3 室，其中最大的卫生间，也不超过 11 平方米。

如果浴缸放进去，就必然要改动房屋的结构。这个是物业所不允许的。任何商品房也都不会被允许装修时改变房屋主体承重结构。而且，如果强行将浴缸放进去，放满了水，浴缸也会变得极重。根据有关设计部门的估算，在一个位置一个点上放上 4 吨多的东西，对整个大楼的安全都会存在隐患。姑且不论隐患问题，施工就是个大难题。浴缸没办法正常用电梯运送，必须通过大吊车。兴师动众地把这么一个浴缸吊到 29 楼，实在是操作性极差，因此物业管理公司否决了他的装修想法和方案。

小顾同物业的官司，历经了一审败诉，然后打到二审，二审又判他败诉。二审的判决书出自我大学的同班同学。这个案件被媒体披露了以后，市民也都非常关注，对这个外国人的生活和工作都充满了好奇，这就不得不讲一讲接下来的这个案件了。

二

这个案件发生在 2003 年。有人发现，经常有那种特快专递，从上海发寄到美国的各个城市，包裹里是一份份盗录美国大片的碟片。电影产业在美国恐怕是非常重要的一个行业，所以影业出版方也十分重视自己的版权，他们通过各种各样的调查渠道来追踪和查处盗版碟片。

这些光碟又是怎么被发到美国去的呢？后来才知道，是有人在互联网上开发了一个叫作“Three Dollar DVD”的网站，通过网站可以选购数字产品并向平台商家支付货款，接下来通过特快专递的方式，把选购的这些碟片寄到购买者手中。只要 3 美元就能够买到媲美正版大片电影的碟片，这是一个存在巨大需求的市场。随着销量的不断增长，这个行为也被美国警察注意到了。于是美国警方向中国警方提出来，双方联手打击盗版的侵权 DVD，并专门给这次行动取了一个代号——“春雷行动”，之后还有专门打击盗版的杀毒软件的行动——“夏至行动”。

美国警方没有想到，最后在中国上海落网的犯罪嫌疑人实际上是一个美国人。仅在他的住处就查获了 150 多万张盗版光碟，涉案的金额据资料估计是非常大的，大约几百万美元。

那他是怎么做起这个生意的呢？他曾看到国内街巷有一些小商贩贩卖盗版光碟的行为，于是“灵感”一现，就顺藤摸瓜找到了这些小商贩的进货渠道，并且发现上海当时存在一部分表面上是有正规执照、经营碟片的店铺，私下里经常偷偷摸摸地“挂羊头卖狗肉”、贩卖盗版光碟。盗版光碟可以定制，小顾找到其中一家店，跟他们谈定了价钱，以 5 元一张购入，再以 3 美元卖出去。那个时候人民币和美元的换算汇率还是八点几，再加上一个快递的成本，利润空间不会太低。

因为他是“中美通”，对国内国外的情况和市场都较为了解，生意便做得风生水起。后来被抓以后,我才接触到小顾和他的父亲。我从侦查阶段起,就作为他的辩护人参与了这个案件。

非常有趣的是,小顾的父亲从美国飞到上海,跟我签订聘请律师的委托合同时,对我说,他是一个美国的律师,他希望我在会见他儿子的时候,务必让他儿子根据我的律师费金额,写一张借条给他,等他儿子出来以后还给他。

这件事情给我留下深刻的记忆。因为我还从来没有碰到过一个父亲为儿子请律师,然后让儿子给自己打一个借条的。我虽然没有亲眼见过小顾的日常生活,但总认为他性格上是有点古怪的,在看守所里仍然不老实,同其他在押人员打架等,经常会被看守所采取单人关押,或者采取一些约束他行为的措施。

三

这个案件最后由上海市人民检察院第二分院以涉嫌非法经营罪向法院提起诉讼。根据小顾的涉案金额,非法经营罪的量刑应该是10年以上有期徒刑,属于重罪,我在思考怎样能够为小顾争取到一个较轻的罪名。

经过研究之后,我认为它不应该被定为非法经营罪。因为我国《刑法》上还有一条销售侵权复制品罪,即销售侵犯他人知识产权的复制品,我认为更适合本案的涉案行为。换言之,检察机关认为他构成非法经营罪,原因在于其不具备碟片销售的资格,销售盗版碟片,属于非法经营;而我则持不同看法,由于他销售的是盗版光碟,销售侵权复制品本身就涵盖了非法这样一种内涵，而不论经营的主体是否拥有经营资格或者经营执照。

我与公诉方对这个案件的争论在于，将盗版碟片卖给小顾的老板也被立案处理，罪名是销售侵权复制品，检察院认为那个老板本身是有营业执照的，限定了其经营范围，这就显得更加不妥当。相较于老板大量出售盗版光碟给小顾的批发行为，小顾一张一张卖出属于零售行为，从社会危害性上来看，其一，批发出售行为的危害性要大于零售出售行为。其二，在有合法经营资质和经营范围的情况下，老板以合法的销售掩盖非法销售的行为；而被告人确实无经营执照，那么他无经营执照的零售行为，和有经营执照的批发行为相比较，社会危害性显然更小。销售侵权复制品罪在九七年《刑法》的最高法定刑是 3 年有期徒刑。而按照这个金额，非法经营罪则会被判处 10 年以上的有期徒刑，孰轻孰重，一目了然。

四

在中国的法庭上，第一天开庭，小顾就在庭上纠缠于一些细节，尤其是到了向他出示证据——审计报告，说明他进行的交易量和获利量。他在此过程中提出申请，要求鉴定人出庭，他要和鉴定人一笔一笔地核对数目。

由于是涉外的案子，在中院一审，美国驻上海领事馆也派出了相关的领事官员到庭旁听。按照法律规定，被告人要求鉴定人出庭质证，没有问题，但如果满足了他的这个要求，那么庭期就会没完没了。

几百万张光碟，一张一张核对，程序和时间都会冗长琐碎。但是如果拒绝，也确实找不到一个有说服力且有法律依据的理由。所以当他提出这个要求之后，法庭也认为很为难。我向法庭申请休庭，单独同被告人商量。

在定性上，和他讨论了一笔一笔核对的目的是什么？他同我说，他想把营利的数量减少一些。我说你要知道你的这个减少根本不足以改变非法经营罪的量刑档次，你再往下减，也减不到 10 年以下有期徒刑。我现在给你从定性上去辩护，如果说法院一旦采纳了我的辩护意见，那么最高就是 3 年有期徒刑，你认为怎么样做会比较好？非要跟他每笔核对吗，而且你实际上是对不清楚的，对吧？斟酌后，他采纳了我的观点，不再申请鉴定人出庭、一笔一笔核对金额了。

恢复开庭后，法庭审判长松了一口气。与此同时，那些旁听的领事脸上也是如释重负，他们跟着这个庭已经旁听了两天，再继续下去，大家都承受不了。

在法庭的辩论阶段，我向法庭提出了我的辩护意见。我说这个不是非法经营罪，而是法律上有特别规定的销售侵权复制品罪。

法庭辩论结束以后，到了最后陈述的阶段。这个时候，我的这个当事人，他突然向法庭提出了一个让我认为很好，也蛮有趣的要求。他在最后陈述阶段，抛开了翻译。实际上他的中文理解和表达能力都很熟练，日常的交流是没有问题的，最后在陈述阶段，他自己突然开始说中国话，想在庭上衷心地表达自己的意思。他说他非常热爱中国，法院判处徒刑，他是接受的，但是他希望法院不要判驱逐出境，等刑满以后，可以继续留在中国，他对中国是非常热爱、非常友好的。诸如此类的话说了一大通。

起先，我想不通他说这些话到底是为什么，因为像这种情况，一般都要附带驱逐出境这个附加刑的。

后来小顾服刑时，我去见他，就问他这个事。他说，在美国，电影业的这些老板是很厉害的，存在一定的政治力量，他们都有自己的代言人，很有影响力。接着他说，我在中国做这个买卖妨害了他们的利益，带来了极大的损害。如果说把我驱逐出境了，他们肯定不会放过我，还是要来找我算账，所以我不想回美国。

五

后来法院采纳了我的辩护意见，按照销售侵权复制品罪，判处了2年零6个月有期徒刑。被告人也表示服判，没有上诉。

但是，法院仍旧对其判处驱逐出境。法律是严肃的，小顾不可能不被驱逐出境，他对此非常沮丧。

最终的结局是：当他在上海青浦监狱关满了1年零3个月，中方把小顾交给了美国的警方。因为执行刑期的一半以后，他可以获取假释，那么假释时就可以履行驱逐出境这个附加刑了。

美方后来认为中方对小顾判罚太轻，他们对此并不满意。我与小顾的父亲也保持着联系，事后了解，小顾回到美国之后，被美国的亚特兰大警方送上了法庭，在美国再一次被判处有期徒刑8年。

蛇！蛇！蛇：
国内司法对国际公约的适用

一

今天的案件，我把它叫"蛇！蛇！蛇"，这实际是一个与走私有关的故事。按照我国《刑事诉讼法》的规定，我国的侦查机关包括公安机关、国家安全部门以及海关缉私部门等。但在政策界限以及各地规制方面，海关缉私部门所办理的案子具有较大问题，我办理过的很多走私案件都是值得推敲和商榷的。

2013 年 11 月的某一天，多个电视台报道了一起上海海关查获球蟒走私的案件。当时，包括凤凰卫视在内的多个新闻媒体认为，该案件是中华人民共和国成立以来上海查获的最大一起走私珍贵野生动物的案件，甚至给出了被告人最高可判处无期徒刑的预测。

一开始我并未过多关注该案件，因为关于这种刑事案件的报道，几乎每天都有。几天后，一个朋友打电话给我，说该案件的当事人希望请我出面辩护，我同意了。

于是，第二天早上，当事人的父亲与我见了面。他父亲原先是上海市公安局刑事侦查总队的，刚退休没几天。一辈子都在办理刑事案件的父亲，当他知道自己儿子被抓的时候，非常难过。

接受委托后，我去会见了当事人。在与当事人的交谈中，我发现他堪比球蟒方面的专家。

所以在这个社会上，永远有一些小众人群，在做一些小众事情，而大众几乎不知道，也不关注。当你深入其中时，你就会发现，其实他们有着自己的门道与乐趣。

这位被告人是一位球蟒爱好者。他说，球蟒实际上是一种用来饲养的宠物，经过人工交配后，身上会产生多种不同的花纹和颜色，非常漂亮。他们圈子里的人，喜欢球蟒的都会将其当作宠物来养。

这种球蟒原产于非洲，一般纯野生的只有一种颜色，并不好看；只有经过人工繁殖产生变异的球蟒，才会有各种各样的颜色。

二

当事人买来的这批球蟒源于美国，经过专门的农场饲养、繁殖交配后售卖给香港特区的一个宠物店，作为一种宠物商品出售。

当事人则是和他的太太从上海到香港特区的宠物店购买了这批球蟒，并用一个个小盒子收纳这些球蟒。一个盒子相当于两个香烟盒大小，一个放一条，一共 121 条，外面则用黑色丝袜套住，最后都装在一个拉杆箱里。

进入海关例行检查时，检查员在仪器图像中发现了他箱子里的东西。于是就让他到检查室开箱检查，这也就是后来各大电视台播放的检查室开箱镜头。开箱后，在检查员的追问下，当事人回答说是当宠物玩的小蛇。他的紧张导致其词不达意，这些录音也都在媒体上播放了。结果海关立马找来了专家，查验后发现是球蟒。根据国际野生动物保护规定，球蟒属于二类保护物种，于是当即认定当事人涉嫌走私珍贵保护野生动物。大家知道，针对走私动物的行为，法律规定得十分严格，往往按照野生动物的个数来制定入罪标准、裁量刑罚。

如 2015 年的大学生掏鸟案，根据鸟的只数(14 只)判了 10 年刑罚。而当事人这次被查获的球蟒多达 121 条，这个数量也就解释了媒体为什么会得出被告人可能面对无期徒刑以上刑罚的结论。

案件过程并不复杂。我接手这个案件后，为其申请了取保候审。在不懈的努力下，被告人被取保候审了。

当时，外界传言该案件要判无期徒刑却被取保候审，这在司法实践中是极其少见的。

对于该案，我跟当事人核实了基本案情，即这些球蟒是不是他从香港特区合法买入。当事人给了肯定的答案，并给出香港特区这家宠物店的地址。通过网络联系上美国的卖家，该卖家也提供了美国政府相关的批文和准许他饲养并出口的相关批文，证明他自己的饲养和贸易完全是合法的。

好了，现在的问题是，这个物种并非中国本土所拥有的。我国有国家重点保护野生动物名录，明确标明了一、二、三级保护动物的名称，其中并没有球蟒。《野生动物保护法》作为国内法，可以保护自己国家的野生动物，但要保护其他国家的野生动物则并不合适。那么当事人是如何被认定为走私珍贵野生动物,从而被采取强制措施的呢?

三

我认为,这与我们国家参加了某一有关保护野生动物方面的国际公约有关,而国际公约一旦参与,就要承担公约里所规定的义务。

这样的国际公约往往以保护自然为主,不带有政治倾向,大部分国家或地区都会加入,以共同保护人类的生存环境和大自然的物种多样性。

在这里要说明的是,这个思维进路是法律人具备的最基本的思维。很多人会有一个误区,认为学法律能把所有的律条都背下来,其实并不需要。就说我自己的专业是刑事案件,所要用到的《刑事诉讼法》等都不可能背下来,更何况其他部门法律。所谓法律专业人士和非法律专业人士的根本区别,在于法律专业人士经过专业训练,能够拥有法律人的一种思维模式,根据法理推断出一些可能性的结论。比如,在该案件中当事人被采取强制措施,作为法律专业人士,我可以推断出一定存在某类国际公约,导致行为可能被评价为犯罪。最后查到了《华盛顿公约》。

这是一个国际方面的保护野生动物的公约。美国、中国,包括香港特区等都是该公约的缔约方,各缔约方的权利和义务是一样的。而参加了这个公约,缔约方间就不可能存在一个行为在 A 缔约方是合法、而在 B 缔约方是非法的情况。

根据这一点,我说服了批捕部门,认为该案件并不简单,需要慎重，他们当时才同意了取保候审措施。

那么，现在的问题是如何适用保护野生动物的这一国际公约。截至目前，我在网上多次查过这个公约，均未查到一份经过国家认证的权威翻译文本，从条约本身也不能看出其原始文本究竟是什么文字（我们查到的是英文版本）。

《华盛顿公约》是一个关于野生动物及其制品贸易方面的规定，该公约的主要物种，按照附录Ⅰ、附录Ⅱ和附录Ⅲ分类。

附录Ⅰ规定的物种是禁止交易的物种（特殊情况除外），即禁止交易该类野生动物及其制成品。正如大家所知，没有需求就没有杀害，没有交易也就没有杀害，附录Ⅰ物种禁止交易，体现了一种最严格的保护。

因此，一开始我就向有关部门提出，该案件中，当事人的买卖是经过美国政府批准且进入到我国香港特区的合法交易，按照国际公约，如果该交易在出口国被视为合法，那么该交易就不违法。现在，球蟒是在香港特区一家宠物店里售出，作为一种可交易的商品，已经不再属于珍贵野生动物的范畴，当事人进行交易并带入海关，最多只存在未报关的问题，而不能指控其走私珍贵野生动物。

虽然我们制定了以合法交易为根据的无罪辩护思路，但案件还是按照缉私部门确定的方向进行，调查后送到了检察院，检察院又将该案件起诉至上海市第一中级人民法院。

四

经过反复研究条约的全文，我们发现，在我国《野生动物保护法》的名录上没有球蟒，其属于外来物种；而在《华盛顿公约》中，虽然列有球蟒，但其属于附录Ⅱ保护动物，即属于限制交易的物种。如前面所提到的，该案件中的交易，已有美国政府、中国香港特区的批文，在交易合法性方面不存在问题。

这时，我们又发现了《华盛顿公约》中一个非常重要的规定，即在附录Ⅰ保护的物种中，若有明确的证据证明该物种为人工繁殖繁养，则该物种可被视为附录Ⅱ保护动物。那么，如果附录Ⅱ保护动物中也有明确证据证明该物种为人工繁殖，该物种是否也可被视为附录Ⅲ野生动物呢？《华盛顿公约》对这一点并未加以表述。

“举轻以明重，举重以明轻”。按照这个法律逻辑，我们认为，《华盛顿公约》中，既然人工饲养的附录Ⅰ的物种可被认定为附录Ⅱ的保护动物，以此类推，人工饲养的附录Ⅱ保护动物就更有理由被认定为附录Ⅲ野生动物，而附录Ⅲ野生动物并不属于珍贵野生动物的范畴。

因此，我当即让当事人的太太发函与国际公约总部的秘书机构处联系，希望该机构能给出一个权威的解释，即附录Ⅱ中人工饲养的保护动物可否被视为附录Ⅲ中的野生动物。令人遗憾的是，该国际组织到目前为止也没有给予答复。

一审法院认为，因为没有国际条约的明确规定，即国际条约只规定附录Ⅰ人工饲养物种可视为附录Ⅱ保护动物，未明确附录Ⅱ人工饲养物种可视为附录Ⅲ野生动物，故无法采纳我们的观点。此外，公诉机关还解释道，签约的各国或地区可以制定比该国际公约更严厉的条约，以此来保护野生动物。对于这点我始终存疑，尽管确实有这样的条文或者精神，但我认为这个更严厉的措施，一般是体现在保护本国的野生动物层面，而非中国制定更严厉的措施来保护其他国家或地区的物种。而且，该说法需要的逻辑前提是，如果该物种属于珍贵野生动物，那么签约方确实可根据事实基础作出更严厉的保护措施；然而，现在我们讨论的问题是，该案件中的人工繁殖的球蟒是否属于珍贵野生动物，若它属于附录Ⅲ规定的物种，则并不是珍贵野生动物。因此，我认为公诉机关的解释属于偷换概念、逻辑混乱。但是这一切说法都未被司法机关采纳，被告人被判处有期徒刑5年。

案子判决后，我们继续做了这方面的努力，希望国际机构能出具明确解释。如果真的获取了这方面的解释，即认为附录Ⅱ规定的人工饲养的物种可视为附录Ⅲ规定的物种，那么今后类似案件处理结果很可能有所不同。

这个案件也让我想起了另一件比较特殊的走私案件。我的当事人是一个从事房地产开发、极有经济实力的老板，同时也是一个收藏家，有国家颁发的收藏家证书，并以收藏钟表和玉器为主要的收藏项目。上海电视台曾专门为他拍过一个纪录片，介绍他以及他的藏品，而他的藏品均是在各国市场的拍卖会上通过竞拍所得。该当事人每年都会通过代理人或网络的方式参加在香港特区举办的手表拍卖会。拍得竞品并打款后，拍卖行则会通过快递将藏品寄给他，这种操作在拍卖行业十分正常。但是，在出事的这一年，当事人到香港特区参加拍卖，并在现场花了100多万拍得三十多块各个时代的手表。结果在上海虹桥机场进入海关时，这批手表被当场查获扣下。海关认为当事人没有报关，涉嫌走私。平心而论，在一般情况下，海关在查到当事人一人带了几十块手表且不报关时，认为他走私是可以理解的。但是，我认为，海关在了解当事人的身份后，应该客观评价这个事情，即到底是否属于走私犯罪，或更深入地来说，是否属于具有社会危害性的走私行为。海关对于旅客随身携带的物品有一个非常简单的规定，即数量合理——旅客所带物品进入海关不能超过一定数量，且用途不能是商业目的，仅限自用。对于一般的老百姓而言，确实不需要三十几块手表；然而，对于一位被国家认可的收藏家来说，买入三十几块手表用于自己收藏，完全是合理的。

此外，在案件中还存在一个更大的争论，即这些手表是属于一种商品，还是因其年代久远、具有一定的收藏价值后成了文物，这是我与公诉机关在法庭上交锋的重点。因为如果这些手表属于文物，那么它们应由文物保护方面的法律来规制。在这方面，我国的基本政策是：若把文物从国内带出国外，将受到相当严格的法律限制；相反，如果将境外的文物带回国内则十分宽松，而且也是国家所鼓励的。进口的文物不需要征税，因此当这些手表不具有商品性质而是一种文物时，海关再用原来的商品属性看待它，套用走私的概念，我认为是错的。这些手表是从收藏品拍卖会上拍卖得来的，并不是在香港特区的钟表店里买入，它的来历证明了他是文物。然而公诉人则认为这些手表经过查看，每一块均可正常运行，完全具备使用功能，其商品的属性依然存在。

这个案子，根据涉案金额，已达到5年以上量刑档。另外，在起诉书上，公诉机关认定被告人属于自首；被告人则否认自首，认为自己找公诉机关，是为了交给其收藏家证书等来证明所涉手表是合法的。我作为辩护人也在法庭上表示，公诉人的自首认定是错误的，我的当事人没有犯罪，不存在自首问题。最后，上海市第一中级人民法院在判决书上写道，被告人虽然否认自己自首，但是他的行为表明他已经自首，所以本院认定其自首。最终这个案子以判处有期徒刑2年、缓刑2年而结束。另外，这位老板在海关后来举行的罚没品拍卖会上，又花了100多万元把这三十多块手表再次买回来，收藏于其藏品之中，堪称黑色幽默。